普通高等职业教育“十三五”规划教材

汽车市场营销

主　编　张茜琳　关　昕

副主编　秦誉铭　寇　玲　邢　舟

丁　银　王　丽　初　明

编　者　田　川　黄玲玲　丁艳青

北京邮电大学出版社

www.buptpress.com

内容简介

本书为汽车营销与服务专业教材，全书分为两篇，共13个任务。在对汽车市场营销相关基本原理进行梳理的基础上，体现了学习目标与岗位任务目标相对接、学习内容与工作过程相对接的特点；尤其在第二篇和汽车整车销售案例集部分中，注重学习任务和岗位典型工作任务相对接，使学生的专业知识、岗位技能和职业素养得到全面提升。

图书在版编目（CIP）数据

汽车市场营销 / 张茜琳，关昕主编. -- 北京：北京邮电大学出版社，2017.8
ISBN 978-7-5635-5152-1

Ⅰ.①汽… Ⅱ.①张…②关… Ⅲ.①汽车—市场营销学 Ⅳ.①F766

中国版本图书馆CIP数据核字（2017）第173610号

书　　名：汽车市场营销
著作责任者：张茜琳　关　昕　主编
责 任 编 辑：满志文　穆菁菁
出 版 发 行：北京邮电大学出版社
社　　址：北京市海淀区西土城路10号（邮编：100876）
发 行 部：电话：010-62282185　传真：010-62283578
E-mail：publish@bupt.edu.cn
经　　销：各地新华书店
印　　刷：北京鑫丰华彩印有限公司
开　　本：787 mm×1 092 mm　1/16
印　　张：18.25
字　　数：429千字
版　　次：2017年8月第1版　2017年8月第1次印刷

ISBN 978-7-5635-5152-1　　　　定　价：44.00元

·如有印装质量问题，请与北京邮电大学出版社发行部联系·

前言

汽车行业作为我国国民经济的重要组成部分，对社会经济发展有着重要的影响作用，随着“十三五”规划的大力实施、供给侧结构性改革的日益深化，汽车行业的快速发展对汽车营销与服务专业人才的需求大幅增长。社会需求对该专业的人才培养工作提出了严峻的挑战，如何以培养职业能力为出发构建课程体系、以工作岗位实际为导向创新教学模式等问题已成为人才培养的重点工作，并影响着高职院校的教学实践。为贯彻落实《国家中长期教育改革和发展规划纲要（2010—2020年）》中关于职业教育发展规划的要求，高等职业院校必须加强教学建设和专业建设。高职教材的编写应与高职教育的发展相适应，满足高等技术应用型人才的培养要求，体现高职教育的特色。汽车市场营销是汽车营销与服务专业的一门专业核心课程，对学生的专业学习发挥至关重要的作用。但在高职院校教学实践过程中，教师和学生普遍感到这门课程的理论与实践存在着明显的脱节，教学内容无法满足实际工作过程的需要。

基于上述因素，本书编写组决定编写《汽车市场营销》这本书。在本书的编写过程中，编写组吸取了相关教材编写的成功经验和失败教训，在对汽车市场营销相关基本原理进行梳理的基础上又融入了岗位实践内容和案例知识，深入浅出，凸显出较强的应用性和实践性。

本书具备以下几个方面的特点：

（1）知识体系完整且层次清晰。本书分为两篇，共13个任务。第一篇共分为4个任务，从介绍汽车市场营销的基本概念和基础知识出发，紧密结合中国及世界汽车市场现状，全面系统地阐述了汽车市场营销基础、汽车市场营销环境分析、汽车市场调研与预测、汽车消费行为分析、汽车产品策略、汽车价格策略、汽车分销渠道策略、汽车促销策略等知识；第二篇主要阐述了汽车整车销售流程，这一部分共分为9个任务，突出了学习内容与工作过程相对接的特点。

（2）案例实践新颖且充实，体现行业标准和岗位要求。书中第一篇和第二篇融入了大量的案例分析，丰富了教学内容，启发学生思考；在“汽车整车销售案例集”部分，从获取客户、电话接待、到店接待、需求分析、产品介绍、试乘试驾、提供方案、后续跟进、洽谈成交、新车交付及顾客维系等流程对汽车整车销售工作过程进行案例介绍，引导学生思考和讨论，注重学习任务和岗位典型工作任务相对接，使学生的专业知识、岗位技能和职业素养得到全面提升。

（3）内容涵盖全面且广泛，突出“教—学—做”一体化。本书在每个任务开篇，设定“学习目标”和“情境导入”，帮助学生明确学习目的；正文以知识讲解和案例实践为主体，注重图文并茂，并借助统计数据和表格，使内容更形象、更直观地呈现，中间穿插了大量的“案例链接”，使得教材内容更加饱满，有助于对学生进行知识渗透；在每个任务的最后，通过“能力拓展”中的“案例分析”和“实训项目”等形式引导学生将学习场所从学校、课堂转向社会、企业、岗位，从而培养学生的职业素养。

在本书的编写过程中，编写人员参阅了大量相关的资料，收集了最新的案例，尤其注重遵照最新颁布的政策、法律、法规，以实现知识的不断更新与全面扩充。

本书可作为高等职业院校汽车营销与服务专业学生的教材，也可以作为汽车服务相关行业管理者、专业技术人员的指导用书。通过本书的学习，可以使学习者较为系统、全面地掌握汽车市场营销的基本理论和主要内容，在本书最后精选的“汽车整车销售案例集”可供学习者加深相关知识的运用和理解。

本书由张茜琳和关昕担任主编，并负责全书的大纲设计、统稿、总纂定稿；由秦誉铭、寇玲、邢舟、丁银、王丽和初明担任副主编。具体编写分工如下：邢舟编写第一篇任务一单元1和第二篇任务七、八、九，初明编写第一篇任务一单元2、3，田川编写第一篇任务二单元1、2和第二篇任务四、五、六，丁艳青编写第一篇任务二单元3、4、5，寇玲编写第一篇任务三单元1和第二篇任务一、二、三，王丽编写第一篇任务三单元2、3，黄玲玲编写第一篇任务四单元1、2，丁银编写第一篇任务四单元3、4，秦誉铭负责编写汽车整车销售案例集。

在本书的编写过程中，编写组成员付出了辛勤的劳动和大量的心血，在此表示衷心的感谢。由于编者水平有限，书中难免存在疏漏和不足之处，敬请广大读者批评指正。

编　者
2017年5月

目　录

第一篇　汽车市场营销原理

第二篇　汽车整车销售流程

第一篇　汽车市场营销原理

任务一　汽车市场概况

【学习目标】

知识目标

1. 了解国内、国际汽车市场的发展历史及现状、汽车工业的影响、全球著名车展、汽车 4S 店主要工作岗位及其职能。

2. 熟悉世界知名车系的品牌与车型特点和汽车 4S 店的特征与功能。

3. 掌握汽车的分类、结构及发展现状，掌握市场营销与汽车营销概念。

4. 重点掌握与实际工作相关的汽车市场营销管理知识。

技能目标

1. 能够熟悉车系、品牌车型的特点，为顾客购车提供必要的参考。

2. 能够对优秀的营销案例进行分析，借鉴其成功的经验，服务于本职工作。

3. 能够把学到的汽车市场营销管理知识运用到实际工作。

【情境导入】

汽车工业经过近百年的发展，汽车已成为人们日常生活中不可缺少的交通工具，同时也成为品位和地位的特征。汽车销售是汽车企业市场行为的基础和关键工作，汽车营销人员应具备良好的职业素养以及从事汽车市场工作的基本能力。作为一名优秀的汽车营销人员不仅要具备相关的汽车知识、市场知识，还应在商务活动中塑造和提升个人及组织形象，促进与顾客之间的良好沟通。

某知名品牌 4S 店销售部的销售顾问刘芳宇正在思考刚刚召开的工作会议内容：决定一个汽车销售企业和个人的销售业绩的因素有哪些？领导决策、团队协作、个人努力、企业环境等因素如何在汽车市场营销环境中体现出重要性？如何抓住市场机会，展现个人能力……

与此同时，小张近期正在计划买车，今天正好来到刘芳宇所在的 4S 店，小张将会面对选车的哪些问题？刘芳宇及同事能否与小张洽谈成功。一切从小张迈进 4S 店销售展厅的第一步开始……

分析：

影响汽车市场的因素有很多，无论是宏观环境还是微观环境，直接影响其营销能力的各种参与者，本教材将对双方出现的问题进行详尽的分析解答。

单元1 汽车工业发展认知

一、汽车工业发展概述

汽车工业具有产值大、产业链长、关联度高、技术要求高、就业面广、消费拉动大等特点，是衡量一个国家工业化水平、经济实力和科技创新能力的重要标志，在全球经济发展中占据着重要的位置。

我国国家最新标准《汽车和挂车类型的术语和定义》（GB/T 3730.1—2001）中对汽车有如下定义：

由动力驱动，具有四个或四个以上车轮的非轨道承载的车辆，主要用于：

——载运人员和/或货物；

——牵引载运人员和/或货物的车辆；

——特殊用途。

本术语还包括：

a）与电力线相联的车辆，如无轨电车；

b）整车整备质量超过 400 kg 的三轮车辆。

车辆识别代码（VIN）具有全球通用性、最大限度的信息承载性和可检索性，已成为全世界识别车辆的唯一“身份证”。VIN 由一组字母和阿拉伯数字组成，共 17 位。从 VIN 中可以识别出车辆的生产国、制造公司或厂家、车的类型、品牌、车型系列、车身形式、发动机型号、车型年款、安全防护装置型号、检验数字、装配工厂名称、出厂顺序号码等。当每辆车打上 VIN 后，其代号将伴随车辆的注册、保险、年检、保养、修理直至回收报废。

（一）发展史

1. 喷气式

1680 年，英国著名科学家牛顿设想了喷气式汽车的方案，利用喷管喷射蒸汽来推动汽车，但未能制成实物。

2. 蒸汽动力

1769 年，法国人 N.J. 居纽制造了用煤气燃烧产生蒸汽驱动的三轮汽车。但是这种车的时速仅 4 千米，而且每 15 分钟就要停车向锅炉加煤，非常麻烦。后来这辆车在一次行进中撞到砖墙上，碰得支离破碎。

1879 年，德国工程师卡尔·本茨（Karl Benz）首次试验成功一台二冲程试验性发动机。1883 年 10 月，他创立了“本茨公司和莱茵煤气发动机厂”，1885 年，他在曼海姆制成了第一辆本茨专利机动车，该车为三轮汽车，采用一台二冲程单缸 0.9 马力的汽油机，此车具备了现代汽车的一些基本特点，如火花点火、水冷循环、钢管车架、钢板弹簧悬架、后轮驱动、前轮转向和制动手把等。1886 年 1 月 29 日，德国工程师卡尔·本茨为其机动车申请了专利。同年 11 月，卡尔·本茨的三轮机动车获得了德意志专利权（专利号：37435a）。这就是公认的世界上第一辆现代汽车。由于上述原因，人们一般都把 1886 年作为汽车元年，也有些学者把卡尔·本茨制成第一辆三轮汽车之年（1885 年）视为汽车诞生年。

1829 年，英国的詹姆斯发明了时速 25 km/h 的蒸汽车，该车可以作为大轿车使用。这种汽车装有笨重的锅炉和很多煤，冒着黑烟，污染街道，并发出隆隆的噪声，而且事故频繁地出现。1860 年，法国工人鲁诺阿尔发明了内燃机，用大约 1 马力的煤气发动机来带动汽车，但效果不好。不过，汽车就是在这种内燃机的影响下产生的。从此，有很多人想改进内燃机，要把内燃机用在汽车上。1882 年，德国工程师威廉海姆·戴姆勒开始进行内燃机的研究。他发明了用电火花为发动机点火的自动点火装置，然后，在这一发明的基础上制造出优秀的汽油发动机。这种发动机每分钟 900 转，结构简单紧凑，而且能产生很大的功率。1883 年，戴姆勒完成了这种汽油发动机，第二年开始装配在二轮车、三轮车和四轮车上，制成了汽油发动机汽车。特别是 1886 年制造的汽油发动机四轮载货汽车，装有 1.5 马力的发动机，时速达 18 km/h。

3. 汽油

1885 年是汽车发明取得决定性突破的一年。当时和戴姆勒在同一工厂的本茨，也在研究汽车。他在 1885 年几乎与戴姆勒同时制成了汽油发动机，装在汽车上，以每小时 12 千米的速度行驶，获得成功。这一年，英国的巴特勒也发明了装有汽油发动机的汽车。此外，意大利的贝尔纳也发明了汽车，俄国的普奇洛夫和伏洛波夫两人发明了装有内燃机的汽车。

4. 电力

世界上第一个研究电动车的是匈牙利工程师阿纽什·耶德利克，他于 1828 年在实验室完成了电传装置。第一辆实际制造出来的电动车是由美国人安德森在 1832—1839 年发明的。这辆电动车所用的蓄电池比较简单，是不可再充电的。1899 年，德国人波尔舍发明了一台轮毂电动机，以替代当时在汽车上普遍使用的链条传动。随后开发了 Lohner-Porsche 电动车，该车采用铅酸蓄电池作为动力源，由前轮内的轮毂电动机直接驱动，这也是第一部以保时捷命名的汽车。在 1900 年巴黎世博会上，该车以 Toujours-Contente 之名登场亮相，轰动一时。

随后，波尔舍在 Lohner-Porsche 的后轮上也装载两个轮毂电动机，由此诞生了世界上第一辆四轮驱动的电动车。但这辆车所采用的蓄电池体积和重量都很大，而且最高时速只有 60 千米。为了解决这些问题，波尔舍 1902 年在这辆电动车上又加装了一台内燃机来发电驱动轮毂电动机，这也是世界上第一台混合动力汽车。

从 19 世纪末到 20 世纪初期，汽车设计师把主要精力都用在了汽车的机械工程学的发展和革新上。到了 20 世纪前半期，汽车的基本构造已经全部发明出来后，汽车设计者开始着手从汽车外部造型上进行改进，并相继引入了空气动力学、流体力学、人体工程学以及工业造型设计等概念，力求让汽车能够从外形上满足各种年龄、各种阶层，甚至各种文化背景的人的不同需求，使汽车成为真正的科学与艺术相结合的最佳表现形式，最终达到最完善的境界。

（二）汽车的分类

1. 乘用车

乘用车是在其设计和技术特性上主要用于载运乘客及其随身行李或临时物品的汽车，包括驾驶员座位在内最多不超过 9 个座位。它也可以牵引一辆挂车。

乘用车（图 1-1-1）主要有以下车型：普通乘用车、活顶乘用车、高级乘用车、小型乘用车、敞篷车、舱背乘用车、旅行车、多用途乘用车、短头乘用车、越野乘用车、专用乘用车。

图 1-1-1　乘用车

2. 商用车

商用车（图 1-1-2）在设计和技术特征上是用于运送人员和货物的汽车。商用车包含了所有的载货汽车和 9 座以上的客车，分为客车、货车、半挂牵引车、客车非完整车辆和货车非完整车辆共五类。在整个行业媒体中，商用车的概念主要是从其自身用途不同来定义的，人们习惯把商用车划分为客车和货车两大类。

图 1-1-2　商用车

（三）汽车的基本结构

1. 发动机

发动机（图 1-1-3）是汽车的动力装置，由两大机构五大系统组成：曲柄连杆机构、配气机构、冷却系、燃料供给系、润滑系、点火系、起动系，但是柴油机比汽油机少一个点火系统。

图 1-1-3 发动机

2. 底盘

底盘（图 1-1-4）由传动系、行驶系、转向系和制动系组成。

图 1-1-4 底盘

3. 车身

车身（图 1-1-5）安装在底盘的车架上，用于驾驶员、旅客乘坐或装载货物。乘用车、客车的车身一般是整体结构，货车车身一般是由驾驶室和货箱两部分组成。

图 1-1-5 车身

4. 电气设备

电气设备（图 1-1-6）由电源和用电设备两大部分组成。电源包括蓄电池和发电机；用电设备包括发动机的起动系、汽油机的点火系和其他用电装置。

图 1-1-6　电气设备

二、国际汽车市场发展概述

(一) 英国汽车市场

在汽车发明的一百多年里，英国车一直被认为是代表着汽车工艺的极致以及品位、价值、豪华、典雅等诸多词语在汽车上最完美的体现。英国的克鲁郡（Crewe）至今秉承着传统的造车艺术，经验丰富的工匠始终以手工进行装嵌。绝大部分的工匠都有超过30年以上的丰富经验，造车技术代代相传，工艺千锤百炼，品质完美无瑕，处处流露出英国传统造车艺术的精髓：幽雅、灵动、恒久、精练。

英国汽车的发展历史悠久，汇集了世界领先的企业、大学、赛车产业及自主项目，已经具备实现转型研发的实力。专业知识和前瞻性的思维是英国开发核心汽车技术的独特优势。

英国汽车的制造能力世界排名靠前，从产品的制造范围和所涉及的行业品牌规模便可见一斑。英国的汽车制造水平也吸引着世界各地的顶级制造商，制造范围涵盖了乘用车、商用车、公交车、客车等多个领域。

面对汽车业全球化的挑战与机遇，英国汽车业以外资为依托，不断开放市场，提高技术水平，使其汽车工业不仅继续生存，而且仍保持一定的活力。英国汽车企业以全球最佳方式运营，成为改善英国制造业的主要力量。英国不仅是一个重要的汽车消费市场，而且也是全球汽车业的重要生产基地和出口基地。英国著名的汽车名牌有阿斯顿·马丁、宾利、捷豹、路虎、劳斯莱斯等（图 1-1-7）。

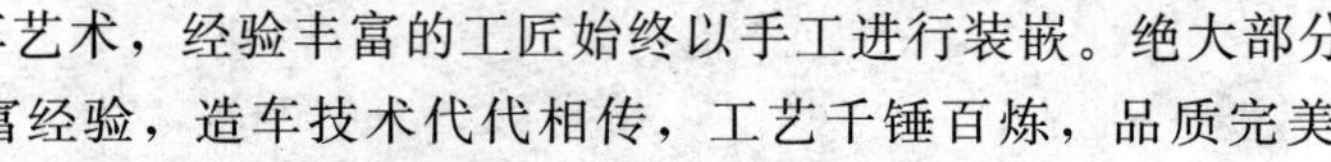

图 1-1-7　英国汽车代表品牌

(二) 法国汽车市场

法国是欧洲第二大汽车生产国，是全球汽车行业支柱之一。与大部分发达国家一样，法国的汽车市场也属于成熟市场，趋于饱和，其中大部分新车的销量已不再是初次购车的消费者购买，更多的是旧车更替。受地域、经济、生活成本以及文化背景等方面的影响，法国人更热衷于两厢国产小车，所以在法国本土，会发现他们的车辆似乎与国家经济发达程度并不匹配，而这也恰恰是这些欧洲发达国家所共有的特点，他们对于汽车的要求并没有想象的高，更偏重实用。法国著名的汽车名牌有标致、布加迪、雪铁龙、雷诺等（图 1-1-8）。

图 1-1-8　法国汽车代表品牌

（三）德国汽车市场

德国是现代汽车的发祥地，是生产汽车历史最悠久的国家。自从 1886 年卡尔·本茨发明第一辆汽车至今，德国的汽车工业已经走过了 120 多年的发展历程。德国汽车工业的发展也和世界其他国家一样，经历了“发明实验”“不断完善”“迅速发展”和“高科技广泛应用”这四个阶段。而且每一个阶段的发展，一直都与德国的政治、经济、社会文化等领域的重大事件紧密联系在一起。德国著名的汽车名牌有奥迪、巴博斯、宝马、保时捷、奔驰、大众、迈巴赫等（图 1-1-9）。

图 1-1-9　德国汽车代表品牌

（四）美国汽车市场

美国是“车轮上的国家”，汽车普及率居全球首位，既是全球最庞大的单一汽车市场，又是全世界汽车业最重要、竞争最激烈的地方。美国汽车工业的产品构成主要为乘用车和轻型载货汽车，还有少量重型卡车和客车。美国汽车工业已超过了 100 多年的历史，在与同行的激烈竞争中不断创新发展，迎合消费者对汽车造型和性能的需求，对世界汽车工业起到了一定的主宰作用。美国著名的汽车名牌有别克、福特、GMC、JEEP、凯迪拉克、克莱斯勒、林肯、特斯拉、雪佛兰等（图 1-1-10）。

图 1-1-10　美国汽车代表品牌

（五）意大利汽车市场

意大利汽车设计居世界领先地位，拥有一批被世界公认的汽车设计大师。宾尼法利纳、乔治亚罗和博通等设计公司展出的最新概念车，无论是设计理念还是设计手段都代表着当前世界最新的设计潮流，超前并准确地表达一种追求和价值体现。意大利汽车工业的汽车产品结构主要为乘用车和小型载货汽车。意大利著名的汽车名牌有阿尔法·罗密欧、法拉利、菲亚特、兰博基尼、玛莎拉蒂、帕加尼、依维柯等（图 1-1-11）。

图 1-1-11　意大利汽车代表品牌

（六）日本汽车市场

日本汽车制造业始于吉田真太郎，1904 年他成立日本第一家汽车厂“东京汽车制造厂”（现五十铃汽车公司），3 年后制造出第一台日本国产汽油轿车“太古里 1 号”。随后日本国内出现了众多汽车制造厂，至今，日本汽车工业已经走过一百多个年头。

日本汽车产品主要为乘用车。丰田多次蝉联全球销量冠军宝座。从 20 世纪 90 年代开始，日本汽车企业大力推进国际化战略，在北美、欧洲及其他地区就地设厂、开办事业，因此，随着日本海外汽车产量的增长，在一定程度上弥补了其国内产量下降的损失。

因为日本国土面积小，资源与能源贫乏，所以很谨慎地开发大排量车型，日本汽车的总体特色是注重经济实用，更加追求良好的性价比，对于节约资源和降低石油消耗的造车理念让日本汽车先于欧美，成为节能、降耗的先行者。日本著名的汽车品牌有本田、讴歌、丰田、雷克萨斯、日产、英菲尼迪、铃木、马自达、斯巴鲁等（图 1-1-12）。

图 1-1-12　日本汽车代表品牌

三、全球著名车展

国际著名车展就和江湖上的名门名派一样，有着一呼百应的号召力。国际车展是国际厂商的一次集体实力秀，也是刺激眼球经济的最好形式。

（一）北美车展

一年一度的北美国际汽车展的前身是原美国底特律国际汽车展览会，至今已经有近百年的历史，是美国创办历史最长的车展之一，由底特律汽车经销商协会主办。1900 年 11 月，纽约汽车俱乐部召开了第一届世界汽车博览会，1907 年转迁到底特律汽车城，当时会场设在贝乐斯啤酒花园，在小小的展示区中参加的厂商只有17家，车辆不过33辆。1957年，欧洲车厂终于远渡重洋而来，首次出现了沃尔沃、奔驰、保时捷的身影，获得了美国民众的高度重视，底特律车展的"王旗"正式树起。

(二) 巴黎车展

作为浪漫之都的巴黎，它的车展如同时装，总能给人争奇斗艳的感觉。该车展起源于1898年的国际汽车沙龙会，直至1976年每年一届，此后每两年一届。在每年的9月底至10月初举行。1998年10月，巴黎车展恰逢百周年，欧洲车迷期待很久的巴黎"百年世纪车展"以"世纪名车大游行"的方式，让展车行驶在大街上供人观赏。法国的汽车设计一向以新颖独特著称于世，富于浪漫和充满想象力的法国人，总是在追求最别具一格的车型、风一般的速度和最舒适的车内享受，这些法国人的嗜好，都在巴黎车展中显露无遗，使得巴黎车展始终围绕着"新"字做文章。与此同时，巴黎车展也是概念车云集的海洋，各款新奇古怪的概念车常常使观众眼前一亮。

(三) 日内瓦车展

日内瓦车展素有"国际汽车潮流风向标"之称，是欧洲唯一每年举办的车展，在位于日内瓦机场附近的巴莱斯堡国际展览中心举行。日内瓦车展创始于1924年。自1931年起，一年一度在瑞士日内瓦举办。以展示豪华车及高性能改装车为主，展品比较个性化。日内瓦国际汽车展举办地在瑞士日内瓦，瑞士是唯一一个没有汽车工业的国家，但却承办着世界上最知名的车展之一，它每年总能吸引着30个国家900多辆汽车参展，是世界上举足轻重的车展之一。从日内瓦车展大厅望去，所有展位都尽在眼底，这是因为瑞士的展览规则详尽细致，不允许有过大的公司标牌和展位阻挡视线。

(四) 法兰克福车展

德国是世界上最早举办国际车展的地方。法兰克福车展前身为柏林车展，创办于1897年，1951年移到法兰克福举办，每年一届，轿车和商用车轮换展出。法兰克福车展是世界上规模最大的车展，有"汽车奥运会"之称。每两年举办一次的法兰克福国际车展一般安排在9月中旬开展，为期两周左右。参展的商家主要来自欧洲、美国和日本，尤其以欧洲汽车商居多。法兰克福地处德国，唱主角的自然是德国企业，这似乎与底特律车展、东京车展的地域性如出一辙。德国是现代汽车的发祥地，是奔驰公司、大众公司、奥迪公司等老牌公司的老家，法兰克福车展正是它们一展身手的好机会。

(五) 东京车展

东京车展被誉为"亚洲汽车风向标"，创办于20世纪50年代，逢单数年秋季举办。东京车展还是亚洲最大的国际车展。第一次国际汽车展始于1954年。东京对于世界汽车市场有较深的影响，对于亚洲汽车市场更有着重要的意义。该车展在日本东京近邻的千叶县举行，其各类电子三维展示装备让车展的参观者有"头晕目眩"的奇妙感。1999

年的东京车展创下了参观人数达140万人的世界纪录，足见它的热闹程度。与其他西方大型车展相比，日本车展更具有亚洲的东方风韵。日本厂商的多款造型小巧精美、内饰高档的车总能成为车展的主角。东京车展每年轮流展示一次轿车和商务用车，2003年东京汽车展着重展示的是商务用车和摩托车。东京车展具有鲜明的特点，日本本土车厂出产的五花八门、千姿百态的小型汽车历来是车展的主角，同时各种各样的汽车电子设备和技术也是展会的一大亮点。

（六）北京车展

北京国际汽车展览会于1990年创办，每两年定期在北京举办，自创办以来，规模不断扩大，展会功能也由过去单纯的产品展示，发展到今天成为企业发展战略发布、全方位形象展示的窗口，全球最前沿技术创新信息交流的平台，最高效的品牌推广宣传舞台。展品品质逐届提高，影响也日趋广泛，众多跨国汽车企业将北京车展列为全球A级车展。

秉承展品精、品牌全、国际化的办展理念和特色，北京车展是国际上具有较高知名度的品牌展览会，为我国汽车工业的发展和自主汽车品牌的创立、发展发挥了重要的作用，并为促进中外汽车业界的交流与合作，为我国会展经济的快速发展做出了积极巨大的贡献。

四、中国汽车工业发展历程

100多年前，随着世界上第一辆汽车的诞生，许多国家相继研制生产出了自己的汽车。而在近代中国第一个提出要建立中国汽车工业的是孙中山，他在《建国方略》一书中说道："自动车乃为近代所发明，乃急速行动所必要。"中华民国时期有建立汽车工业的构想和行动，终因日本的侵华战争而遭破灭，到新中国成立时，中国尚无汽车制造业，只有一些基础薄弱的汽车维修和汽车配件制造小企业。新中国成立后，恢复和扩展汽车维修与配件制造业，并开始筹划建立汽车工业。

1929年张学良投资80万大洋在沈阳迫击炮厂内筹办民生工厂制造汽车，同时他让李宜春从美国购买了"瑞雪"号整车一辆，作为样车进行拆解和研究，李宜春将整车拆卸，然后除发动机后轴、电气装置和轮胎等用原车零件外，对其他零件重新设计制造，他花了两年的时间，终于试制成功中国第一辆汽车，命名为民生牌75型载重1.8T汽车，一年中装出10辆，开辟了中国自制汽车的先河，后来由于"九一八"事变没有能批量生产。

1936年以官僚资本为首，集资600万元筹建了汽车工业公司与德国奔驰汽车厂技术合作，在株洲设立总厂。上海成立了分厂先行组装柴油货车和大客车，称为中圆牌，标识为外圈一个圆，当中一个"中"字，1937年"八一三"沪战爆发，被迫停止。

同年，资源委员会开始筹建中央机器厂，第五分厂即为汽车厂。1939年在昆明建厂，购买了美国斯图尔特汽车厂，并在美国设计，试制成"资源"牌货车4辆，由于抗日战争爆发，随后落入日军之手。

1950年3月中央重工业部成立汽车工业筹备组，开展建设第一汽车制造厂的前期准备工作。随后，第一汽车制造厂列入1953年开始的第一个五年建设计划重点项目。当年7月15日第一汽车制造厂在长春动工兴建。

功夫不负有心人，在经过3年的技术攻关后，1956年7月14日，中国人自己制造的第一辆汽车“解放”牌载货汽车从长春一汽总装线上盛装下线，开启了装备中国汽车的历史航程，也开创了中国汽车的“解放时代”。该车坚固耐用，自重偏大，功率、车速及加速性偏低，结构简单，使用维修方便，对燃料、原材料、外协配套件需求不高，比较适合当时中国的道路条件和石油、钢铁等相关工业基础薄弱及社会配套供给能力欠缺的实际状况。

中国的汽车工业从此开始起步，开启了中国汽车工业滔滔不息的源头。五十年的风风雨雨，中国汽车工业经历了从自力更生到打开国门，从寻找合资到最后民族自主品牌的逐渐成熟，从无到有、从小到大，从诞生、成长到成熟螺旋式的发展历程。

与“解放”牌载货汽车一样，中国汽车工业在诞生伊始就被打上了浓重的时代烙印。起步初期的中国汽车工业是按照苏联模式发展起来的，也算是高起点了。因为在当时我们的邻国韩国的汽车工业也几乎是空白。但是，中国汽车工业很快就在社会的政治大潮中随波逐流，飘摇起伏。

1953年7月15日，毛主席亲笔题名的第一汽车制造厂在吉林省长春市动工兴建，中央动员、全国支援、参与建设者奋力拼搏，努力实现党中央提出“力争三年建成长春汽车厂和出汽车、出人才、出经验”的目标。

1965年，国家出于经济安全等因素的考虑，在湖北十堰筹建第二汽车制造厂。但二汽的建立并没有解决经济模式一直给中国汽车工业所带来的制约。到1970年，全国汽车产量才突破10万辆，1980年才突破20万辆。

在这一时期，中国的轿车工业也曾昙花一现，有过短暂的繁荣。1958年，一汽相继生产了“东风”“红旗”两款轿车。同年，北京汽车制造厂研制的“井冈山”轿车、上海生产的“凤凰”轿车，作为庆祝共和国10周年的礼物相继面世。但是，轿车产业的发展并没有因此蓬勃起来，而是由于种种原因被遏制在襁褓之中。从1958年到1983年，中国轿车用了25年的时间年产量才突破5000辆，用原机械部部长何光远的话来说就是这一段时间的中国汽车工业基本上只能算是“卡车工业时代”。

不过在1978年以后，中国汽车工业迎来新的发展契机。当时的中央政府开始重新思考中国汽车工业的发展思路，汽车工业也因此注入了新的活力。“摸着石头过河”“技术引进”“与外国合资经营”等有关汽车发展的新名词也开始见诸报端，中国的汽车工业从此迸发出新的热量。考虑当时民族汽车工业的技术落后，中央政府开始鼓励民族汽车厂商和国外汽车巨头接触。1978年，美国通用汽车董事长墨菲先生来华考察中国的汽车工业。随后，国家开始组团赴德、美、日等汽车工业发达国家考察，并开始商谈合资事宜，中国汽车由此向世界汽车工业敞开了大门。

1984年以前，技术、资金、人才等很多发展的瓶颈毫无疑问制约了中国汽车工业的发展，利用外资来发展我国的汽车工业在此时被推到了历史的前台。1984年1月，中国汽车的第一个中外合资企业——北京吉普诞生。有了先行者，中国汽车工业很快就进入了第一轮合资高潮，1985年3月，中德合资轿车生产企业——上海大众汽车有限公司成立，上海大众的成立意味着真正意义的现代汽车工业的开始。同年，南京汽车引入意大利菲亚特的依维柯汽车，广州和法国标志合资项目也成立，桎梏了几十年的轿车工业的能量开始井喷。

在1986年的六届四次人大会议上，汽车工业作为国家重要的支柱产业被写进了“七五”计划。到1994年，轿车产量已经超过25万辆，上海大众这个单一轿车生产企业逐渐超越了一汽、二汽，成为中国轿车企业的领头羊。

1987年，国家在缜密研究了中国未来轿车工业的发展道路之后，确定了“三大三小”的总体格局，轿车工业开始向规模化方向发展。1990年，中国轿车工业的三大基地进一步调整，上海汽车工业总公司成立。

1994年，是中国汽车史上值得纪念的一年。在这一年国家出台了《汽车产业发展政策》。虽然其中有很多局限，但是国家开始对汽车产业的发展方向进行了重新定位，其中重要的是把汽车和家庭联系起来。家庭轿车市场孕育多年的潜能被无限放大，富裕起来的中国人对轿车激发了强烈的购买能量，渴望拥有一辆自己的轿车不再是遥远的梦想，中国轿车工业的春天开始到来。

国外汽车巨头在中国取得成功的背后是中国汽车工业自身的巨大牺牲。在中国，还没有哪一个行业像汽车工业一样依赖于合资模式，中国汽车工业的飞速发展并没有如期望的那样带来汽车产业竞争力的提升。由于缺乏自主品牌和关键技术，研发能力低，国内汽车产品的核心技术大多数掌握在合资企业手中，没有话语权。“拿市场换技术”的传统合资模式开始受到质疑。

中国自主汽车品牌企业正是在这样的暗流中涌动，1997年3月，奇瑞公司在安徽成立，成为我国自主汽车品牌的新生力量。9年时间，中国汽车自主品牌在夹缝中求生存，并逐渐壮大。根据国家信息中心的数据，2005年自主企业销售呈现较大的增长，销售增幅43.4%，而2004年自主企业的销售增幅仅为3.5%。其中，奇瑞汽车销售18.9万辆，增幅达118.8%。

2001年，奇瑞自主研发的第一款车风云正式上市，较高的性价比引起市场的强烈反响。另一款车系奇瑞QQ，以成熟的市场营销策略和独特的外观设计使奇瑞QQ在市场上形成巨大的冲击波，成为国内两厢车的老大。2005奇瑞轿车出口1.8万辆，位列全国轿车出口第一。为了更好地适应市场和技术不断变化的要求，2003年年初奇瑞成立汽车工程研究院，奇瑞形成了有自主创新、具有国际水平的技术开发平台。随后，在奇瑞诞生了中国第一个汽车发动机自主品牌ACTECO，并且在2006年3月有5000台发动机出口美国，实现中国自主发动机品牌出口“零的突破”。

走合资道路有其历史原因，但是自主品牌、自主创新才是中国汽车工业的终极目标。汽车工业必须依靠自主创新来提升中国汽车工业企业的核心竞争力，参与国际竞争已经成为重点关注的话题。

随着经济的发展，中国汽车终于崛起，迎来了可喜的收获季节，站在了世界腾飞的起跑线上。中国的汽车品牌也已经走向世界，海外工厂规模扩大，科技水平处于世界前列。

五、汽车工业的影响

汽车的产生在很大程度上优化了交通结构。现代交通结构由火车、汽车、飞机、船舶等现代交通工具组成，它们各自在交通结构中发挥着重要的作用，其中汽车所具有的普遍性和灵活性是其他现代交通工具所无法比拟的。

（一）普遍性

火车、飞机、船舶只适于作为公共交通工具，并要求与之相适应的客货运输量，而汽车既适于作为公共交通工具使用，又适于作为家庭和个人的交通工具使用，既适于大批量客货运输，也适于小批量客货运输。

（二）灵活性

火车、飞机、船舶均属于线性交通工具，火车只能沿铁路运行，飞机只能沿航线飞行，船舶只能沿江河湖海航行，而汽车属于地面上的交通工具，只要有道路就能行驶，它既可以通向各个城市，又可通向广大农村，实现“门对门”的服务，所以它使得现代交通结构实现了公共交通与个人或家庭相结合，大批量客货运输与小批量客货运输相结合，以汽车作为终端运输工具，才能实现现代化运输的全过程，从而使现代交通结构得到优化。

汽车是改变世界的机器，它既改变了生产，也改变了生活。汽车工业对推进社会进步发挥了显著的作用，它促进了城市的发展，缩小了城乡差别，改善了人们的生活品质。

【能力拓展】

案例分析

你怎么看？同一汽车集团发展多个品牌

有海外媒体制作了目前世界主流的 14 家汽车集团和 54 个乘用车品牌的关系图（图 1-1-13和表 1-1-1）。从图 1-1-13 和表 1-1-1 中我们可以总结出，大多汽车集团会同时拥有不同档次和不同取向的品牌，来应对不同的市场需求，当然也有个别的集团会推出不同的品牌来面对相同的市场，还有一些汽车品牌只在某些特定的区域销售。

此外，很多品牌都有过衰败、合并或被收购的经历。随着时间的推移，这些主流品牌或将会改变，是否有些会独立成集团，或退出历史舞台，而这些主流汽车集团也将面临被收购和被合并的可能。在图 1-1-13 中可以看到吉利集团的身影，按目前中国品牌的发展势头我们可以猜测，未来将会有更多的“中国汽车品牌”发展成世界主流的汽车集团。对于汽车集团和品牌的发展，你怎么看？

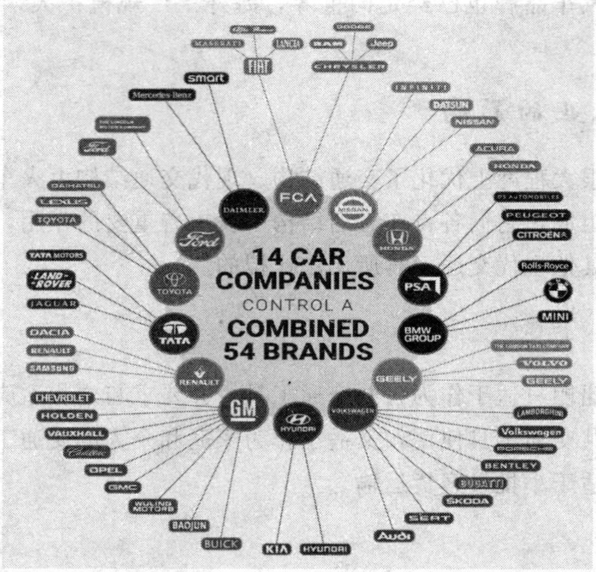

图 1-1-13　14 家主流汽车集团和 54 个主流乘用车品牌关系

表 1-1-1　14 家主流汽车集团和 54 个主流乘用车品牌

集团	品牌
宝马	劳斯莱斯、MINI、宝马
本田	讴歌、本田
标致雪铁龙（PSA）	DS、标致、雪铁龙
大众	奥迪、西雅特、斯柯达、宾利、布加迪、保时捷、兰博基尼、大众
戴姆勒	梅赛德斯-奔驰、Smart
丰田	雷克萨斯、丰田、大发
福特	福特、林肯
菲亚特克莱斯勒（FCA）	菲亚特、玛莎拉蒂、蓝旗亚、阿尔法·罗密欧、克莱斯勒、Jeep、RAM、道奇
通用（GM）	别克、雪佛兰、凯迪拉克、欧宝、GMC、霍顿、沃克斯豪尔、五菱、宝骏
印度塔塔	路虎、捷豹、塔塔
雷诺	DACIA、雷诺、三星
日产	日产、英菲尼迪、Datsun
吉利	吉利、沃尔沃、伦敦出租车、LYNK&CO（新品牌，图中未出现）
现代	现代、起亚

思考与讨论：

1. 对于某些汽车集团推出多个品牌的行为你怎么看？
2. 你觉得主流汽车集团的数量会增多还是减少？

分析提示：

1. 车系的品牌多对运营成本的影响。
2. 新能源汽车品牌发展成为行业主流，对世界主流汽车集团格局的改变。
3. 汽车集团的持续经营问题。

（资料来源：http：//www.autohome.com.cn/news/201611/896258.html? pvareaid=101416）

单元 2　汽车市场营销概述

一、市场营销

（一）市场营销的含义

市场营销是个人和群体通过创造并同他人交换产品与价值以满足需求和欲望的一种社会及管理过程。简单地说，就是以满足人类各种需要和欲望为目的，通过市场将潜在交换变为现实交换的活动。

（二）市场营销的基本特征

（1）企业的经营以消费者的需求满足为中心。
（2）企业注重于长远的发展和战略目标的实现。
（3）企业通过各种营销策略的组合来实现自己的目标。

二、汽车市场营销及营销观念的发展

（一）汽车市场营销

1. 汽车市场营销的定义

汽车市场营销就是汽车企业为了更好、更大程度地满足市场需求，为达到企业经营目标而进行的一系列活动。

汽车市场营销代表的是汽车制造商决策者对于汽车市场的根本态度和看法，是指导制造商开展或决定一切经营活动的出发点，因此，汽车市场营销观念的正确与否直接影响汽车供应企业的兴衰。随着社会的不断进步，市场竞争也不断发生着变化，市场营销观念也不断发生着变化。由于制造商决策者的更替等因素，也会导致制造商营销观念会发生变化，从而导致企业向不同的方向发展。

2. 汽车市场营销研究的内容

随着汽车市场的发展，现代汽车营销研究的关注点由以产品、顾客为核心，逐步过渡到以竞争行为为核心。其基本任务有两个：一是寻找市场需求；二是实施一系列更好的、满足市场需求的营销活动。

汽车营销研究的内容是在汽车市场的竞争环境中，企业等组织如何通过市场调查识别和分析顾客的需求，确定其所能提供最佳服务的目标群体，选择适当的计划方案、产品、服务方式以满足其目标群体的需求，取得竞争优势的市场营销全过程。

（二）汽车市场营销观念的发展

汽车市场营销观念是指汽车企业在开展市场营销活动过程中，在处理企业、顾客需求和社会利益三者之间关系时所持的根本态度、思想和观念。

不同的汽车营销观念是随着不同阶段汽车市场的需求而产生的。汽车市场营销观念的发展经历了传统营销和现代营销两个历程，共包括五个阶段。

1. 传统的汽车市场营销观念

（1）生产观念

生产观念产生于20世纪20年代以前的西方国家，是典型的卖方市场的产物，即“以产定销”，注重产品以量取胜，而不考虑市场需求。汽车企业的主要工作是：提高生产效率和渠道效率，进行大量生产并降低成本，进一步扩大产销量。

（2）产品观念

产品观念产生于20世纪20年代，也是典型的卖方市场的产物，但汽车产品比以前供应更充足，消费者有了选择的余地。汽车企业的主要工作是：制造优质产品，并不断地加以改造并提高产品质量，即“产品以质取胜”。但所有的汽车改进工作仍然是以企业为主导的，汽车企业的产品生产依然不重视消费者的真正需求。

（3）推销观念

推销观念产生于20世纪30年代初期，这是由卖方市场向买方市场转变的阶段。由于资本主义世界经济大萧条，大批产品供大于求，销售困难。汽车企业的主要工作是：针对既定产品大力施展推销和促销手段，激发顾客的购买欲望，强化顾客的购买兴趣。

推销观念为市场营销观念奠定了基础：在销售人员大力施展推销促销技术时发现，销售成功的产品是满足顾客需求的，而滞销产品是不能满足顾客需求的，于是注意到了顾客需求的重要性，从而发展形成新的营销观念。

以上三个阶段的汽车营销观念有其共同的特点，都是以“卖方”需要为中心，把汽车产品作为工作重点，通过不同的措施扩大销售量，来增加汽车企业的利润。持上述营销观念的企业被称为生产导向型企业。

2. 现代的汽车市场营销观念

（1）市场营销观念

随着社会生产力的迅速发展，汽车市场趋势表现为供过于求的买方市场，汽车企业之间为实现产品的竞争加剧，许多企业开始认识到，必须转变经营观念，才能求得生存和发展。汽车企业的主要工作是以顾客需求为导向的，安排企业的生产经营活动，努力理解和不断满足顾客需要。市场营销观念认为，实现企业各项目标的关键，在于正确确定目标市场的需要和欲望，并且比竞争者更有效地传送目标市场所期望的物品或服务，进而比竞争者更有效地满足目标市场的需要和欲望。

市场营销观念的出现，使企业经营观念发生了根本性变化，也使市场营销学发生了一次革命。

市场营销观念是一种全新的经营哲学，它是一种以顾客需要为导向、“一切从顾客出发”的观念。它把供应商的生产经营活动看作是一个努力理解和不断满足顾客需要的过程，不是生产或销售产品的过程；是“发现需要并设法满足之”的过程，不是“将产品制造出来并设法推销之”的过程；是“制造适销对路的产品”的过程，不是“推销已经制造出来的产品”的过程。市场营销观念是在推销观念的基础上发展过来的，首次将满足消费者的需求和欲望提高到指导供应商经营活动的层面上，“顾客至上”“顾客是上帝”“顾客永远正确”成为现代供应商的座右铭。

(2) 社会营销观念

社会营销观念是市场营销观念的延伸和补充，也是现阶段适用的营销观念。典型的买方市场，该观念要求汽车企业在关注自身盈利、消费者满意的前提下，积极维护社会公众利益和长远利益。

社会营销观念产生于20世纪70年代西方资本主义出现能源短缺、通货膨胀、失业增加、环境污染严重、消费者保护运动盛行的新形势下。汽车企业的主要工作有：将自身利益和整体社会利益结合起来，生产和提供满足社会发展需要的汽车产品，主要体现在汽车节能和环保两个性能方面。如本田、丰田、通用汽车公司纷纷推出油电混合动力汽车，主打节能和环保性能，顺应社会营销观念。

上述五种汽车企业营销观念，其产生与存在都有其历史背景和必然性，都是与一定的条件相联系、相适应的。汽车企业为了求得生存和发展，必须树立具有现代意识的市场营销观念和社会市场营销观念。

【案例链接】

盛夏里的奇瑞汽车夜市

炎炎夏日，虽然每年都有，似乎不是太特别，但这一时期自有它的特点，如何根据具体环境搞好汽车营销，其中大有学问。此时，人们自然不太愿意白天外出购物，而逛夜市纳凉却是大多数人的习惯。根据这样一种特点，上汽奇瑞2003年推出了大型夏季促销的“清凉活动”，在全国几百家奇瑞汽车特约销售服务店从6月20日起，同时推出为期三个月的“奇瑞汽车夜市”，为购车用户创造一个凉爽怡人的购车新环境。“奇瑞汽车夜市”的主要内容包括两个部分：

一是请进来。全国200多家奇瑞汽车特许销售服务店每天将营业时间延长至21时，增加了3个小时的营业时间，方便用户晚上选车、购车，各销售服务店要为前来购车的用户免费赠送清凉饮料等消夏用品，有条件的地方还要为用户提供购车接送服务。

二是走出去。在人口密集的小区、纳凉广场，奇瑞汽车特约销售服务店陆续举办夜间上门巡回展销活动，让广大的消费者在自己家门口纳凉的同时能够选车、试车。在活动中，配以游戏等互动节目，增加夏天人们纳凉时的乐趣。

通过这些适合实际的丰富多彩的营销方式，大大提高了奇瑞的知名度和销售量，2003年产销增幅有较大的提高，在中国十大轿车厂家中，跃升至第8位。

(资料来源：百度文库，https://wenku.baidu.com/view/fdd0a30e79563c1ec5da716a.html)

（三）中国汽车营销的现状

回顾中国汽车市场营销的历程，现在已基本步入了“社会营销”时代。各大汽车厂商对于汽车营销的投入不断增加，营销手段不断翻新，汽车营销理念也在不断变革，汽车营销正在从销售环节的降价等推销方式，转移到提升品牌形象、提高服务质量、提高顾客满意度等层面上来。试驾体验、赞助体育赛事、捐助教育和公益活动逐渐成为汽车营销领域的新方向，这标志着中国的汽车营销已经开始走向成熟。

1. 政策性强

在我国，对汽车营销权有严格的限制和规定。从事汽车生产的企业，必须按规定报经主管部门批准，并列入国家年度汽车生产企业报告以及产品报告内，方准生产；从事企业产品销售的企业，必须事先报请国家工商总局或各省市工商局批准，给予汽车经营销售权后才能开展销售活动。各级工商局审批汽车营销权非常慎重，其营销权限往往严格控制在一定范围内，通常划分为以下几种：一次性销售汽车和长期性销售汽车；销售国产汽车和销售国产汽车加进口汽车；零售汽车和批发汽车兼零售汽车；只销售一般汽车和可销售一般汽车兼轿车；汽车“批零兼营”家轿车零售和汽车，轿车都可以“批零兼营”。目前，汽车及零部件的销售权正在朝着以生产厂为中心辐射的售后服务中心转移。由于汽车营销的政策规定很多，而且随时间经常变化，因此营销商必须十分注意学习，随时熟悉有关政策规定，遵纪守法，文明经商。

2. 技术性较高

在汽车营销过程中，从进货时选择车型，提车时检查、验收产品质量情况，在储运过程中汽车使用、停车维护、销售汽车时宣传商品车性能特点，售后发生质量问题的处理等都涉及对各种汽车技术状况的了解程度。而且，大多数购买者会提出一系列技术问题，要解释清楚，弄明白后才决心购买。

3. 需用资金多

现今买一辆汽车少则 3 万～5 万元，多则 100 万元以上，甚至还有价格更昂贵的车。提高汽车营销必须要进货，为了使顾客有挑选的余地，要有一定数量的库存。因此，销售汽车没有足够的流动资金是不行的。由于占用资金多，就会导致银行贷款多，利息负担重，因此必须慎重考虑如何加速资金周转的问题，避免金融风险。

4. 占用仓库大，商品车维护复杂

汽车营销必须有一定的库存，以便客户选择，而且从外地远程进货时，一般是分批运达，要求有较大的仓库。存放时间长的应当选择室内存放，尤其是客车，长期放在露天，容易使汽车老化和磨损。同时库存车辆也必须有人定期养护，如果放在储运公司还增大了流通费用。

5. 市场变化快，经营风险大

汽车市场受国家宏观控制，经济政策以及国民经济的发展影响比较大，所以我们可以认为汽车市场是非常敏感的市场，一年之内可能变化几次。所以汽车营销是一种风险经营，必须随时审时度势，正确决策。

单元3 汽车销售的4S模式

一、汽车4S店的功能

汽车4S店是一种源于欧洲的汽车整体服务方式，1999年开始在中国国内出现。其核心是“汽车终身服务解决方案”。4S店是由汽车生产企业授权建立的“四位一体”的销售专卖店，即包括整车销售（Sale）、零配件供应（Spare part）、售后服务（Service）、信息反馈（Survey）四项功能的销售服务店。

4S店模式其实是汽车市场激烈竞争下的产物。随着市场逐渐成熟，顾客的消费心理也逐渐成熟，顾客需求多样化，对产品、服务的要求也越来越高，越来越严格，原有的代理销售体制已不能适应市场与顾客的需求。4S店的出现，恰好能满足顾客的各种需求，它可以提供装备精良、整洁干净的维修区，现代化的设备和服务管理，高度职业化的气氛，保养良好的服务设施，充足的零配件供应，迅速及时的跟踪服务体系。4S店在提升汽车品牌、汽车生产企业形象上的优势是显而易见的。通过4S店的服务，可以使顾客对品牌产生信赖感，从而扩大销售量，同时也是汽车生产企业完善售后服务的重要手段，使顾客从购车、用车到修车的全过程都能得到良好的服务保障。

1. 整车销售

整车销售是汽车营销活动的中心内容，是汽车4S店的基本职责，是为零配件供应、维修、信息反馈等工作带来潜在顾客的关键环节。在销售工作中，要始终坚持“可持续发展”的营销理念，所有部门密切配合，共同关注顾客的“后续需要”，在兼顾社会利益的同时，为4S店的整体效益做出贡献。

整车销售包括进货、运输、验收、储存、销售等环节。在4S店销售的汽车大多是汽车生产企业直接发货的车辆，价格是由汽车生产企业指定的统一售价。

2. 零配件供应

零配件供应是汽车售后服务的基本保证。从销售利润来看，在国外成熟的汽车市场中，整车销售利润约占整个汽车业利润的20%，汽车装饰、改装及汽车用品的利润约占20%，而50%～60%的利润是在汽车零配件及服务领域中产生的。

4S店的零部件是汽车生产企业提供的原厂配件，所以质量有保证，价格自然要比普通维修店高。

汽车的零配件被分成四类：①在汽车正常使用中因到期自然老化、失效而必须更换的消耗件，如皮带、胶管、各种滤芯等；②在汽车运行中，因自然磨损而容易失效的易损件，如离合器摩擦片、制动片、活塞、活塞环等；③组成汽车的主要总成的、价值较高的基础件，如曲轴、缸体、缸盖等；④汽车发生意外时损坏的事故件，如前后保险杠、车身覆盖件、冷凝器、水箱等。

3. 售后服务

售后服务是现代汽车经销企业服务的基本组成部分。汽车售后服务是指4S店在车辆售出后为顾客提供的车辆保养、故障维修的服务。售后服务可以使企业与顾客建立长久的、良好的往来关系，为企业积累宝贵的顾客资源，以求生产和销售环节的利润最大化。随着汽车市场的发展，汽车4S店更应该致力于提高车辆的维修保养质量、规范服务程序和严格诚信服务，不断提高顾客满意度，巩固顾客资源，使企业获得更高的利润。

4. 信息反馈

信息反馈是汽车4S店的一大重要功能。汽车4S店直接接触顾客，有条件及时、准确地了解当前的市场动态，将汽车产品的使用性能、顾客满意度等情况反馈给汽车生产企业。这对于企业提高产品质量，开发适销对路的新产品，调整市场营销战略，提高产品的市场占有率具有重要意义。

汽车4S店就相当于是汽车生产企业的销售或者售后服务部门，由生产企业直接供货，接受生产企业指导经营管理，在经营服务理念上与厂家保持高度的一致。

汽车4S店是一种个性突出的有形市场，具有渠道一致性和统一的文化理念。同一汽车生产企业的4S店拥有统一的外观形象、统一的标识、统一的管理标准，只经营单一品牌的汽车。

二、汽车4S店主要工作岗位认知

单店单品牌经营的汽车4S店，普遍采取董事会领导下的总经理负责制。但每个4S店的岗位设置以及岗位职责各有差异，各店也会根据实际情况进行调配人力资源。一汽大众4S店的组织结构如图1-1-14所示。

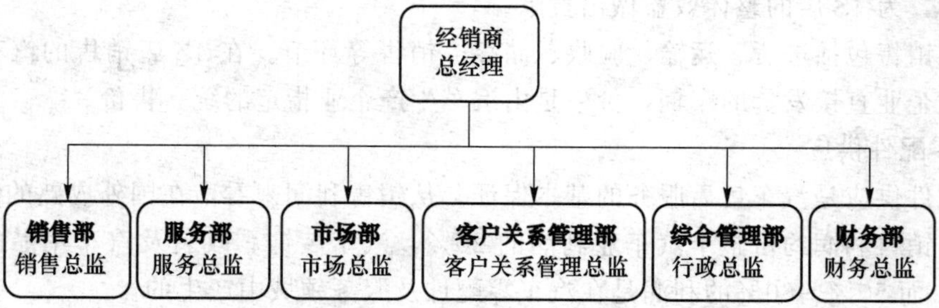

图1-1-14 一汽大众4S店组织结构

各部门及主要岗位职能分工如下：

1. 总经理

岗位职责：组织、协调开展各部门的工作，并进行业务指导。

2. 销售部

销售部负责品牌车辆的展示厅接待销售工作，向顾客介绍车型、技术参数、购买手续等问题，协助顾客购买称心的车辆。

（1）销售总监

岗位职责：制定并推进实施全面的销售战略、销售方案，有效地管理顾客。

（2）销售经理

岗位职责：管理公司的销售运作，带领销售队伍完成公司的销售计划和销售目标。

（3）销售顾问

主要工作内容：开发新顾客，维系老顾客，建立个人顾客档案；顾客信息资源的统计、认真记录展厅顾客来电信息，及时跟进顾客信息，掌握顾客动向，促使成交，并详细记录回访情况；热情主动地接待展厅来访的每位顾客，并积极引导顾客试乘试驾；每天擦拭及清理展厅展示车辆，以保持展示车辆的清洁，树立整车品牌及本公司的良好形象；为顾客提供周到的售前、售中、售后咨询，帮助顾客解决困难，指导顾客新车的正确使用及各项保养。

3. 服务部

服务部负责办理“一条龙”服务手续，为顾客提供售后验车、领牌照等服务。负责顾客合同、车辆档案等资料的管理，为顾客提供还款数据、资料查询等服务。

（1）服务总监

岗位职责：负责服务部顾客接待工作，协调前台和车间的工作关系，做好顾客的服务工作，确保公司考核要求达标。

（2）服务经理

主要工作内容：根据公司计划制订服务部的经营目标和计划；负责服务部各项工作与流程有序开展与落实；负责服务部人员的初选、培训、管理、日常工作监督；协助公司制定服务部内部制度、流程；负责提升服务能力、服务质量，提升顾客满意度；负责解决顾客抱怨与投诉；负责完成整车企业所布置的各项工作和任务。

（3）配件经理

主要工作内容：做好配件采购计划的审核、批准工作，检查配件采购计划的落实情况，及时解决配件采购中出现的特殊问题，确保汽车维修需要；加强对库房人员的管理，储存配件保管必须符合规定和标准。落实材料收发控制，不定期抽查配件、库存账、财务账是否相符，组织配合财务部做好月底、年终库房盘点工作；掌握配件市场信息，控制库存总量，科学安排好本站配件储备结构；负责配件销售过程价格的审核；负责制订培训计划并实施直接下属的培训教育；每月定期开展本部门例会，每月月初对上个月的运营情况进行总结检讨；每月月末制订出下个月的工作计划；负责对合格供方提供配件价格与质量的控制；及时收集、汇总有关质量方面的信息，经主管领导审核后反馈回品牌公司。

（4）车间主任

主要工作内容：组织车间设备维护及维修技术指导；车间维修人员的工作合理安排及车间看板的调整；负责重大质量事故的处理；保证维修车间的安全生产；负责车间专用工具的使用和保管；控制维修质量及生产成本。

（5）服务顾问

主要工作内容：负责顾客购车后的跟踪维系；顾客来店车辆保养的接待、出单服务，协调好售后前台和车间的工作调配；及时热忱地接待来店顾客，并实行“一对一”的服务；关注顾客需求，并向上级主管提出合理化建议。

（6）索赔员

主要工作内容：严格执行品牌公司索赔政策；热情接待用户，建立和检查核对索赔车辆档案，耐心介绍品牌公司索赔工作条例；及时处理用户投诉，竭力提高用户满意度，如有不能处理的投诉，及时告知上级主管领导；诊断故障、确保索赔一次递交合格率；准确填写《汽车故障报告》《索赔申请单》《索赔件清单》《索赔件标签》等相关单据并按时发送到品牌公司；负责索赔旧件的标识、存放；配合财务对品牌公司返回公司的索赔费用负责核对并与品牌公司保持密切联系；及时收集、汇总有关质量方面的信息，经主管领导审核后反馈回品牌公司。

4. 市场部

市场部主要负责品牌车辆的市场调研、广告、促销活动策划、形象推广等营销工作；负责潜在顾客的市场开发与管理工作。

（1）市场部经理

岗位职责：规划制定公司的市场战略与策略，并推进实施，实现市场发展目标。

（2）市场部企划员

主要工作内容：负责组织执行市场调研计划的制订及实施；协助市场部经理制订各项市场营销计划；收集竞争厂家的市场情报和各级政府、业界团体、学会发布的行业政策与信息：负责产品全方位企划，包括价格企划、包装企划、通路企划、延伸企划；为本部门和其他部门决策提供信息支持。

5. 客户关系部

客户关系部负责客户关系的维系与管理。

（1）客户关系管理总监

主要工作内容：负责制订和完善本部门的年度工作目标与制度的考核方案，完成制定的各项目标工作，并对直接下级进行考核、指导、监督、检查、奖惩；负责并组织实施向本部门传达、贯彻公司的各项方针政策、规章制度、会议精神以及上级领导的命令和要求；协调本部门与上级领导及其他部门之间的关系；根据品牌公司的要求和本公司的要求，联系和确定对客户的服务事项。

（2）客户信息统计专员

主要工作内容：负责联系以往的维修客户，并做好跟踪情况的记录，对不满意的客户及时反馈给服务经理；负责制作客户投诉统计表及客户满意度调查统计；负责每月定期寄下个月的年检客户保养通知书并做记录；根据客户意见反馈，填写投诉跟踪表和投诉案例，并及时反馈给服务经理进行相关处理；及时向用户传达品牌公司的活动政策。

6. 综合管理部

综合管理部主要负责行政、管理、人事等工作，由行政总监、行政经理、人力资源部经理组成。

7. 财务部

财务部负责财务管理工作，由财务总监、会计、出纳组成。

三、汽车 4S 店销售模式的特点及存在的问题

（一）汽车 4S 店销售模式的特点

在中国，无论是从汽车制造商、经销商还是从消费者角度出发，4S 店特许经营模式与其他销售模式相比有着无可比拟的优越性。从汽车制造商的角度来看。通过 4S 模式，厂家在建立渠道优势的同时也通过色彩、装饰、主题、格调等手段树立良好的品牌形象，使顾客产生对品牌的信任。另外，在 4S 店的投资方面，制造商投少量资金或不投资金，不但能收到品牌免费宣传的效果，又能把经营的风险转移给经销商。

从经销商的角度讲。4S 店采用“四位一体”的经营方式，通过提供舒适的购车环境、专业健全的售后服务、纯正的零部件，在售前、售中、售后服务中让用户满意，赢得用户的信赖和满意，增加了利润。由于经销商买断了某品牌的技术服务，还能从生产商处得到特别的业务指导、人员培训等方面的支持，使其经营能力得到提高。从消费者角度来说。4S 模式可以使消费者享受到由厂商直接负责的产品售前、售中、售后全程服务，消除了后顾之忧，增加了购买安全感。

（二）汽车 4S 店销售模式存在的问题

随着汽车工业的发展，汽车消费逐步由卖方市场向买方市场转变，竞争加剧，4S 店经营中的弊端也暴露出来，主要体现在以下几个方面。

1. 4S 经销商与汽车制造商的地位不平等

对于制造商来说，经销商只是 4S 功能和厂家经营理念的贯彻执行者，是上下级关系，不是合作伙伴关系。汽车 4S 店基本没有话语权，对制造商有极为明显的依附性，其经营优劣，除了经销商的努力外，还受汽车厂商品牌的影响力、市场策略的灵活性、经营管理的支持力度等因素影响。经销商的被动在很大程度上导致 4S 店模式的僵化。

2. 初期投资过高

一个 4S 店的固定投资在 1000 万～1500 万元，流动资金要求在 1000 万元左右。每个 4S 店都要按汽车制作厂商有关店内外品牌设计的统一要求来建设，同时还要具有物流、库存和维修保养的软硬条件。因此，4S 店的投资金额都是十分巨大的。

3. 过度投资造成竞争加剧、利润低下

几乎每个新品牌进入中国，都要大张旗鼓地投资建网，每个品牌的 4S 店少则 100 多家，多则超过 300 家，更有老牌企业在全国已有 600 多家特约销售商。如在北京东南一片半径 5 千米的范围内，居然有 7 家丰田 4S 店；又如上海大众仅在北京就有 43 家 4S 店，随着竞争加剧和投资逐步增大，利润空间因销售网点过于密集而逐年减少，4S 店难以支撑其运作成本，能否尽快收回投资成本，对 4S 店经销商来说是一个很大的风险。

4. 经营成本居高不下

当汽车专卖店盲目追求数量增长之时，提升档次之风也愈演愈烈。巨大的投入使卖车及为客户提供维修和其他服务的成本居高不下，一家 4S 店即使一台车不卖，一天维

持运转的水、电等的运营费用都在近万元上下，其结果导致中国目前80%以上的4S店在惨淡经营，不得不以销售换利润，以维修和保险赚资金。

【案例链接】

上海通用顾问式汽车销售模式

从顾客进入销售环节的第一步起，上海通用特约销售服务中心就力求让顾客感觉到，不仅开别克轿车是一种享受，买别克轿车也是一种享受。

每个上海通用授权特约销售服务中心对销售人员言行都有严格的标准要求，在实际销售中，准确而严格地实践通用汽车公司的顾问式销售模式。

发现潜在客户并售前跟进：有选择地联系老客户，走访新的潜在用户，特别是对重要的大客户要定期走访。向客户介绍新产品、新款车型和新政策，认真了解客户需求，听取客户对产品和服务质量的意见并积极为客户出谋划策。

接待和顾客甄别：车辆介绍→车辆演示→车辆选购→销售核准→交车。

对客户热情接待，对产品技术性能、使用特点、价格构成、一条龙服务、售前售后服务项目以及质量担保和索赔等进行介绍。设立购车咨询热线电话，为不方便上门的客户提供购车咨询服务。

根据用户的需求提供试乘试驾服务。在交车前对车辆进行PDI（售前检查）检查，在交接过程中销售人员提醒、帮助用户填写用户档案卡，及时向用户解释今后的服务范围和优惠条件，提供用户售后服务的联系方式。

售后跟踪：上海通用授权特约销售服务中心的销售人员定期与用户联系，提醒用户对车辆进行必要的保养和维修，并为用户提供免费代办保险理赔等各项服务。

（资料来源：百度文库，https：//wenku. baidu. com/view/aaae2060b8f67c1cfad6b8c8. html）

四、中国汽车4S店的发展策略

汽车4S店在汽车销售市场上扮演着重要的角色，同时也面临着激烈的竞争。经销商无疑需要认清自身问题，查找原因，调研市场环境，转变经营思路，拓展业务渠道，设定清晰的发展策略。

（一）重视售后市场和服务领域，争取更大的利润

只有服务才是汽车4S店真正的产品。在整个汽车获利的过程中，维修服务获利是汽车获利的主要部分。目前，汽车售后服务市场上的竞争主要在4S店和维修厂之间展开，4S店的服务比较完善，而维修厂则方便省钱。随着汽车销售市场的进一步成熟、各个品牌产品差异化较少，经销商需要着眼于做好各项售后服务工作，向顾客展示优质的维修技术和服务水平，打消客户的顾虑，不断提高品牌客户满意度，培养客户忠诚度，提升企业的美誉度，促进店内维修量的稳步增长。

在国际汽车市场上，汽车后市场服务被誉为“黄金产业”，是产业链中最稳定的利润来源，占总利润的60%～70%。而汽车美容业务又是汽车后市场中利润的主要组成

部分。汽车租赁和二手车交易又是中国的新兴行业和发展相当快的行业，市场潜力非常大，利润也相当高。而在国内的汽车 4S 店营销业务中主要的利润还是来自整车销售和配件供应，汽车美容、二手车交易和汽车租赁等利润高、发展前景好的业务开拓不足。针对 4S 店营销业务单一的现状，4S 店可以大力发展汽车美容、二手车交易和汽车租赁等高利润、市场前景好的业务，开辟新的汽车业务，则会大大改善目前汽车 4S 店的经营困境，获得良好的发展。

（二）提高队伍素质，提升顾客满意度

汽车 4S 店不是简单地向消费者销售一辆汽车，与之相伴的还在销售服务和技术。汽车 4S 店要适应汽车行业的快速发展，培养一批既懂汽车技术又懂营销的专业营销人员，建立一支既懂汽车基本原理，又懂汽车新结构、新技术且适应机电一体化的售后服务维修队伍，努力提高并将 4S 的服务理念深入人心，使客户能够充分体验企业的关怀，提高客户的忠诚度和满意度。还要从员工的待遇、培训晋升、激励制度等方面服务好员工，打造一支稳定的服务团队。

（三）实现完善的网络化管理

从国际汽车维修行业来看，维修信息综合管理、专家集体合诊、网上查询资料、网上解答疑难杂症、网上开展技术培训、网上购买汽车维修资料，已成为维修行业全面普及的局面。同时，充分发挥电子计算机进行信息交流的互动功能和管理功能，重点应建立保用结算与客户故障反馈系统、汽车销售与服务网点管理系统、24 小时客户呼叫中心、整车可追溯查询系统、配件售后技术资料使用查询管理系统及存储 ABC 重点管理系统、用户跟踪服务及车辆档案，以优化资源，密切跟踪客户需求，提高工作效率。

（四）充分发挥 4S 店的信息反馈功能

信息反馈其实是 4S 店最关键的一点，它紧密地联系着消费者、经销商、生产厂家三者。在国外，信息反馈是生产厂家掌握市场的第一手资料。4S 店每天都要接待用户，进行汽车的检查、保养、维修、索赔等，在这些服务项目中碰到的相关信息对于改进产品、提升服务、了解客户需求具有很大的价值。4S 店应该组织专人负责整理相关信息，及时反馈给制造商，使厂商了解自己的产品，了解市场需求，以有利于产品的改进、创新，实现消费者、经销商、生产厂家的共赢。

【能力拓展】

案例分析

一切从顾客出发

1957 年丰田在美国开设第一家全资子公司，开始正式进入美国市场，陆续推出“丰田”“皇冠”“光冠”等系列车型，表现非常不理想，直至 1966 年，8 年来丰田几乎一无所获，第一轮进军美国市场失败了。

丰田准备开始第二轮进军，首先，丰田展开大规模的市场调查，委托美国当地的专业市场调查公司访问大量的“大众”汽车的消费者，调查了美国特性、道路条件和顾客对物质生活用品的兴趣所在等几个方面，发现了美国市场由于需求趋势变化而出现的产销差距，终于，1966年10月，丰田推出了“花冠”，1967年进入美国市场，立即引起巨大的反响，销量直线上升，20世纪60年代后半期，在美国的销量达到百万辆以上。

1973年10月，第四次中东战争爆发，阿拉伯石油输出国组织（OPEC）发出了原油产量削减25%的通告，石油价格上涨了近3倍，突如其来的石油危机给来美国汽车工业沉重的打击，1979年，第二次石油危机接踵而来，石油价格又一次大幅上涨，丰田充分利用这次机遇，发挥自己节能价廉的优势，一路高歌，当年在美国的市场占有率就达到了17%，1980年上升到24%。在日本车的冲击下，美国一些小厂损失惨重，纷纷倒闭，“美国汽车公司”依靠雷诺公司的追加投资才勉强维持生计，克莱斯勒公司处于破产的边缘。从此以后，丰田登上了世界第二的宝座。

通用汽车公司战胜福特汽车公司而成为汽车业霸主，就是因为关注到消费者的需求和欲望的变化而取得了战略型胜利。随着时间的推移，当福特千篇一律的“T”形车已经为人们所厌倦时，通用汽车公司发现，此时的美国已产生第二代驾车族，他们多数是由年轻人组成的，他们更喜欢色彩鲜艳、富有激情的汽车，不同的人由于地位不同、职业不同、个性爱好不同而需求不同，因此，通用汽车公司专门成立了“产品政策研究特别委员会”，下设“色彩与美术部”专门研究设计满足不同个性消费者需求的汽车，成功推出五彩缤纷的雪佛兰汽车，让人们眼前一亮，迅速成为福特“T”形车的替代者。

“一切从顾客出发”的观念帮助通用汽车公司就此成为汽车业的霸主。

思考与讨论：通用汽车公司为何会战胜福特汽车公司而成为汽车业霸主？

分析提示：市场营销是一种全新的经营哲学，它是一种以顾客需要为导向、“一切从顾客出发”的观念。它把供应商的生产经营活动看作是一个努力理解和不断满足顾客需要的过程，不是生产或销售产品的过程；是“发现需要并设法满足之”的过程，不是“将产品制造出来并设法推销之”的过程；是“制造适销对路的产品”的过程，不是“推销已经制造出来的产品”的过程。“市场需要什么，就生产和推销什么”“能卖什么，就生产什么”。企业的一切行为都要以市场的需要作为出发点，而又以满足市场的需要为归宿。

实训项目

汽车销售市场分析

一、项目名称

大众速腾轿车销售市场分析。

二、项目目标

（1）培养学生分析典型汽车销售市场的能力。

（2）完成相应车型销售成功失败经验的分析报告。

三、项目要求

(1) 了解汽车销售市场的分类。

(2) 熟悉汽车销售市场分析。

(3) 熟悉典型汽车销售的特点。

(4) 掌握汽车销售的方法。

四、项目准备

学生分成调研学习小组，分组进行市场调研及分析，分析报告按小组总结。

五、项目实施

(1) 介绍速腾轿车在我国汽车市场的销售分析。

(2) 了解汽车市场的微观环境和宏观环境对于汽车营销的影响。

(3) 形成汽车销售市场环境的分析报告内容。

六、项目评价

完成汽车销售市场分析报告并进行小组总结互评。

任务二　汽车市场营销策划

【学习目标】

知识目标

1. 了解汽车市场营销环境的概念和分类。
2. 熟悉市场调查与市场预测的内容与步骤。
3. 掌握市场细分的内容及要求、市场营销策划的内容与格式要求。
4. 熟悉市场营销环境分析方法。
5. 重点掌握汽车市场营销宏观环境和微观环境的影响因素。

技能目标

1. 能够对汽车市场营销环境进行分析。
2. 能够对某品牌汽车车型进行市场定位分析。
3. 能够设计某汽车品牌的市场调查问卷。
4. 能够编制汽车营销策划方案大纲。

【情境导入】

1983年美国经济从石油危机的影响中摆脱出来，汽车市场需求大增。而对美国汽车出口最大国日本却因“自愿出口限制”配额的限制，每年只能向美国出口10万辆汽车，造成美国进口车供需之间巨大的差距。同时，美国三大汽车厂却对低价车并不重视，并趁日本车涨价之际调高同类车的价格。这时，引进日本三菱技术的韩国现代汽车在对美国汽车市场这种营销环境进行详细调查后，确定了进入美国的质优价廉的战略，提出“日本车的质量，韩国车的价格”的营销推广口号，进军美国市场，大获全胜。仅进入美国市场的第一年（1986年），汽车销量就达16.88万辆，是同期日本铃木公司的2.5倍。

分析

韩国现代汽车公司通过对变化了的汽车市场营销环境的分析，及时把握经营机会，结合自身优势，制定符合营销环境的营销战略，成功进军美国市场。

单元1　汽车市场营销环境分析

一、汽车市场营销环境概述

（一）汽车市场营销环境的概念

任何事物的发展变化都有其外因和内因。外因是变化的条件，内因是变化的根据，外因通过内因发挥作用。汽车市场需求和发展前景是汽车企业赖以生存的基础，汽车市场营销环境则是汽车企业生存中要予以适应和利用的重要因素。

汽车营销环境是企业生存和发展的条件，是指影响企业营销活动和营销目标实现并与企业营销活动有关系的各种因素及条件。菲利浦·科特勒认为："企业的营销环境是由企业营销管理职能外部的因素和力量组成的。这些因素和力量影响营销管理者成功地保持和发展同其目标市场顾客交换的能力。"也就是说，市场营销环境是指与企业有潜在关系的所有外部力量与机构的体系，它包括宏观环境和微观环境。宏观环境是指一个国家或地区的自然、政治法律、人口、经济、社会文化、科学技术等影响企业营销活动的宏观因素；微观环境是指企业的内部条件，包括企业的顾客、竞争者、营销中介、社会公众等对企业营销活动有直接影响的因素。宏观环境和微观环境是市场环境系统中不同的层次，所有的微观环境都受宏观环境的制约，而微观环境对宏观环境也有影响。企业的营销活动就是在这种外界环境相互联系和作用的基础上进行的。

（二）汽车营销环境分析的意义

1. 市场营销环境分析是市场营销活动的出发点

企业营销活动所需的各种资源，如资金、信息、人才等都是由环境来提供的。企业生产经营的产品或服务需要哪些资源、需要多少资源、从哪里获取资源，必须分析研究营销环境因素，以获取最优的营销资源来满足企业经营的需要，实现营销目标。只有深入细致地对企业市场营销环境进行调查研究和分析，才能准确且及时地把握消费者需要，才能认清本企业所处环境中的优势和劣势，扬长避短。

2. 市场营销环境分析有利于抓住市场机遇，规避风险

企业要善于细致地分析市场营销环境，善于抓住机会，及时预见环境威胁，将威胁减小到最低程度，甚至化解威胁，使企业在竞争中求生存，在变化中谋稳定，在经营中创效益，充分把握未来。例如，农村消费者对汽车的购买欲望和购买力上升，奇瑞推出多款适合农村道路的车型；面对现在世界石油资源紧缺，很多汽车厂商都在积极研发新能源汽车。

3. 汽车市场营销环境分析使汽车企业经营决策具有科学依据

汽车市场营销经受着诸多环境因素的制约，是一个复杂的系统，企业的外部环境、内部条件与经营目标的动态平衡，是科学决策的必要条件。企业要通过分析找出自己的优势和劣势，发现由此给企业带来汽车市场上相对有利条件和规避劣势的因素，使企业在汽车营销过程中取得较好的经济效益。

（三）汽车市场营销环境的特点

汽车产业作为各国国民经济的支柱产业，它对宏观环境与微观环境的变化反应非常敏感。一般来说，汽车市场营销环境有如下几个特点：

1. 差异性

汽车市场营销环境的差异性一方面表现在不同汽车企业受不同环境的影响，另一方面同一种环境的变化对不同汽车企业的影响也不相同。相应地，汽车企业为适应营销环境的变化所采取的营销策略也各不相同。

2. 不可控性

影响市场营销环境的因素是多方面的，也是复杂的，并表现为企业的不可控性。而且，这种不可控性对不同企业表现不一，有的因素对某些企业来说是可控的，而对另一些企业则可能是不可控的；有些因素今天是可控的，而到了明天则可能变为不可控因素。

3. 相关性

汽车市场营销环境既然是由多方面要素组成的，不是由某一个单一要素决定的，这些要素之间相互作用、相互影响，共同决定着营销环境的变化。比如，目前老百姓关心的汽车价格，就不仅受市场供求关系的影响，而且还受到汽车企业技术进步水平、原材料价格水平和国家相关税费的影响。

4. 动态性

市场营销环境是企业营销活动的基础和条件，这并不意味着市场营销环境是一成不变的、静止的。相反，市场营销环境总是处在一个不断变化的过程中，今天的环境与十多年前的环境相比已经有了很大的变化。例如，国家产业政策发生了变化，消费者的消费倾向也已从追求物质的数量化向追求物质的质量及个性化转变。这些都会对企业的营销行为产生最直接的影响。

二、汽车市场营销的宏观环境

宏观市场环境，是企业外在的不可控制的因素。企业市场营销环境的宏观环境十分复杂，它不断地制造市场营销机会与威胁。成功的企业总是那些能在纷繁复杂的宏观环境中意识到尚未被满足的需要和趋势并能及时做出盈利反应的企业。从宏观环境变化的长期趋势来看，企业在营销活动中应重视以下 6 个方面：

（一）自然环境

自然环境是影响企业营销活动的基本因素，它是指影响社会生产的自然因素，主要包括自然资源和生态环境。

在生态平衡不断遭到破坏，自然资源日渐枯竭，污染问题日益严重的今天，环境已成为涉及各个国家、各个领域的重大问题，环保呼声越来越高。从市场营销角度来讲，自然环境的发展变化已给企业带来严重的威胁，也造成了市场机遇与挑战的并存。自然环境对汽车企业市场营销的影响主要表现在如下几个方面：

第一，汽车工业越发达，汽车普及程度越高，汽车生产消耗的自然资源就越多。

第二，汽车制造原料短缺，能源成本增加。自然矿产资源日益短缺，近年来，铁矿石的总供给能力已无法满足钢铁冶炼的需要，这对汽车企业的市场营销活动过程是一个长期的约束条件。

第三，生态与人类生存环境总的趋势日趋恶化，政府环境保护日趋严格，汽车的大量使用又明显地产生环境污染，因而环境保护对汽车的性能要求就越来越严格，这既是汽车企业发展的威胁，又是一次发展的机会。

既要保证企业可获利发展，又要保护资源与环境，企业可实行可持续发展战略，达成社会与自然的协调的主要对策如下：

第一，发展新型材料，提高原材料的综合利用。例如，在“二战”以后，世界汽车工业在科技进步的作用下，大量的轻质材料、电控技术被用于汽车工业，平均每辆汽车消耗的钢材下降10%以上，自重减轻40%。

第二，开发汽车新产品，加强对汽车节能、改进排放新技术的研究。例如，汽车燃油电子喷射技术、主动和被动排气净化技术等都是汽车工业适应环境保护的产物。

第三，积极开发新型动力和新能源汽车。例如，电动汽车、燃料电池汽车、混合动力汽车以及其他能源汽车等。早在1987年，澳大利亚举行了一次奇特的汽车比赛，25辆形形色色的太阳能汽车，日出而赛，日落而息，不用一滴燃油就跑完了3200千米的赛程。

（二）人口环境

人口是构成社会的基本因素，人口环境是指一个国家和地区（企业目标市场）的人口规模、人口年龄、民族结构、受教育程度等因素的现状和变化趋势。

汽车营销人员在分析研究人口环境时，要针对我国人口环境的特点，做出不同的市场决策，使汽车企业走出自己的营销之路。

从社会学的角度看，一个社会年轻人越多，对未来的预期越高，社会也会充满朝气，对汽车消费的总体欲望高。而一个老龄化的社会无疑会趋于保守。目前，中国的人口结构正在发生着很大变化，我们已经提前进入老龄化社会，这对汽车营销是一个不利的因素，相关企业必须有针对性地开发适销对路的产品。

分析人口环境对汽车市场的影响还要注意国内和国外两个市场。就国内来讲，家用轿车广泛进入家庭，以经济耐用为主；而国外经济发达，思想观念时尚，讲究生活意境，以时尚、豪华、舒适为主。国内市场细分目标市场应该在开发中老年市场上花大力气，加以引导，另外也要关注年轻人的市场，应做好两个市场的开发与引导。

随着亚洲新兴工业国的迅速崛起和对外开放，亚洲汽车市场近年来成了全球汽车工业企业争夺的主要对象。比如，美国和日本的汽车制造商就把中国和印度看作是亚洲最吸引人的汽车市场，因为这两个国家是世界上人口最多的国家之一，人口增长率高，意味着发展机会也多。

【案例链接】

野马如何成为“野马”?

1964年，著名的汽车大王李·艾柯卡为福特公司推出的新产品“野马”轿车，取得了轰动一时的成功，两年内为福特公司创造了11亿美元的纯利润。当时，野马汽车风行整个美国，各地还纷纷成立野马车会。为什么野马汽车如此受人欢迎?

1962年，李·艾柯卡就任福特公司分部总经理后，便策划生产一种受顾客欢迎的新车。在分析整个汽车营销环境后得知，“二战”以后，生育率激增，人口平均年龄急剧下降，几千万婴儿如今已长大成人，20～24 岁年龄组要增长 50%，购买新车的 18～35 岁年轻人可望占到一半，根据这一信息，艾柯卡预见到今后 10 年的汽车销售量将会大幅度增长，而对象就是年轻人。

艾柯卡仔细推敲，从心理上看，年轻人购买汽车不单纯是为了代步。他们的家庭早就有代步的车辆，要买新车主要是追求新颖与时髦，出于这种考虑，艾柯卡提出适合这个市场的车应当是：车型要独树一帜，容易辨认，外形要像跑车，而且要胜过跑车，设计风格要体现美国新一代放荡不羁的个性。

1962 年秋，新车的泥塑模型呈现在艾柯卡面前，样机陈列在福特设计中心，与竞争对手通用雪佛兰新车并排展示，进行对比性分析，样机一再改进，最后的形状为：方顶，流线型，前长后短，低矮大方（图 1-2-1），整车显得既潇洒又矫健。

在新车命名上也颇费心智，开始新车被称为猎鹰特号，后又有人想叫它美洲豹。艾柯卡认为均不理想。后有人想出“野马”二字，艾柯卡才觉得这是一个激动人心的地道的美国名字。美国人对第二次世界大战中野马式战斗机的名字印象极为深刻，用“野马”作为新型车的名字，不仅能显示出车的性能和速度，有着“广阔天地任君闯”的味道，而且很适合美国人放荡不羁的个性。

之后是为“野马”车定价。新车试制小组在底特律选定了 52 对有中等收入的青年夫妇，请他们到福特展厅来品评新车。白领夫妇对新车造型表示满意，蓝领夫妇则把野马看作他们所追求的地位和权势的象征，艾柯卡请他们为新车估价，几乎所有人都估计 10000 美元，并表示家中已有车，将不再购买这种车，当艾柯卡宣布车价在 2500 美元以内时，他们十分惊讶。都表示将购买这种能显示身份和地位的新车，在研究了消费者心理之后，艾柯卡把车价定在 2368 美元，最后，他们采用了多种多样的具有轰动效应的促销手段，使“野马”旗开得胜，订货单源源不断。到 1965 年 4 月，在“野马”诞生一周年时，已售出 418812 辆，创下了福特公司的销售纪录。

（资料来源：百度文库，https：//wenku. baidu. com/view/c7102e972e3f5727a4e96204. html）

图 1-2-1　野马汽车

（三）科学技术环境

科学技术是第一生产力。科学是人类认识自然的知识体系，是潜在的生产力，技术是生产过程中的劳动手段、操作方法、工艺方法，是现实的生产力。

科学技术环境对汽车企业营销活动的影响主要表现在以下 3 个方面：

1. 汽车技术的发展直接影响汽车企业的经济活动

在现代，生产率水平的提高，主要依靠设备的技术开发（包括原有设备的革新、改装以及设计、研制效率更高的现代化设备），创造新的生产工艺、新的生产流程。同时，技术开发也扩大了劳动对象利用的广度和深度，不断创造新的原材料和能源。这些不可避免地会影响到汽车企业的管理程序和营销活动。

2. 汽车技术的进展和应用影响汽车企业的营销决策

消费者、经营者、竞争者和市场都受到科学技术的冲击，这种冲击，意味着科技的发展给企业既带来机会，也伴随着风险和隐患。

3. 汽车技术的发展对人们的生活方式、消费方式和消费需求结构产生深刻的影响

科学技术是一种“创造性的毁灭力量”，它本身创造出新的产品，同时，又淘汰旧的产品。汽车企业在组织营销时，必须注意科技环境的变化，以便看准营销机会，避免科技发展给企业造成威胁。

（四）政治法律环境

汽车营销的政治法律环境包括政治形式、经济政策和法律法规等方面。政治形式就是当前国际国内政治大的态势与走向。经济政策主要包括与汽车营销有关的国家财政政策、货币政策、价格政策、劳动工资政策与对外贸易和国际收支政策、如汇率进出口关税率、资本和技术引进政策等。法律法规主要指国家主管部门及地方政府颁布的与汽车营销有关的各项法规、法令、条例等。

（五）经济环境

经济环境主要是指社会的购买力。经济环境的宽松与否将对汽车产品市场需求的大小有影响，对汽车企业的市场营销有最重要、最直接的影响。

经济的发展水平是影响汽车工业发展的重要因素。一方面，一国的经济发展水平直接影响该国的汽车普及程度。例如，美国经济起飞的两个阶段也正是汽车工业进入普及化的黄金阶段。另一方面，经济发展水平决定着汽车工业发展的规模和产品的品种结构。例如，美国福特汽车公司的 T 型车就是属于经济型轿车，适合当时人们的购买水平，这也是由当时的经济发展水平决定的。

经济环境对汽车企业市场营销的影响十分重要。大致来说，经济环境可以从世界性的、国家性的、产业性的和个人性的指标来考察。世界性的指标反映的是整个世界的经济大气候，包括世界经济的增长情况，世界资本与货物的流动情况等。国家性的指标包括国民生产总值（GNP）、国内生产总值（GDP）、国民收入、储蓄、就业、通货膨胀率等指标。产业性指标主要是反映产业结构及其变动的指标。个人指标主要包括工资及其他收入、储蓄、消费及其结构等。除这些指标外，通货膨胀、就业水平、汇率变动等因素也是汽车营销环境分析经常要关注的经济因素。

（六）社会文化环境

社会文化环境是指一个社会的民族特征、风俗习惯、语言、意识、道德观、价值观、教育水平、社会结构、家庭制度的总和。不同国家营销环境的不同，主要体现为不同国家文化背景的差异性，同一国家不同的文化层次对营销环境表现不同。例如，在20世纪60年代前，人们在“二战”后心理比较庄重、严肃，汽车颜色多以深色为主（如黑色）。后来，由于日本汽车工业的崛起，追求自由自在的生活成为时尚，汽车流行色变得以轻快、明亮为主（日本人喜欢白色）。

就文化的总体内容而言，消费者的价值观念、风俗习惯和审美观将影响消费的需求与购买行为。

1. 价值观念

价值观念代表一个人对周围事物的是非、善恶和重要性的评价和看法。一种新产品的消费，会引起社会观念的变革。对于乐于变化、喜欢冒险、较激进的消费者来说应重点强调产品的新颖和独特；而对一些注重传统、喜欢沿袭传统习惯的消费者，企业在制订促销策略时最好把产品与目标市场的文化传统联系起来。近年来我国汽车消费者选购车型的意向，从以往的价格便宜，开始转向质量、品牌和售后服务，这对汽车营销提出了一些更高的要求。

2. 风俗习惯

风俗习惯是人们根据自己的生活内容、生活方式、自然环境，在一定的社会物质生产条件下长期形成，并世代相传，成为约束人们思想和行为的规范。

3. 审美观

审美观通常是指人们对不同的事物所产生的好坏、美丑、善恶的评价。不同国家、民族、宗教、阶层和个人，往往有不同的审美标准。企业要制定一个良好的营销策略，必须把握不同的文化背景下的消费者审美观念及其变化趋势。比如，两厢轿车在我国没有像三厢轿车那样受欢迎，这与我国传统的审美观念有关系。中国人认为，所谓轿车，就得像一顶轿子一样有头有尾。而没有尾部的两厢车，怎么能算轿车呢？风靡世界的两厢车，结果在中国受到审美观念的致命打击。

就汽车而言，虽然它只是一种具体的文化形态，但是，在它身上所表现出来的整体文化积淀，往往比其他产品更为强烈，具有鲜明的个性特征。美国人的奔放、日本人的精细、欧洲人的贵族遗风和中国人的权威崇拜等，都会在消费的汽车产品上有所体现。因此，汽车的市场营销必须顾及市场细分和目标市场的文化环境，从而提高产品、定价、分销和促销策略的针对性。适应汽车文化的发展已成为一种基本的营销策略。

三、汽车市场营销的微观环境

微观环境是指与企业关系密切，能够影响企业服务顾客能力的各种因素，包括企业自身、供应商、营销中介、顾客、竞争者和公众。这些因素构成企业的价值传递系统。营销部门的业绩建立在整个价值传递系统运行效率的基础之上。

（一）企业自身

企业自身即汽车企业内部环境，是指企业的类型、组织结构以及企业文化等因素。其中企业组织结构，即企业职能的划分、部门的设置以及各部门之间的关系，是企业内部环境的重要因素。

企业内部环境的好坏对企业市场营销的工作效率和效果的高低有着十分重要的影响。因此，企业管理者要加强企业的内部管理，为市场营销营造一个良好的环境。

（二）供应商

企业营销活动的展开，首先要生产出一种能满足消费者需要的产品或服务。而企业正常的生产需要有特定的原材料、辅助材料、能源等供应保障，否则，企业根本无法运转，也就无法提供市场所需的产品。对于汽车企业来说，与汽车相关的零部件供应商是最为重要的，它直接影响企业所产汽车的质量、性能、价格等，进而影响企业的竞争力。再者，汽车销售商同样需要厂商及时供货，要确保数量和产品结构合理，只有这样才能适应和促进销量。

（三）营销中介

营销中介是指协助汽车企业从事市场营销的组织和个人。营销中介包括经销商、仓储物流商、营销服务机构和金融机构。

1. 经销商

经销商直接帮助公司寻找市场、销售产品。

2. 仓储物流商

仓储物流商是协助厂商储存并把产品运送到目的地的组织机构。

3. 营销服务机构

营销服务机构是协助汽车厂商调查和搜集市场资料，宣传和促销产品的机构。如市场调查公司、广告公司、各种媒体、营销策划公司等。

4. 金融机构

金融机构如银行、财务公司、信托、保险等组织。

营销中介对企业市场营销的影响很大，它关系企业市场覆盖面、营销效率、经营风险、资金融通等。因而企业应该重视营销中介的作用，获得他们的帮助，弥补企业市场营销能力的不足和不断改善企业财务制度。

（四）消费者

消费者是企业产品销售的市场，是企业赖以生存和发展的基础，消费者的满意是企业营销的起点和终点。中国消费者的三大特征是：低购买力水平所占比例大；收入增长速度快；地区之间和城乡之间差异大。汽车企业必须关注消费者的需要和变化。

（五）竞争者

一个企业确定了其服务对象和目标市场之后，同时它也就将自身处于某种竞争集合之中。任何一个企业的市场营销活动都要受到其竞争者的挑战，这是市场营销的又一重要的微观环境。当前，汽车市场竞争激烈，要在竞争中更好地生存与发展，首先要能准确定位；其次要不断创新并提高产品质量；第三要搞好销售服务，提高品牌形象。

（六）社会公众

公众就是对一个组织完成其目标的能力具有实际或潜在利害关系和影响力的一切社会团体和个人。现代企业是一个开放的系统，它在经营活动中必然与各方面发生联系，必须处理好各方面公众的关系。公众对企业是持欢迎还是反感或是敌视的态度，对企业的生存和发展会产生巨大的影响，一个公司需要花时间注视公众的态度，预测他们的动向，采取积极的措施，清除那些可能带来的麻烦，发展同公众的建设性关系，树立公众形象。

1. 金融机构

金融机构包括银行、信贷公司、保险公司等。

2. 新闻媒体

新闻媒体包括广播电视、报纸杂志、网络等。

3. 政府机关

政府机关包括工商、税务、物价、质检等管理企业活动的政府机构。

4. 市民形动公众

各种消费者权益组织、环保组织等。

5. 地方公众

企业附近的居民、地方官员。

6. 企业内部公众

如董事会、经理、职工等。

四、汽车市场营销环境分析方法

"SWOT"分析法

1. 含义

SWOT 分析方法（图 1-2-2）是一种企业战略分析方法，即根据企业自身的既定内在条件进行分析，找出企业的优势、劣势及核心竞争力之所在。其中，S 代表 Strength（优势），W 代表 Weakness（劣势），O 代表 Opportunities（机会），T 代表 Threat（威胁），其中，S、W 是内部因素，O、T 是外部因素。按照企业竞争战略的完整概念，战略应是一个企业"能够做的"（即组织的强项和弱项）和"可能做的"（即环境的机会和威胁）之间的有机组合。

2. SWOT 分析方法的基本步骤

（1）分析企业的内部优势、劣势，既可以是相对企业目标而言的，也可以是相对竞争对手而言的。

（2）分析企业面临的外部机会与威胁，既可能来自于与竞争无关的外部环境因素的变化，也可能来自竞争对手力量与因素变化，或二者兼有，但关键性的外部机会与威胁应予以确认。

（3）将外部机会和威胁与企业内部优势和劣势进行匹配，形成可行的战略。

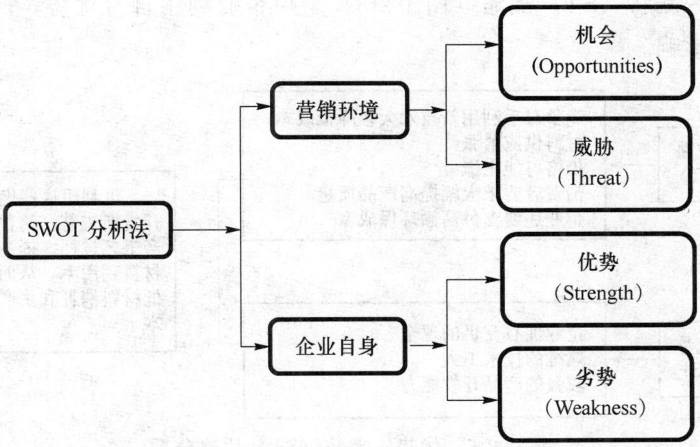

图 1-2-2　SWOT 分析法

3. SWOT 分析方法类型组合

SWOT 分析有四种不同类型的组合：优势—机会（SO）组合、劣势—机会（WO）组合、优势—威胁（ST）组合和劣势—威胁（WT）组合。

（1）优势—机会（SO）战略（图 1-2-3）是一种发展企业内部优势与利用外部机会的战略，是一种理想的战略模式。当企业具有特定方面的优势，而外部环境又为发挥这种优势提供有利机会时，可以采取该战略。

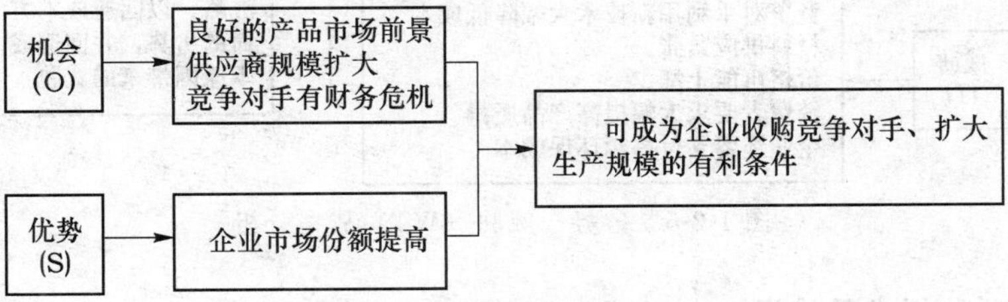

图 1-2-3　优势—机会（SO）战略分析

（2）劣势—机会（WO）战略（图 1-2-4）是利用外部机会来弥补内部劣势，使企业改劣势而获取优势的战略。存在外部机会，但由于企业存在一些内部劣势而妨碍其利用机会，可采取措施先克服这些劣势。

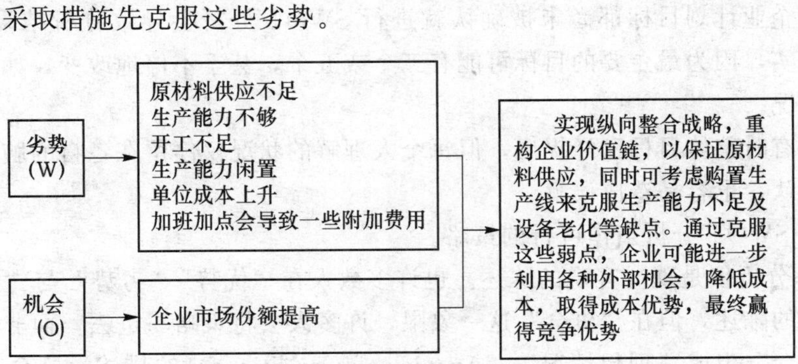

图 1-2-4　劣势—机会（WO）战略分析

（3）优势—威胁（ST）战略（图 1-2-5）是指企业利用自身优势，回避或减轻外部威胁所造成的影响。

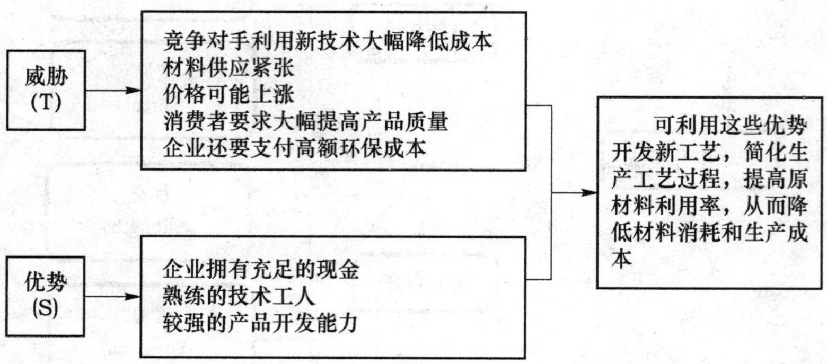

图 1-2-5　优势—威胁（ST）战略分析

（4）劣势—威胁（WT）战略（图 1-2-6）是一种旨在减少内部劣势，回避外部环境威胁的防御性技术。

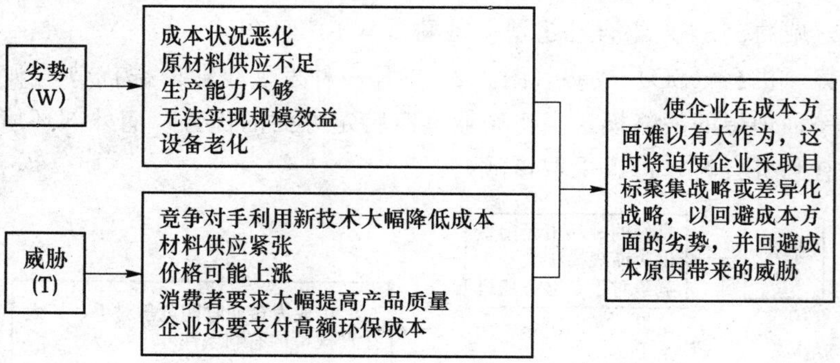

图 1-2-6　劣势—威胁（WT）战略分析

4. SWOT 分析常见错误

下列两个常见的错误，是新手在进行 SWOT 分析时很容易犯的，有时这样的错误会严重误导分析结果。

（1）在整体目标尚未明确和获得共识前，就进行 SWOT 分析。

整体的企业计划目标都尚未被确认就进行 SWOT 分析会导致分析结果七零八落，最后无法落实，因为最主要的目标可能有三个或五个，甚至不停地改变，如此将造成多头马车的状况。

此外，有时整体目标已经提出，但每个人理解的状况仅停留在各自的脑海，没有经过分享与确认，也容易造成误解。

（2）将 SWOT 分析当作可行的策略。

SWOT 分析仅是现况客观的陈述。也许多数人在“优势”“劣势”与“威胁”面都能做到客观的陈述，但在“机会”这一象限，许多人会将策略写进去，而非现象。可以试着将“机会”想成“理想情况”（Auspicious Conditions）的描述，这会有助于推出下一步的策略。

单元2　汽车市场竞争者分析

一、识别竞争者

企业实际的和潜在的竞争者的范围是广泛的，企业可能会被新出现的竞争对手打败，或者由于新技术的出现和需求的变化而被淘汰。企业必须密切关注竞争环境的变化，了解自己的竞争地位及彼此的优势、劣势，只有知己知彼，方能百战不殆。企业可以从不同的角度来识别竞争者。

（一）从行业的角度来识别竞争者

从行业的角度识别竞争者，美国管理学家迈克尔·波特提出了决定一个市场或细分市场的吸引力模型，这5种力量是：同行业竞争者、潜在加入者、供应商、替代者、购买者，如图1-2-8所示。

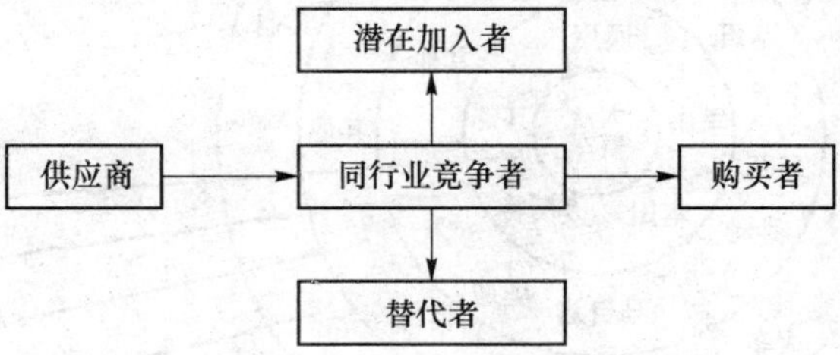

图1-2-8　行业竞争的5种力量

1. 同行业竞争者的抗衡

同行业中的现有企业为了占有市场优势而采取的行动称为竞争者间的抗衡。一般来说，这种争夺市场份额和市场地位的攻防战是积极的，可以促进技术进步和管理水平的提高，使行业状况得以改善，增强整个行业的竞争力。但是，过于激烈的竞争也可能使行业受损。

2. 潜在加入者的威胁

新企业加入会增加行业内的竞争激烈程度，其威胁大小主要取决于本行业防止进入的屏障高低，屏障越高，威胁越小，原有企业的收益也就越高。目前我国尚处于汽车工业的初级发展阶段，汽车生产仍有相当大的利润空间。市场的不成熟使我国汽车销售渠道的建设也处于简单模仿状态，较低的准入门槛仍会导致新的汽车品牌、新的汽车经销商加入，从而冲击现在的经销企业。

3. 供应商的威胁

如果企业的供应商能够提价或降低产品和服务的质量，或减小供应数量，则该企业所面临的细分市场就会失去吸引力。目前我国汽车经销行业较低的准入门槛和高的退出成本，使汽车经销商在选择经销品牌上处于劣势地位，对汽车生产厂家的依赖性较强。

4. 替代产品的威胁

如果本行业的产品出现了替代品，现有企业的竞争就会加大。对轿车而言，一是指新能源汽车对现有车型的威胁；二是指其他类型的交通工具的威胁，如小型直升机与高级豪华轿车的竞争。

5. 购买者的竞争

购买者可能要求降低购买价格，要求高质量的产品和更多的优质服务，其结果是使得行业的竞争者互相竞争，从而导致行业利润率下降。

（二）从市场的角度来识别竞争者

从市场方面看，企业的竞争者有四种，如图 1-2-9 所示。

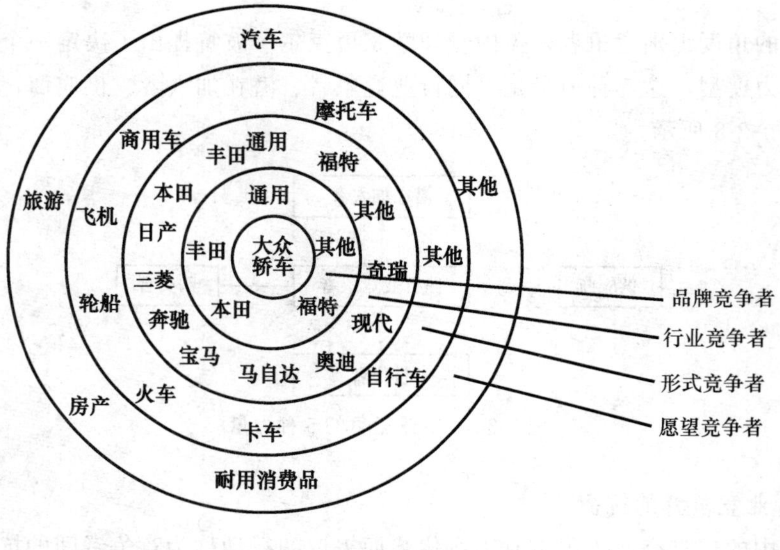

图 1-2-9　从市场角度看企业的竞争者

1. 品牌竞争者

企业把同一行业中，以相似的价格，向相同的客户提供类似产品或服务的其他企业，称为品牌竞争者。

如可口可乐与百事可乐、麦当劳与肯德基就互为品牌竞争者。在汽车行业，大众公司把通用、丰田、本田和其他中档价格的汽车制造商看作自己的主要竞争对手，而并不把奔驰、宝马作为自己的竞争对手。

品牌竞争者之间的产品相互替代性较高，因而竞争非常激烈，各企业均以培养客户品牌忠诚度作为争夺客户的重要手段。

2. 行业竞争者

企业把提供同种或同类产品，但规格、型号、款式不同的企业称为行业竞争者。所有同行业的企业之间存在彼此争夺市场的竞争关系。

如大众公司认为自己与所有其他汽车制造商存在竞争。实际上在汽车行业中，所有的企业（通用、大众、福特、沃尔沃等），不论生产的车是高档车还是低档车，都互为行业竞争者。

3. 形式竞争者

提供不同种类的产品，但满足和实现消费者同种需要的企业，互相称为形式竞争者。如啤酒、汽水、茶、水、果汁等都能满足“渴”的需求，生产这些产品的企业就互为形式竞争者。而大众公司认为自己不仅与汽车制造商竞争，还与摩托车、自行车和卡车等制造商竞争。

4. 愿望竞争者

提供不同产品，满足消费者的不同需要的企业，互称为愿望竞争者。如很多消费者收入水平提高后，可以把钱用于购买汽车，也可用于旅游，或购置房产，因而这些企业间存在相互争夺消费者购买力的竞争。消费支出结构的变化，对企业的竞争有很大影响。

（三）从企业所处的竞争地位来识别竞争者

从企业所处的竞争地位来看，竞争者有四种，如图 1-2-10 所示。

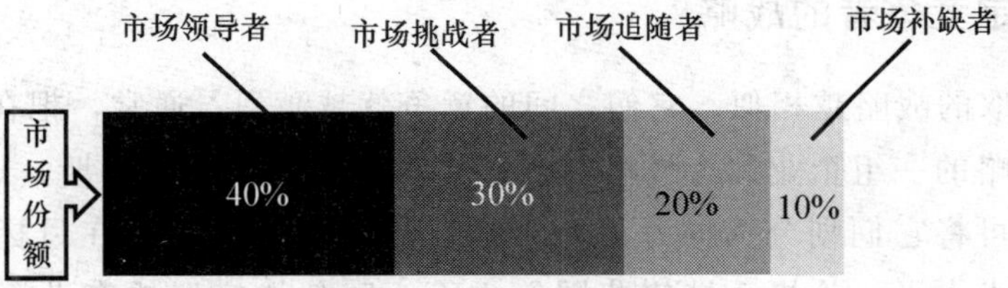

图 1-2-10　处于不同竞争地位的竞争者

1. 市场领导者

市场领导者是指在某一行业的产品市场上占有最大市场份额的企业。市场领导者通常在产品开发、价格变动、分销渠道、促销力量等方面处于主宰地位。市场领导者的地位是在竞争中形成的，但不是固定不变的。

2. 市场挑战者

市场挑战者指在行业中处于次要地位（第二、三位甚至更低地位）的企业。市场挑战者往往试图通过主动竞争扩大市场份额，提高市场地位。

3. 市场追随者

市场追随者是指在行业中居于次要地位，并安于次要地位，在战略上追随市场领导者的企业。在现实市场中存在大量的追随者。市场追随者的最主要特点是跟随。在技术方面，它不做新技术的开拓者和率先使用者，而是做学习者和改进者。在营销方面，不做市场培育的开路者，而是“搭便车”，以减少风险和降低成本。市场追随者通过观察、学习、借鉴、模仿市场领导者的行为，不断提高自身技能，不断发展壮大。

4. 市场补缺者

市场补缺者多是行业中相对较弱小的一些中小企业，它们专注于市场上被大企业忽略的某些细小部分，在这些小市场上通过专业化经营来获取最大限度的收益，在大企业的夹缝中求得生存和发展。市场补缺者通过生产和提供某种具有特色的产品与服务，赢得发展的空间，甚至可能发展成为“小市场中的巨人”。

二、分析竞争者

识别竞争者之后，一般按图 1-2-11 所示，对竞争者做进一步分析。

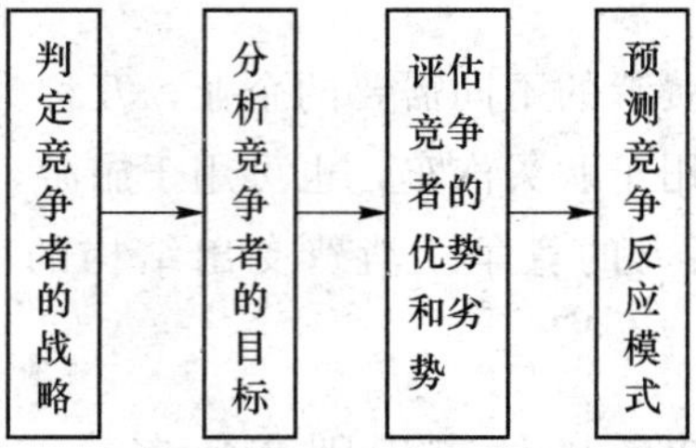

图 1-2-11　竞争者分析

(一) 判定竞争者的战略

各企业采取的战略越相似，它们之间的竞争就越激烈。通常，把在某特定行业实行相同营销战略的一组企业称为战略群体，如汽车行业，梅赛德斯、BMW 等主攻高端市场，因此可将它们划分为同一战略群体。战略的差别表现在目标市场、产品档次、性能、技术水平、价格、销售范围等方面。区分战略群体有助于认识以下三个问题。

(1) 实力状况不同，决定进入战略群体也不同。企业在进入某一战略群体之前，首先需要明确自己的主要竞争者，然后决定自己的竞争战略。进入不同战略群体的难易程度不同，企业决定进入哪个战略群体往往取决于自身的实力状况。

(2) 同一战略群体内部的竞争最为激烈。

(3) 不同战略群体之间也存在竞争。

(二) 分析竞争者的目标

竞争者的最终目标当然是追逐利润，但不同竞争者对短期利润和长期利润的重视程度不同，对利润满意水平的看法也不同。每个竞争者都有侧重点不同的目标组合，如注重获利能力、市场占有率、现金流量、技术领先、低成本领先和服务领先等。

企业只有了解了竞争者的重点目标，才能正确判断它们对不同竞争行为将做出什么反应。此外，企业还必须注意监视和分析竞争者的行为，如果竞争者开始进入本公司经营的细分市场，就意味着企业将面临新的竞争与挑战。对于这些市场竞争动态，企业若了如指掌，就可以争取主动，有备无患。

（三）评估竞争者的优势和劣势

在市场竞争中，企业需要分析竞争者的优势与劣势，做到知己知彼，才能有针对性地制定正确的市场竞争战略，实现企业的营销目标。

竞争者能否实施各种既定战略并实现其目标，在很大程度上取决于竞争者所拥有的各种资源与能力状况。企业要注意收集竞争者的业务资料、经营主管个人资料、客户满意程度等，从中判断其优缺点，以便采取正确的切入点。同时，要注意企业是不断发展的，其优缺点也会不断变化，因此企业要对相关资料进行更新，随时调整竞争战略。

（四）预测竞争反应模式

当企业采取某种措施和行动之后，竞争者会有不同的反应，而这些反应对企业营销方案的实施及营销效果会产生不同的影响。竞争者的反应模式一般有以下几种。

1. 从容型

竞争者对某一特定的来自市场的竞争行为并不做出迅速反应，或反应不强烈。其可能原因是：竞争者受到自身在资金、规模、技术等方面的限制，无法做出适当的反应；也可能是因为竞争者对自己的竞争力过于自信，不屑于采取反应行为；还可能是因为竞争者对市场竞争措施重视不够，未能及时捕捉到市场竞争变化的信息。

例如，美国企业在 20 世纪六七十年代面对日本汽车进入美国市场无动于衷，直到经济危机，消费者对汽车需求由豪华变成省油时，美国企业才突然醒悟过来。

2. 选择型

选择型反应模式即一些竞争者只对某些竞争行为做出反应，而对其他类型的市场竞争行为无动于衷。例如，大多数竞争企业对降价这样的价格竞争措施总是反应敏锐，倾向于做出强烈的反应，力求在第一时间采取报复措施进行反击，而对改善服务、增加广告、改进产品、强化促销等非价格竞争措施则不太在意，认为其不构成对自己的直接威胁。

3. 凶猛型

凶猛型反应模式是指对向其所拥有的领域所发动的任何进攻都会做出迅速而强烈的反应，进行激烈的报复和反击，势必将挑战自己的竞争者置于死地。这种报复措施往往是全面的、致命的，甚至是不计后果的。这些强烈反应型竞争者多属实力强大的企业，是市场上的领先者，具有竞争优势。一般企业轻易不敢或不愿挑战其在市场上的权威，尽量避免与其作直接的正面交锋。

4. 随机型

这类竞争企业对市场竞争所做出的反应通常是随机的，使人感觉不可捉摸。例如，他们在某些时候可能会对市场竞争的变化采取行动，也可能不采取行动；它们既可能迅速做出反应，也可能反应迟缓；其反应既可能是剧烈的，也可能是柔和的。

三、竞争战略决策

所谓市场竞争策略，是指企业依据自己在行业中所处的地位，为实现竞争战略和适应竞争形势而采用的各种具体行动方式。

（一）基本竞争战略

基本的竞争战略有以下三种：

1. 低成本战略

低成本战略就是扩大生产规模，降低各环节成本，博取较高的市场占有率，以取得更大的竞争优势，获取更大的利润空间。

【案例链接】

河南少林汽车股份有限公司

河南少林汽车股份有限公司创建于1983年，目前公司产品已形成大、中、轻型公路客车，城市客车，旅游专车，乡村专车，团体专车，专用车系列产品，主导产品少林牌中型客车年产量可达10000辆以上。

（资料来源：中国客车网，http：//www.chinabuses.com/buses/company_46.html）

2. 差异化战略

差异化战略是将产品或公司提供的服务差别化，做出一些全产业范围内具有独特性的东西，如高质量、新技术、客户服务、营销网络等。

【案例链接】

沃尔沃汽车的安全理念

沃尔沃为何能在与宝马、奔驰的鏖战中保住自己的市场份额？这得力于沃尔沃汽车的安全理念。

长期形成的口碑确实为沃尔沃打造了“世界上最安全的轿车”的形象。在沃尔沃所有的发明中，最突出的首推1959年的三点式安全带，它被公认为是人类历史上挽救了最多生命的技术发明之一。此外，安全车厢笼架和胶合式安全挡风玻璃也是沃尔沃汽车首批重要的安全特色产品。第一个儿童专用后座的原型于1964年经过测试，1972年在沃尔沃的客车上推出。还有1991年推出的SIPS侧撞保护系，它们都是经典的例子。

近年来，沃尔沃的安全研究成果层出不穷。比如在S80上配备的CWBS，这是为了避免汽车追尾，沃尔沃推出的带刹车辅助功能的防碰撞警告系统，专门用于交通流量不均匀时，辅助驾驶员注意车距。

（资料来源：太平洋汽车网百科，http：//baike.pcauto.com.cn/744.html）

3. 集中与专业化战略

集中与专业化战略是主攻某个特殊的客户群、某产品线的一个细分区段或某一地区市场专一化战略，整体却是围绕着很好地为某一特殊目标服务这一中心建立的。

（二）市场领导者战略

为了继续保持领先优势，市场领导者通常可采取三种策略：扩大总市场、保护市场份额、扩大市场份额。

1. 扩大总市场

一个市场领导者应该寻找其产品的新用户，开辟产品新用途，通过市场渗透、市场开发、增加使用量等办法来扩大市场。

【案例链接】

米其林轮胎的“高招”

法国的米其林轮胎公司是全球著名的轮胎生产商之一，它希望法国的汽车车主每年行驶更多的里程——这样会需要更换更多的轮胎。该公司构思出一个给法国各地餐馆排名次的主意。它刚一开始宣传法国南部的许多著名餐馆，巴黎人就开始在周末驱车到普罗旺斯和里维埃拉。米其林公司还出版了带有地图和沿途景点名单的导游书，以鼓励更多的人驾车旅游。

（资料来源：百度文库，https：//wenku. baidu. com/view/1bcaf3c5534de518964bcf84b9d528ea81c72f69.html）

2. 保护市场份额

保护市场份额属于防御策略，防御策略的目标就是要减少受到攻击的可能性，减弱受进攻的强度。防御战略有六种，即阵地防御、侧翼防御、先发制人防御、反击防御、运动防御和收缩防御。

（1）阵地防御

阵地防御是指企业在目前的经营领域周围设防，采取措施，修筑工事，以防止竞争者的攻击，这是一种基本的防御形式。典型的做法是企业向市场提供较多的产品品种和采用较大的分销覆盖面，并尽可能地在同行业中采用低定价策略。这是一种最为保守的竞争做法，但因缺少主动进攻，若长期实行，会使企业滋生不思进取的思想和习惯。美国的福特汽车公司和克勒斯勒汽车公司都曾由于采取过这种做法而先后从顶峰上跌下来。

（2）侧翼防御

侧翼防御是指市场主导者除保卫自己的阵地外，还应建立某些辅助性的基地作为防御阵地，或必要时作为反攻基地。特别是应注意保卫自己较弱的侧翼，防止对手乘虚而入。

【案例链接】

从赛欧的推出点评上海通用的侧翼防御战略

对于消费者来说，2001 年，上海通用推出赛欧是车市上的一道风景；而对于企业的战略管理人来说，同样也是一出成功的侧翼防御战役。赛欧通过其略胜一筹的配置和有效的营销手段，成功地用 10 万元左右的价位阻击了夏利向中档市场的延伸计划。

众所周知，天津夏利一直谋求在中档车市场的发展。“夏利 2000”在车型设计以及定价上都是在向这个方向发展。通过多年在低档市场的开拓努力，夏利公司已积累了相当实力，包括人力、资金、销售网络和中国市场上的运作经验。

而上海通用自成立以来，重点是以中高档的别克开拓中国市场。这一块有较高利润的蛋糕，窥视之人当然不止夏利。作为这一市场的领先者，在各条战线上保持警惕和不放弃任一暴露的侧翼是非常重要的。虽然堵塞的代价也许很高，但相对于保护好自己利润中心的细分市场所得到的好处来说是值得的。曾经，通用就是怕损失利润而不愿生产小型汽车，给了日本人侵入美国市场的机会，最终不得不看着高档车市场被其蚕食。

同样，侧翼防御的有效性也是重要的。如果防守不紧，则侧翼阵地失去了价值。这同样是通用和福特曾经犯过的错误。它们曾轻率地设计推出维佳和平托两款小型汽车，以期击退日本和欧洲汽车生产商发动的小型汽车攻击战。但由于无法改变当时人们对于美国小型汽车粗制滥造的印象，这一次的防御行为以失败而告终。

总之，赛欧成功地遏止了以夏利为首的经济型轿车生产厂商侧翼进攻的企图，在保护了中高档车市场利润的同时，为上海通用在中国连续收购的战略布局顺利完成赢得了时间。

（资料来源：智库·百科，http：//wiki. mbalib. com/wiki/侧翼防御）

(3) 先发制人防御

更为积极的防御策略是在对手开始进攻前先向对手发动攻击。比如，一家公司可以在此处打击一个竞争对手，在彼处打击另一个竞争对手，使每一个对手都不得安宁。或者它可以尽力包围整个市场，正如精工集团（Seiko）在全球分销 3000 款手表的做法一样。采用的其他做法有开展持续的价格攻击或者发出市场信号警告竞争者不要发动进攻。

(4) 反击防御

大多数的市场领导者在受到攻击时，都将进行反击。一个有效的反击方式是入侵攻击者的主要市场，使它不得不防卫自己的领地。另一个方式是利用经济或政治打击来阻碍攻击者。

例如，当美国西北航空公司最有利的航线之一——明尼波里斯至亚特兰大航线受到另一家航空公司降价促销进攻时，西北航空公司采取报复手段，将明尼波里斯至芝加哥航线的票价降低，由于这条航线是对方主要的收入来源，结果迫使进攻者不得不停止进攻。

（5）运动防御

在运动防御中，市场领导者采用市场拓宽和市场多元化的做法，把它的范围扩展到能够作为防守和进攻中心的新领域。

例如，当菲利浦莫里斯等美国烟草公司认识到对吸烟的限制在日益增强时，它们迅速转入到不相关的啤酒和食品行业。

（6）收缩防御

有时候一些大公司认识到它们不再有能力防守所有的领域，这时最好的行动方针将是有计划地收缩（也称为战略撤退），放弃较薄弱的领域，把资源重新分配到较强的领域。

3. 扩大市场份额

一般而言，如果单位产品价格不降低且经营成本不增加，企业利润会随着市场份额的扩大而提高。但是，并不是只要市场份额提高就会自动增加利润，还应同时考虑经营成本的控制、营销组合的合理搭配及反垄断法的限制。

（三）市场挑战者战略

市场挑战者的竞争目标是扩大市场份额，挑战者可以选择攻击领先者，攻击与自己实力相当者，攻击地方性小企业，达到竞争的目的。挑战者选用的进攻战略主要有正面进攻、侧翼进攻、包抄进攻、迂回进攻、游击进攻。

1. 正面进攻

集中全力向竞争对手的主要市场发动进攻，即进攻对手的强项而不是弱点。在同样的产品和市场上，与对手主要针对对手的产品、价格、推广等方面进行直接较量。

例如，东芝公司在美国市场上，在其他营销要素与竞争对手不分上下的情况下，采用极富攻击性的价格策略，使竞争对手不敢贸然跟着降价，但又无法使消费者了解其昂贵定价的合理性。东芝公司以其价格上的优势，吸引了更多的消费者。又如，录像机技术是由索尼公司首先发明的，该公司的产品在市场上占有领先地位。松下公司后来了解到消费者更想要放映时间长的录像机，于是设计出一种容量大、体积小的录像系统，性能更可靠，价格也较索尼公司的产品便宜一些。这些优势终于压倒了对手，占有当时日本录像机市场的2/3份额。

2. 侧翼进攻

集中优势力量进攻对手的弱点，寻找对手的薄弱地区或未进入的子市场，这是一种最有效也是最经济的战略形式，比正面进攻有更多成功的机会。

例如，德国和日本的汽车公司虽然知道美国市场主要经营大型、豪华、耗油的汽车，但它们并不以此和美国公司竞争，而是专攻节油型小汽车的细分市场。结果，美国人对节油的小型汽车的爱好不断增长，并发展成为一个广阔的市场。

3. 包抄进攻

这是全方位、大规模的进攻战略。挑战者拥有优于对手的资源，并确信围堵计划的完成足以打垮对手时，可采用这种战略。此种战略大多是以产品线的深度和市场的广度围攻竞争对手。

例如，日本本田公司一方面采用产品围攻策略，推出轻型高质量的摩托车，增加三级变速、自动变速装置，向哈雷公司的豪华、重型车发起围攻；另一方面又采用市场围攻策略，以洛杉矶的销售子公司为基地，逐步从西部向东部扩大销售区域，建立包括钓具店、运动器材商店、汽艇销售店在内的广泛销售网络，努力做好维修、零配件的供应工作，终于使本田摩托车顺利登陆美国市场，继而一跃成为世界驰名的产品。

4. 迂回进攻

这是一种最间接的进攻战略，完全避开对手的现有阵地而迂回进攻。即进攻者绕过竞争对手并抢占容易进入的市场，避免在现阶段与竞争对手直接发生冲突，以扩大自己的资源基础。

具体做法有：一是发展无关联的产品，实行多元化经营；二是进入新的地区市场，实行市场多元化经营；三是引入新技术以取代现有产品。

5. 游击进攻

这是适用于规模较小、力量较弱的企业的一种战略。目的在于以小型的、间断性的进攻干扰对手的士气，逐渐削弱对手的实力，以占据长久性的立足点。游击进攻的具体行动几乎是没有固定模式的，它往往是针对特定的竞争对手进行的。

例如，在某一市场突然降低产品价格，在某一时期采取强烈的促销活动，吞并竞争对手的渠道成员，挖走竞争对手的高级管理人员，盗取竞争对手的商业秘密等，都具有游击进攻的特点。

（四）市场跟随者战略

市场跟随者一般不会对领先者发起挑战，他们常常仿效市场领导者，为购买者提供相似的供应品。这不等于说市场跟随者就没有战略。每个市场跟随者必须懂得如何维持现有的客户，同时争取一定数量的新客户，找到一条不至于引起竞争性报复的发展之路。市场跟随者有以下三种战略可供选择。

1. 紧密跟随

这种战略是在各个子市场和市场营销的全方面，尽可能仿效领导者。这种跟随者不从根本上侵犯领导者的地位，不会发生直接冲突。

2. 距离跟随

这种跟随者是在主要方面，如目标市场、产品创新、价格水平和分销渠道等方面都追随领导者，但仍与领导者保持若干差异。这种跟随者可通过兼并小企业而使自己发展壮大。

3. 选择跟随

这种跟随者在某些方面紧跟领导者，而在另一些方面自行其是。也就是说，他们不是盲目跟随，而是择优跟随，在跟随的同时还发挥自己的独创性，但不进行直接的竞争。这种跟随者之中有些可能发展成为挑战者。

（五）市场补缺者战略

在现代市场经济条件下，每个行业几乎都有些小企业，这就需要市场补缺者努力开发专业化程度更高的新产品，进一步提高产品组合的程度，以吸引更多的消费者购买，同时密切关注竞争者的动向，以保护补缺市场。

单元3　汽车市场调查与预测

一、汽车市场调查的概述

（一）汽车市场调查的概念及特点

市场调查（Market Research）就是指运用科学的方法，有目的、系统地搜集、记录、整理有关市场营销的信息和资料，分析市场情况，了解市场现状及其发展趋势，为市场预测和营销决策提供客观的、正确的资料。市场调查的内容包括市场环境调查、市场状况调查、销售可能性调查，还可对消费者及消费需求、企业产品、产品价格、影响销售的社会和自然因素、销售渠道等开展调查。

汽车市场调查简单来说是指用科学的调研与预测方法针对汽车行业中客户购买力、购买行为、购买习惯、购买目的等情况进行全面的调查与预测分析。由于汽车市场调查只针对汽车行业，所以也具备以下几种特点：

1. 目的性

汽车市场调研主要是针对汽车相关部门、政府部门、汽车生产商以及销售商所进行的市场调查，主要以为决策提供信息为目的，这种明确的目的性主要体现在调查资料搜集、整理、记录、分析、汇总等各个阶段。

2. 准确性

汽车市场调研要求调研的数据资料必须准确无误，资料来源必须真实客观，而非主管臆造或凭空想象。

3. 时效性

汽车市场调研结论或报告必须能够反映汽车市场运行的真实情况，并能够及时有效地获取汽车市场的第一手信息资料，及时分析、及时反馈，为有关部门与汽车企业的营销活动提供建议和决策依据。

（二）汽车市场调查的内容

1. 汽车市场环境调查

汽车市场环境是指作用于汽车企业生产与经营的一切外界力量的总和。汽车市场环境的调查内容主要包括：政策法律、经济、社会文化、科学技术环境、地理环境等几个方面。汽车市场环境调查内容如图 1-2-12 所示。

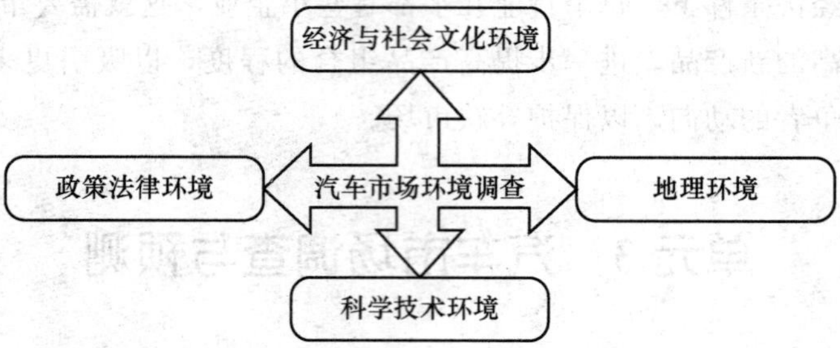

图 1-2-12 汽车市场环境调查内容

(1) 政策法律环境调查主要是了解对汽车市场有影响和制约的国内外政治形势以及国家对汽车市场的相关管理政策、法令等。例如，汽车价格政策、汽车税收政策、汽车金融政策、人口政策以及环境保护政策等。

(2) 经济环境调查主要是了解所在地区的经济发展整体水平、人口及就业状况、国民收入、消费水平、交通条件、基础设施情况等。

(3) 社会文化环境调查主要是了解一个国家或地区的人民受教育程度、宗教信仰、风俗习惯、审美观等。通过这些方面的调查，可以比较具体地了解到汽车产品的需求所带有的文化色彩偏好，并根据不同的文化特点和文化层次，采用不同的市场营销策略。

(4) 科学技术环境调查主要是对国际国内汽车领域的新技术、新车的发展速度、产品技术质量检验标准、应用和推广情况进行调查。

(5) 地理气候环境调查主要是对影响汽车推广与销量的地区道路条件、气候条件、季节条件的调查。

2. 汽车市场竞争者调查

汽车企业在制定各种重要的汽车市场营销决策之前，必须认真调查和研究竞争对手可能做出的各种反应，并时刻注意竞争者的各种动向。首先应该明确竞争对手究竟是谁，然后展开有针对性的调查。汽车竞争对手调查内容如图 1-2-13 所示。

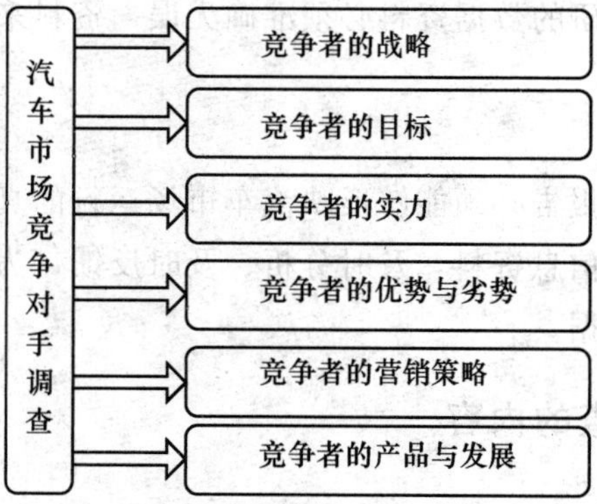

图 1-2-13 汽车竞争对手调查内容

3. 汽车市场需求及目标消费者情况调查

市场需求是指在一定的支付能力下市场上对生产出来的供应最终消费与使用的物质产品和劳务的总和。汽车市场需求调查主要包括对汽车产品种类、消费需求量、需求结构、消费人口结构、需求时间、社会购买力、需求动机以及购买行为等方面的调查。

4. 汽车企业自身营销组合要素调查

(1) 汽车产品调查

展开对汽车品牌、汽车产品质量、汽车产品服务、汽车产品价格（包括消费者对价格变动的反应）和汽车市场占有率的调查。

(2) 汽车销售渠道调查

销售渠道是指商品从生产者到消费者所经过的流通途径或者路线，销售渠道调查即指对商品销售过程中的通路所进行的调查。

(3) 汽车促销调查

汽车促销调查是指企业对各种促销方式的效果进行调查。包括人员促销、营销推广和公共关系等。

(4) 广告效果调查

广告效果调查包括广告受众的界定、广告送达率、广告媒体调查和广告与销售业绩的关系。

(5) 汽车用户满意度调查

汽车用户满意度调查包括用户对汽车质量、销售人员服务和车辆售后服务的满意度调查。

(三) 汽车市场调查的作用

汽车市场调查的作用主要表现以下几个方面：

首先，汽车市场调查是企业正确进行决策的前提，可以帮助汽车企业了解汽车市场营销环境状况以及未来的发展趋势，以便为汽车企业的营销决策提供科学的参考依据。其次，通过汽车市场调查可以发现新的需求和机会，及时拓展新的服务区满足需求；通过汽车市场调查可以了解竞争者的态势情况，以便汽车销售企业在市场竞争中能知己知彼，更好地进行自我定位，在汽车市场的竞争中立于不败之地。最后，汽车市场调查还可以了解宏观上的国家政策以及法律法规的变化，预测汽车行业未来的发展方向以及发展机会。

二、汽车市场调查的方法

(一) 间接调查法

间接调查法是指调查者不直接与被调查者面对面接触，而是通过某种中介（如文献档案、新闻媒体、网络资料等）向被调查者进行的调查方法。

间接调查法的优点是获取资料比较方便，省时省力又节省开支，是比较经济的调查方法。它可以作为实地调查的重要辅助方法。其缺点主要是各类文献资料不可能都十分齐全，有些资料也会因为当时撰稿人或记录者的倾向性使文字材料不真实。由于间接调查法所获取的大部分是二手资料，信息的实效性不强，而且还需要进行一定的加工处理，因此在企业的实际调查过程中，只作为一种辅助的调查方法，提供参考性意见。

（二）直接调查法

直接调查法常用的有两种方法：访谈法、观察法。这种调查方法的优点是能在短时间同时调查很多对象，获取大量资料，并能对资料进行量化处理，经济省时。其缺点是被试者由于种种原因可能对问题做出虚假或错误的回答。在汽车市场调查过程中，最常用的调查方法是直接调查法。

1. 访谈法

访谈法是通过直接或者间接的方式来收集信息的方法，是汽车市场调查最常用的方法。调查人员可以灵活地提出各种设计好的问题，通过被调查人员对问题的回答来收集信息，针对性强。

2. 观察法

观察法是指调查者凭借自己的感官、记录仪器或摄像、录音器材等，在调查现场对被调查者的情况直接观察、记录、收集和取得汽车市场数据、资料、信息、情报资料的方法。在现代汽车市场调查中，观察法常用于消费者购买行为的调查以及汽车产品的品牌、系列、规格、颜色、质量、售后技术服务等方面的调查。调查人员与被调查者不发生直接接触，而是由调查人员从侧面直接或间接地通过自身或借助仪器把被调查者的活动按实际情况记录下来，避免让被调查者感觉正在被调查，从而提高调查结果的真实性和可靠性，使取得的资料更加贴近实际。

三、汽车市场调查的步骤及调查问卷的设计

（一）汽车市场调查的步骤

1. 汽车市场调研工作的准备阶段

（1）汽车市场调研工作的目标

市场调研的第一步就是根据基本情况的分析来确定市场调研目标。

（2）成立调研小组制订调研计划

确定了调研工作目标后，市场调研的第二步就是成立调研小组，对市场调研所要达到的目标进行全方位、全过程的策划，形成市场调研报告。

（3）拟定调研问题及设计调研表格

市场调研的最终目标是通过设置多个问题去了解被调研对象的想法，通常是用最基本的表格形式来体现的。

2. 调研工作的实施阶段

（1）组织实施调研，收集资料

通过前期的准备工作以后，市场调研活动就进入了实施阶段，即进行资料的收集。

（2）整理分析资料

通过实际的调查，调研人员可以获得各种资料和信息，这些资料和信息包括统计数据、问卷调查、二手资料及其他信息资料。

3. 调研工作的总结阶段

调研工作的总结阶段是写出调研报告，同时也是整个调研活动的最终环节。一份好的调研报告应该满足主题突出、结构合理、文字流畅、选材适当、重点突出的基本要求。

（二）汽车市场调查问卷的设计

1. 问卷设计原则

（1）汽车市场调查的问卷设计应该紧扣调查主题。

（2）汽车市场调查的问卷设计应该上下连贯，问题间要有一定的逻辑性。

（3）汽车市场调查的问卷设计内容应是被调查者愿意回答的共性问题。

（4）汽车市场调查的问卷设计原则应是调查的问题要简单方便。

（5）汽车市场调查的问卷设计的内容要具有普遍性。

（6）汽车市场调查的问卷设计的问题界定要准确。

（7）汽车市场调查问卷中的问题不应带有引导性。

（8）汽车市场调查问卷设计要便于后期的整理统计与分析。

2. 问卷设计的基本结构

（1）问候及填写说明

应以亲切的口吻问候被调查者，使被调查者感受到礼貌、亲切从而增加回答问题的热情。填写说明要简单，从而提高调查结果的准确性。

（2）被调查者基本信息及调查内容

被调查者的基本信息包括性别、年龄、职业、文化程度等，调查内容即调查问卷的答题部分。调查内容的答题部分需要根据实际需求，选择性地列出条目，目的是便于进行资料的分类和分析。

3. 问卷提问技术

（1）封闭式提问

封闭式提问是指在调查问卷中，已经拟订了各种可能的答案，被调查者只能从中进行选择。其优点是被调查者回答问题容易，所得资料较为真实准确，因此成为目前调查问卷中选择的主要方式。

（2）开放式提问

开放式提问又称为无结构型问卷，是由问卷设计者提供问题，由被调查者自行构思自由发挥，从而按自己的意愿来回答问题。其优点是可以收集到范围比较广的资料，可以比较深入地发现和探究一些特殊问题。其缺点是收集到的资料很难量化，难以进行统计分析，要求研究者有较强的资料分析能力，不适合文化程度低、文字表达有困难的研究对象。汽车市场调查问卷如图 1-2-14 所示。

范例：

汽车市场调查问卷

您好，我是××××汽车销售公司的一名销售人员，想了解一下现在汽车市场的销售情况，所以进行此次调查，需要耽误您几分钟时间，您提供的信息仅用于我公司统计上的研究分析，不会泄露任何个人隐私，也不会提供给任何第三方，希望得到您的支持和帮助。十分感谢您！

1. 您的年龄（　　）。

A. 18～25 岁　B. 26～35 岁　C. 36～45 岁　D. 45 岁以上

2. 您的性别（　　）。

A. 男　B. 女

3. 您的职业（　　）。

A. 公务员　B. 服务员　C. 白领或教师　D. 学生　E. 其他

4. 您的最高学历（　　）。

A. 研究生　B. 本科　C. 大专　D. 大专以下　E. 其他

5. 您家庭的平均月收入（　　）。

A. 3000～5000 元　B. 6000～10000 元　C. 20000～30000 元　D. 3 万元以上

6. 您喜欢的车型是（　　）。

A. 紧凑型　B. 小型车　C. 中大型车　D. SUV

7. 您买车的用途是（　　）。

A. 家庭用　B. 通勤　C. 商用　D. 载货

E. 身份象征　F. 其他

8. 您一般通过哪种渠道了解汽车信息？（　　）

A. 电视或广播　B. 报纸　C. 网络　D. 邮件

E. 展销会　F. 朋友

9. 您想购买什么汽车品牌？（可多选）（　　）

A. 国产　B. 日系　C. 德系　D. 韩系

E. 欧美系　F. 其他

10. 您购买汽车时通常更注意哪些元素（可多选）（　　）。理由________

A. 颜色　B. 外观　C. 配置　D. 品牌价格

E. 生产国　F. 其他

11. 您一般会购买什么价位的车？（　　）

A. 10 万元以下　B. 10 万～20 万元　C. 20 万～30 万元　D. 30 万～50 万元　E. 50 万元以上

12. 您最喜欢什么颜色的车？（可选 2 个颜色）（　　）

A. 白色　B. 银色　C. 黑色　D. 红色

E. 蓝色　F. 黄色　G. 香槟色　H. 其他颜色

13. 您购买汽车时，汽车排量一般会选择（　　）。

A. 1.0 L 以下　B. 1.0～1.6 L　C. 1.8～2.0 L　D. 2.0～2.5 L

E. 2.5～3.0 L　F. 3.0 L 以上

14. 您希望通过什么付款方式购买汽车？（　　）

A. 银行贷款　B. 现金　C. 信用卡　D. 微信或支付宝

E. 汽车金融公司　F. 其他

如果您对此次汽车调查问卷还有其他想法或者建议，请您在下面填写：

____

____

图 1-2-14　汽车市场调查问卷

四、汽车市场预测

（一）汽车市场预测的概念

汽车市场预测是指在汽车市场调研的基础上，运用科学的手段与方法，对影响市场营销的各种因素进行研究，通过逻辑推理，对未来一定时期内的汽车市场需求情况以及发展趋势进行预测推断，为汽车企业营销决策提供科学合理的依据。

（二）汽车市场预测的内容与步骤

1. 汽车市场预测的内容

（1）汽车环境预测

汽车环境预测也称为宏观预测或者经济预测，它是通过对各种环境因素（如国家财政开支、进出口贸易、失业状况、企业投资等因素）的分析，对国民总收入和有关的总量指标的预测。

（2）汽车市场潜量与企业潜量

汽车市场潜量预测与企业潜量是指整个汽车市场和汽车企业潜在的需求量。

【案例链接】

汽车市场预测的重要性

美国汽车制造一度在世界上占霸主地位，而日本汽车工业则是20世纪50年代学习美国发展而来的。但是时隔30年，日本汽车制造业突飞猛进，充斥欧美市场及世界各地，为此美国与日本之间出现了汽车业的摩擦。

在20世纪60年代，当时有两个因素影响汽车工业：一是第三世界的石油生产被工业发达国家所控制，石油价格低廉；二是轿车制造业发展很快，豪华车、大型车盛行。但是擅长市场调查和预测的日本汽车制造商，首先通过表面经济繁荣，看到产油国与跨国公司之间暗中正酝酿和发展着的斗争，以及发达国家消耗能量的增加，预见到石油价格会很快上涨。因此，必须改产耗油小的轿车来适应能源短缺的环境。其次，随汽车数量的增多，马路上车流量增多，停车场的收费会提高，因此，只有造小型车才能适应拥挤的马路和停车场。最后，日本制造商分析了发达国家家庭成员的用车情况。主妇上超级市场，主人上班，孩子上学，一个家庭只有一辆汽车显然不能满足需要。这样，小巧玲珑的轿车得到了消费者的宠爱。于是日本在调研的基础之上做出正确的决策。在20世纪70年代世界石油危机中日本物美价廉的小型节油轿车横扫欧美市场，市场占有率不断提高，而欧美各国生产的传统豪华车因耗油大、成本高，其销路大受影响。

思考与分析：

（1）试分析在日本和美国轿车大战中，造成美国汽车工业失败的原因是什么？

（2）请结合日本和美国轿车发展情况，试分析对我国企业有何启示？

（资料来源：百度，http：//www.cu-market.com.cn/hgjj/2011-3-8/11215415.html）

2. 汽车市场预测的步骤

（1）确定预测目标

确定要解决的问题以及达到的目的，规定预测的期限和进程，划定预测的范围。

（2）收集信息资料

收集信息资料是指围绕预测目标，收集信息资料，收集与预测对象有关的各种因素的历史统计数据资料和反映市场动态的现实资料。

（3）选择预测方法

根据预测的问题性质和占有资料的多少，预测成本的大小来选择一种或者几种方法。

（4）写出预测结果报告

预测结果应简单、明确，对结果应做出解释性说明和充分的论证，包括对预测目标、预测方法、资料来源、预测过程的说明以及预测检验过程和计算过程。

（5）分析误差，追踪检验

进行误差分析，找出误差原因及判断误差大小，修改调整预测模型和判断共同讨论市场发展趋势，进而做出适合的预测方法，得到较准确的预测值。

3. 汽车市场预测的方法

汽车市场预测的方法主要分为定性预测法和定量预测法两种。定性预测是指预测者依靠熟悉业务知识、具有丰富经验和综合分析能力的人员与专家，根据已掌握的历史资料和直观材料，运用个人的经验和分析判断能力，对事物的未来发展做出性质和程度上的判断。然后，再通过一定形式综合各方面的意见，作为预测未来的主要依据。定性预测方法主要包括德尔菲法、主观概率法、情景预测法等。

定量预测法是根据比较完备的历史和现状统计资料，运用数学方法对资料进行科学的分析、处理，找出预测目标与其他因素的规律性联系，对事物的发展变化进行量化推断的预测方法。定量预测法主要包括时间序列预测法、回归分析预测法。在现实生活中，还有许多人探讨过其他复杂的定量预测方法，营销人员可以根据自己的预测知识和经验灵活选用预测方法。

单元 4　汽车市场细分与目标市场选择

一、汽车市场细分

（一）汽车市场细分的含义与作用

汽车市场细分是指汽车企业按照消费者需求，把一个整体汽车市场划分成若干个具有共同特征的汽车分市场，以便用来确定目标市场的过程。每一个分市场就是一个细分市场。分属于同一细分市场消费者的需求极为相似，分属于不同细分市场的消费者对同一产品的需求存在明显差别。根据市场细分的基础理论，汽车细分市场是从消费者的角度出发，按消费者的需求、购买动机、购买行为的多元性和差异性来细分。汽车市场细分的作用如下：

1. 有利于选择目标市场和制定营销策略

汽车市场细分有利于更加准确地选择目标市场，有针对性地了解目标市场细分下的消费者需求，从而根据消费需求制定专属营销策略。

2. 有利于发现市场营销机会

通过对整体汽车市场的细分化，有利于发现细分下的市场营销的契机。

3. 有利于提高企业的竞争力，发挥优势

汽车市场细分化，能让企业更有针对性地开展市场营销，从而提高企业的竞争力及企业自身的优势。

4. 有利于开拓新市场，扩大市场占有率

汽车市场细分化之后能让企业根据自身优势，发现新的目标市场，从而开拓新市场，扩大市场占有率。

（二）汽车市场细分的依据

一种产品的整体市场之所以可以细分，是由于消费者或者用户在需求上存在差异，而对一种产品的多样化需求通常是由多种因素造成的，因而这些因素也就成了市场细分的依据。

1. 地理因素

由于地域不同、文化不同等因素，处在不同地理位置的消费者，会产生不同的需求与爱好。地理因素之所以作为细分市场的依据，也是因为它们对企业的产品价格、营销战略和广告宣传等营销措施都有不同的反应。所以，简单地以某一地理特征区分市场，不一定能真实地反映消费者的需求共性和差异问题，还需要结合其他细分变量进行综合考虑。

2. 人口因素

人口因素包括年龄、性别、家庭人数、家庭生命周期、收入、职业、文化程度、宗教、民族和社会阶层等。

3. 心理因素

在人口变量相同的消费者中，对同一商品的爱好和态度也可能截然不同，这主要是由于心理因素影响。消费者的社会阶层、生活方式、个性和偏好都是心理因素的内容。例如社会地位较高的消费者，在生活中追求品位、档次，通常买车也比较偏爱著名的汽车品牌如迈巴赫、劳斯莱斯、法拉利、宾利等，这些名牌汽车能够代表其社会地位和尊贵的身份。

4. 行为因素

行为变量能够直接反映消费者的需求差异。它包括购买时机、利益偏好、使用状况、使用频率、品牌忠诚度、对购买产品的态度等。

（1）购买时机

根据购买者产生的需要、购买或者使用产品的时机，可将它们区分开来。对汽车行业来说，春节、“五一”、“十一”等重大节日和旅游黄金时间往往都是购车的高峰期，人们通常喜欢在假期购买汽车以便旅游或者走亲访友，所以经销商可以有针对性地制定一些营销策略吸引消费者购买汽车。

(2) 利益偏好

根据消费者从产品中追求的不同利益分类，是有效的细分方法。消费者在购车时，有时注重实用性，有时注重流行时尚，有时追求身份地位的象征，世界著名的汽车厂商往往都能生产出不同类型的汽车，以便满足消费者不同的利益追求。

(3) 使用状况

汽车市场也可以按照产品的使用状况来划分，包括从未用过、曾经用过、准备使用、初次使用、经常使用。

(4) 使用频率

根据消费者使用商品的频率，可以将消费者细分成少量使用者或大量使用者。大量使用者人数往往只占市场人数的一小部分，但是消费比重却很大。如果汽车厂商能够与这部分大量使用者客户保持良好的关系，就有可能开拓新的市场。

(5) 品牌忠诚度

汽车厂商并不期待他们的每一个品牌都能永远抓住顾客的心，大多数汽车企业都是通过合并的方式去获得更多的汽车品牌，当顾客随着年龄和收入的增加而需要更换车辆时，会在同一厂家的不同品牌之间选择，这就是厂商的品牌交叉战略。

(6) 产品态度

根据市场上顾客对产品的热心程度来细分市场。不同消费者对同一产品态度可分为五种：热爱、肯定、冷漠、拒绝和敌意。针对以上不同态度的消费群体进行细分，在广告、促销方面也应该不同。

(三) 汽车市场细分的基本要求

为了使汽车市场细分有效和富有意义，营销人员在市场细分时，应遵循以下几点原则：

1. 可赢利性

可赢利性是指细分后市场的规模和购买潜力能够促成企业利润目标的实现。因此，有效的市场细分必须有足够的需求规模，保证企业的可营利性，使企业的市场和经营不断发展与壮大。

2. 可衡量性

在整车销售中，汽车市场细分方法通常有两种：一种是按照排量分；另一种是按照价格分，两种都有定量的指标作为衡量的标准。不同排量和不同价格的细分市场有着明显的特征。例如，大排量、高价车的消费群体可能更注重车辆的动力性、安全性和舒适性，对价格敏感度较低；小排量、低价位车的消费群体可能更加注重车辆的实用性和经济性，对价格较敏感。

3. 可进入性

可进入性是指企业的资源条件与市场营销能力必须足以进入所选定的子市场，并且能够有所作为。

4. 差异性

差异性是指市场细分后各子市场对企业市场营销组合中的任何一项因素的变动而迅速做出的差异性反应。

【案例链接】

奇瑞 QQ——世界上最酷的小车

1. 产品定位区隔点——“年轻人的第一辆车”

汽车产品一般以价格档次定位，比如，“经济型轿车”“中级轿车”“豪华轿车”等。奇瑞 QQ 是以细分消费群体为明确客户定位的汽车产品。“年轻人的第一辆车”提出了年经的上班族薪新的生活方式——拥有汽车、拥有一个属于自己的移动空间，享受驾驭乐趣，这不只是上班族的专利，年轻的上班族也能进入汽车时代。而在此之前，年经的上班族出行方式基本上是公交或者自行车，打出租车只是偶尔的事情。国内的汽车厂商认为，年轻的上班族不会买车，或者说上班族需要多年积累才有实力买车，而且即使在有了一定经济实力之后，上班族在买房和买车之间一般选择前者，而不是后者。而奇瑞 QQ 打破了传统的社会理念和消费观念，为年轻的上班族提出了汽车消费新理念。

奇瑞公司经过调查得知，金融信贷工具在国内的广泛使用和信贷市场的成熟，增强了年轻上班族的购买力度，培育了他们信贷消费的全新理念，而且年轻人注重生活质量，崇尚时尚的生活方式，这使年轻人提前拥有属于自己的轿车成为现实可能和主观需要。另外，随着年轻人的成长，他们对社会的贡献越来越大，他们所占据的社会位置越来越重要，社会对他们的经济回报也一定会越来越大，年轻的上班族那时还会换更高价位的轿车。这就是奇瑞 QQ“年轻人的第一辆车”产品定位的创意初衷，也表明了奇瑞公司对汽车消费市场的深入分析和对目标消费群体的准确把握。

2. 产品定价——“低价入市”策略

新车上市，主要有两种定价策略：“高开低走”和“低价入市”，奇瑞 QQ 选择了后者。

在奇瑞 QQ 上市之前，奇瑞公司曾经在新浪微博做了一个“网络价格竞猜”活动，在由 20 万人参加的奇瑞 QQ 新车价格竞猜调查中，大多数人都认为这样一款设计时尚、性能不错、自己舒适的新车价格应该在 6 万～9 万元之间。与消费者大众相比，更有发言权的不少业内人士也认为，该车在 5 万～8 万元之间。然而，奇瑞公司最终宣布的价格却是 4.98 万元。

奇瑞的低价入市策略有着很大优势：第一，在短时间内形成购车热潮，获得了新车难得的良好口碑；第二，销售规模迅速崛起，使新车在国内微型车市场上占据了领跑者的位置；第三，新车的热销，使汽车厂商的大规模生产成为现实，产能的充分释放又使得新车的零部件大规模采购成为可能，从而为终端产品的低价提供了成本保障和前提条件。

“高价低走”策略的定价逻辑，是新车先以比较高的价位入市，赚足尽可能多的单车利润，而后盯着市场供需变化和竞争对手的降价来不断调低自己新车的价格。奇瑞QQ“低价入市”策略与奇瑞QQ的“不仅便宜，而且时尚”的产品理念是吻合的，也与奇瑞公司“造中国消费者买得起的具有世界品质的轿车”的造车理念一致。

3. 营销定位——时尚

当奇瑞QQ的名字被提出来的时候，几乎所有人都有一种“找到了、就是这一个”的感觉，就是因为它有着其他名字不可比拟的优势。第一，QQ这个名字是时尚的、前卫的，它最早诞生于国际互联网上，又有“我能找到你”“我可以联系到你”的意思；第二，这个名字与目标消费者群体的定位基本吻合，他们年轻、敏感，喜欢接受新鲜事物，对生活乐观、自信；第三，这个名字已经有了很高的知名度，推广起来成本低；第四，QQ这个名字简洁，容易被人记住，更容易传播。

（资料来源：人人网，http：//blog.renren.com/share/423720545/16035390487）

二、汽车目标市场选择

（一）目标市场的概念

目标市场就是指企业的目标顾客，是企业期望且能够开拓和占领市场，也就是企业愿意并有能力进入并为之服务的那个顾客群（细分市场）。企业的一切营销活动都是围绕目标市场进行的，选择和确定目标市场，明确企业的具体服务对象，是企业制定营销策略的基本出发点。

（二）汽车目标市场的选择标准

一般而言，企业考虑进入的目标市场，应符合以下标准。

1. 目标市场要有一定规模和发展潜力

企业对某一市场的期望能够有利可图，如果市场规模较小或者处于萎缩的状态，企业进入后难以发展，此时应该谨慎考虑，不要轻易进入。当然，企业也不能以吸引力作为唯一的取舍，特别是应力求避免与竞争企业同时将规模大、吸引力大的市场作为目标市场，以免造成恶意竞争。

2. 目标市场应有吸引力

目标市场可能具备理想的规模和发展特征，从盈利的观点来说，企业长期发展的目标市场还是要具备吸引力。

3. 目标市场应符合企业目标和能力

目标市场虽然有较大的吸引力，但不符合企业的发展目标甚至还要分散企业的精力，这样的市场应该考虑放弃。只有选择那些有条件的企业进入，才能充分发挥资源优势的市场作为目标市场，企业才能立于不败之地。

（三）汽车目标市场的营销策略

目标市场营销策略可分为无差异营销、差异化营销、集中营销三大类。

1. 无差异化营销策略

无差异化营销策略是指企业在市场细分之后，不考虑各细分市场之间的区别，而只注重各细分市场的共性，制订统一的生产和销售计划，来实现开拓市场，扩大销售。无差异化营销策略的优点是节省成本，这种策略适合一些不存在明显细分的市场产品。

2. 差异化营销策略

差异化营销策略是指企业同时为几个细分市场服务，设计不同的产品，并在营销渠道、促销和产品定价方面都有所改变，以便适应各个子市场的需求。因此，差异化营销策略是当今汽车企业共同的选择，而且差异性的划分越来越细致，市场越分越小。它的优点是小批量、多品种、机动灵活、针对性强，使消费者需求得到更好的满足，由此来促进产品的销售。

3. 集中营销策略

集中营销策略是指集中力量进入一个或者少数几个细分市场，实行专业化生产和销售。实行这一策略，企业是力求在一个或者几个目标市场占有较大的市场份额。所以，集中性营销适用于那些资源有限的中小企业，或者初次进入新市场的大企业。集中营销策略如图 1-2-15 所示。

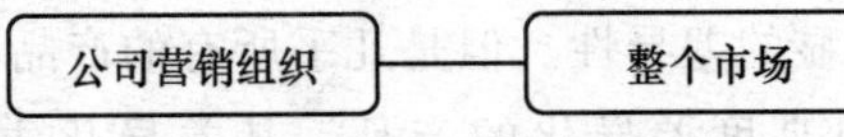

图 1-2-15　集中营销策略

上述三种目标市场策略各有利弊，汽车企业在选择时，应考虑自身的条件和各种影响因素来合理选择。

（四）汽车目标市场选择考虑的因素

1. 产品特性

如果汽车产品本身差异化较小，比较适合运用无差异化市场营销策略。如果产品差别较大，则适合差异化市场营销策略或者集中市场营销策略。

2. 市场同质性

市场同质性是指消费者的爱好、需求相似，可以采用无差异化市场营销策略。反之，可以采用差异化市场营销策略或集中市场营销策略。

3. 产品生命周期

汽车企业刚推出市场的新产品，通常采用集中市场营销策略或者无差异化市场营销策略，针对局部市场或者对单一品种进行销售。当产品进入成熟期后，逐渐转向差异化市场营销策略，当产品进入衰退期，则可采用集中市场营销策略，缩小产品市场范围，开拓新市场。

4. 企业经营实力

对于实力雄厚的汽车企业，可采用差异化市场营销策略或无差异化市场营销策略。对于中小型企业来说，可采用集中市场营销策略。

三、汽车市场定位

（一）汽车市场定位的概念

汽车市场定位是指勾画或者确立企业产品在目标顾客心中的形象和地位。其实质是取得目标市场的竞争优势，确定产品在顾客心目中的适当位置而留下深刻的印象，以便吸引更多的顾客，由此提高企业产品在顾客心目中的声誉。或者说，定位就是要制定一套特定的营销组合策略来影响潜在顾客对某个产品、品牌或组织的总体感觉的过程。

国外大公司都十分重视市场定位，精心地为企业及每一种汽车产品赋予鲜明的个性，并将其准确地传达给目标消费者。例如，大众汽车公司的“为民造车”，其产品以真正“大众化”著称。

（二）汽车市场定位的指标

企业进行市场定位，目的是向汽车市场提供差异化的产品。这样可以使产品具有竞争优势，对汽车企业而言，一般在产品、服务和形象等方面实现差异化。

1. 产品差异化

不是每一种产品都有明显的差异性。但是几乎所有的产品都可以找到一些实现差异化的特点。汽车是一种可以高度差异化的产品，其差异化主要集中表现在以下几个方面：

（1）特色。特色通常是指在产品基本功能的基础上增添了某些其他功能或者特殊功能。

（2）性能。产品性能是指产品主要在实际运用中的水平，一般可以分为四种：低、平均、高、超级。

（3）耐用性。耐用性是衡量一个产品在自然条件下的预期使用寿命。

（4）可靠性。可靠性是指在一定时间内产品将保持正常的使用性能的可能性。购买者一般愿意为产品的可靠性付出溢价。

2. 服务差异化

服务差异化是服务企业面对较强的竞争对手而在服务内容、服务渠道和服务形象等方面采取有别于竞争对手而又突出自己的特征，以战胜竞争对手，在服务市场立住脚跟的一种做法。目的是要通过服务差异化突出自己的优势，与竞争对手相区别。企业的服务能力越强，市场差异化就越容易实现。因为服务差异化不仅能使制造商实现差异化，增加顾客的价值，而且还可以保持与顾客的牢固关系，打败竞争对手。

3. 形象差异化

形象差异化主要是在产品的核心部分和竞争对手的产品没有明显区别的情况下，通过塑造新的产品形象来获取与对手产品的不同或者突出点。为企业和产品成功地塑造形象，需要具有创造性的思维和设计。形象的建立必须利用所有的传播媒介，而且要持续不断地宣传。

（三）汽车市场定位的步骤

1. 分析竞争者

目标市场上的竞争者都做了哪些工作，如何做，做的效果如何。包括对竞争者的经营情况、经营成本、经营策略、有效资源、采购方式、生产能力、财务状况等做出确切的估计和预判。

2. 分析顾客需求

目标市场上的顾客确实需要什么，他们的欲望和需求如何得到满足。必须确认目标顾客认为能够满足其需要的特征，这是市场定位能否成功的关键。

3. 分析企业核心优势

企业营销的核心能力和优势通常不会在市场上得到充分的体现。企业必须制定明确的市场战略和目标来充分表现其优势与竞争力。企业必须认识到，如果一个品牌不在某些对消费者有意义的方面独具一格的话，那么它的成功性就会很小。所以，企业必须针对竞争对手的优劣势，结合自身的特点和产品差异化，提高自身企业的核心竞争能力。

单元5 汽车营销策划书的编写

一、汽车营销策划的概念

“策划”通常是指计谋。策划活动在本质上是人类特有的一种理性行为，是一种创造性的智力活动。从古至今，人们为了达到特定的目的，总是有意无意地进行着策划活动，策划也最早应用于军事领域。

营销策划是指市场营销策划的主题根据企业的整体战略，在对企业内部条件和外部条件环境分析的基础上，设定预期目标并精心构思、设计和组合营销因素，从而高效率地将产品或者服务推向目标市场的一系列操作程序。

汽车市场营销策划是指在营销活动中，为达到预定的市场营销目标，运用系统、科学的市场调研与预测方法，对竞争企业的营销方案及策略进行分析，制定出与众不同、独具匠心的营销策划方案，为企业赢得声望与效益。

二、汽车营销策划书的内容

为了保证汽车营销策划工作的顺利进行，汽车营销策划方案需要按照一定的步骤来制定并实施。汽车营销策划方案内容及流程如图 1-2-16 所示。

（一）内容提要

内容提要部分主要是指针对营销主题、目标市场、营销策略及营销方法进行简要描述，使企业领导能够很快掌握营销策划方案的主要核心。

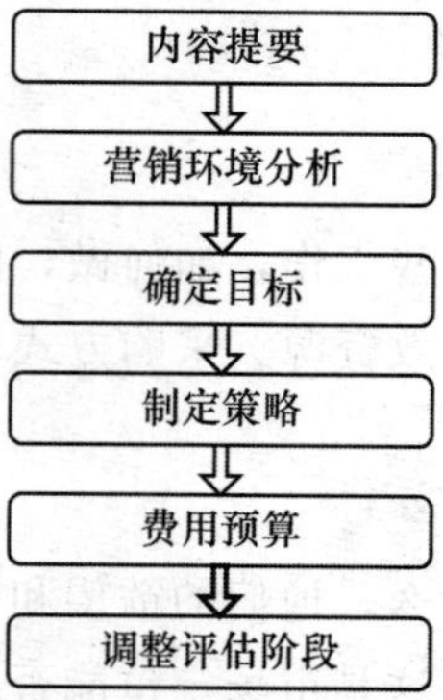

图 1-2-16　汽车营销策划方案内容及流程

（二）营销环境分析

营销环境分析主要从宏观环境和微观环境两个方面进行分析，主要包括销售产品面临的目标细分市场。

（三）确定目标

确定营销目标就是在规定的期间内完成计划内容和最终达到的目标。常见的营销目标有销售额、利润、投资收益、市场占有率等。

（四）制定策略

制定营销策略通常是指企业在营销活动中要围绕营销目标、汽车车型、品牌、价格、渠道、管理、服务、促销、广告等内容来选择和确定目标市场、市场定位以及营销组合策略等。

（五）费用预算

营销预算是汽车营销方案中的重要部分，它支撑着整个营销活动方案的实施。除了人们日常所理解的资金预算（广告费、人工费、差旅费等），还应该包括市场调查费、促销活动的费用以及设备使用费等相关费用。总之，费用预算要本着实事求是、精打细算的原则把钱花在刀刃上，不能浪费和滥用。

（六）调整评估阶段

1. 调整策划方案

营销策划是有时间限制的，在一定时间范围内，营销环境常常会发生改变，如果这一变化超出了原来营销策划中的范围，营销方案实施的时效性和价值就会降低。因此，需要在短期内，根据不断变化的营销环境做出适当的调整或者防范措施，以确保营销方案的实施。

2. 评估策划方案

营销策划方案制定完后，要组织相关人员进行评估，制定出标准，建立评估体系以及反馈改进制度。方案实施后要监测运作情况，注意总结和反馈信息，以便让营销策划方案达到最佳效果。

三、汽车营销策划书的格式要求

营销策划书通常没有固定的要求和标准的格式，依据策划对象和要求的不同，策划书里面的内容和格式也不一样。通常情况下营销策划书的基本架构包括以下几个方面：

1. 封面

营销策划书的封面可提供以下信息：

(1) 标题名称：营销策划书的名称。

(2) 委托机构：被策划的客户。

(3) 策划机构：策划机构或策划人的名称。

(4) 截止日期：策划完成日期或本策划执行时间。

(5) 策划书编号。

2. 前言或序

前言或序是策划书正式内容前的情况说明部分，内容应简明扼要，最多不要超过500字，让人一目了然。其内容主要如下：

(1) 本次策划的重要性与必要性。

(2) 策划的概括，即策划的过程及要达到的目的。

3. 目录

目录的内容也是策划书的重要部分。封面引人注目，前言让人产生兴趣。那么，目录就是让人读后一目了然地了解策划的全过程。目录具有与标题相同的作用，同时也应使阅读者能方便地查寻营销策划书中的内容。

4. 概要提示

阅读者应能够通过概要提示大致理解策划内容的要点。概要提示的撰写同样要求简明扼要，篇幅不能过长，一般控制在400～500字。另外，概要提示不是简单地把策划内容予以列举，而是要单独成一个系统。

5. 正文

正文是营销策划书中最重要的主体，具体包括以下几个方面的内容：

(1) 营销策划目的

营销策划目的部分主要是对本次营销策划所要实现的目标进行全面描述，它是本次营销策划活动的原因和动力。这一部分使整个方案的目标方向非常明确、突出。

(2) 营销环境分析

营销环境分析主要包括企业外部环境分析和企业内部环境分析。企业外部营销环境一般包括政治、经济、文化、法律、科技等。企业内部营销环境一般包括产品、价格、竞争者分析、消费者分析等。在营销策划中常见的分析工具有：SWOT分析、PEST分析、5W2H分析法等。

(3) 营销战略及行动方案

营销策划书首先要清楚地表述企业所要实行的营销战略，主要包括市场细分、目标市场和市场定位三个方面的内容，也称为 STP 策略。其次就是要确定相关的营销组合策略。最后要制订具体的行动方案。在行动方案中，需要确定的内容为：要做什么工作或者活动，何时开始，何时完成，各项活动需要多少天，各项活动的关联性怎样，需要何种协助，需要什么样的资源，各项工作、活动收支预算等。

6. 费用预算

这一部分记载的是整个营销方案推进过程中的费用成本核算，包括营销过程中的总费用、阶段费用、项目费用等，其原则是以较少投入获得最优效果，减少不必要的浪费。策划预算可以使用列表的方式清楚明确地列明各项成本。

7. 人员分配及场地

此项内容应说明在具体营销策划活动中，各项目人员负责的具体事项及所需物品和场地的落实情况。

8. 结束语

结束语在整个策划书中可有可无，主要起到与前言的呼应作用，并重复一下主要观点，使策划书有一个圆满的结束，不致使人感到太突然。

9. 附录

附录是营销策划书的附件，附录的内容主要对营销策划方案起着补充说明的作用。因此，凡是有助于阅读者对策划内容理解、信任的资料都可以考虑列入附录。但是，不重要的资料还是以不列为宜，这样可以更加突出重点。附录的另一种形式是提供原始资料，如问卷、照片等信息资料。附录也要标明顺序，以便阅读者查找。

【能力拓展】

案例分析

普锐斯之父创造混动奇迹

20 世纪 90 年代，时任丰田副社长的和田明广前瞻性地预测到了 21 世纪世界汽车业的发展趋势——节能环保。他给丰田的工程师提出了一个任务：必须设计一款面向 21 世纪的汽车，它必须能比传统汽车实现节油 50%以上的效果。

1997 年，第一代普锐斯在日本上市，丰田打出了“我们终于赶上了21 世纪”的广告语。普锐斯是世界上第一款量产上市的混合动力车型，上市不久后就在日本本土取得了巨大的成功，内山田竹志因此被称为“普锐斯之父”。随后在 2001 年销往全世界 40 多个国家和地区，其最大的市场是日本、北美等，其中美国是普锐斯最大的市场。

2005 年 12 月中国上市新款普锐斯 Prius，是第二代普锐斯 Prius。它装备了新一代丰田混合动力系统 THS II。这是在上一代丰田混合动力系统 THS 的基础上，以能够同时提高环保性能和动力性能的“Hybrid Synergy Drive（混合动力同步驾驶）”为概念开发的。THS II 通过提升电源系统的电压使马达功率提高到原来的 1.5 倍，并通过控制系统的改进解决了一系列的技术难题，从而使发动机动力与马达动力的协同增效作用得到极大程度的发挥。新款普锐斯 Prius 除了拥有新一代丰田混合动力系统 THS II 特有的“平滑而强劲的动力性能”和“世界顶级的环保性能”外，还拥有前卫的造型、舒适的操控性能、电子排挡、带湿度感应器的电动变频自动空调等功能和先进装备。

据丰田最新数据公布，截至 2013 年 3 月底，以普锐斯为主的混合动力车型全球累计销量已突破 500 万辆，达到 512.6 万辆。中国混动汽车市场还没有较好的销量，这已成为内山田竹志牢牢记挂的一块心病，他甚至承认这关乎他的混合动力梦想：那就是在中国这个世界最大的市场上，像其他市场一样推广普及他的杰作。但更多人对混合动力车市场的发展持保留态度。“整个中国市场的消费者可能还没有发展到马上购买混合动力车的阶段，更多的是停留在想买一辆车的阶段”。“中国混合动力对大部分人来讲还是一个扫盲阶段，混合动力不需要充电，用镍氢电池是安全的”。凭借中方对市场的理解程度，他认为混合动力的推广不可操之过急。

（资料来源：新华汽车，http：//news. xinhuanet. com/auto/2013-12/26/c _ 125901910. htm ）

思考与讨论：

（1）试分析混合动力汽车市场的宏观因素与微观因素都有哪些？这些因素对混合动力汽车市场产生的作用有哪些？

（2）试分析混合动力汽车市场的状况及前景分析。

分析提示：

用 SWOT 分析法分析。

“S”优势	“W”劣势
（1）丰田汽车的品牌认知度和美誉度高，拥有高于竞争对手的保有客户群体； （2）丰田汽车广泛应用于政府部门和大企业，口碑一流； （3）丰田产品线丰富，充分满足各个细分市场的需求。	（1）市场的容量偏小，购买能力较弱，一汽丰田投资回收期将会较长； （2）丰田车的价格较其他同级别车要高，和人们私家车的购买力有一定差距； （3）人们对丰田车的认识主要还是停留在旧皇冠 3.0、LC100 和霸道三款车上，对一汽丰田的相关车型认知度不高。
“O”机会	**“T”威胁**
（1）中级车市场刚刚启动，发展空间打竞争不充分； （2）高等级公路的建设推动了城际快速交通需求，必将拉动经济发展和购车需求。	（1）经济受政策影响较大，政策的调整将直接导致相关行业的收入锐减，直接影响了汽车销售增长； （2）民间财富大多靠自身积累，因此车市不可能出现井喷式的消费现象，对于投资 4S 店来说只能依靠长期投资收益，必须非常严格进行成本控制。

实训项目

实训一

选择你喜欢的某一汽车品牌系列，对其进行汽车市场分析、目标市场的选择、汽车产品的定位分析，写出分析报告并对其定位进行综合评价。

实训二

为×××××汽车品牌撰写汽车营销策划书。

一、项目名称	×××××汽车营销策划书
二、项目目标	1. 通过撰写汽车营销策划书，可以清楚地明白策划书的内容； 2. 熟练掌握汽车营销策划书的内容构成及撰写流程。
三、项目要求及准备	项目要求：提前预习汽车营销策划书的编写内容及格式要求。 前期准备：准备好前期的市场调研工作资料及相关使用工具。
四、项目实施	1. 建议全班4～6人一组，在教师的指导下组建策划实训团队； 2. 团队负责人进行成员分工，任务分派 ； 3. 讨论并确定要策划的汽车品牌系列； 4. 收集相关汽车品牌的内容、资料、图片、问卷等撰写营销策划书的第一手资料信息，制定编写营销策划书，并以PPT的形式做成演讲稿； 5. 汇报策划书的内容和具体实施方案； 6. 教师对各调研小组进行综合评价。
五、项目评价	1. 完成任务过程中的收获与启示； 2. 完成任务过程中遇到的困难和解决方法。

任务三 汽车消费行为分析

【学习目标】

知识目标

1. 了解汽车产品的用户类型及特征、汽车消费者购买行为的含义、汽车消费者购买行为的一般模式。

2. 掌握汽车个体消费者和汽车集体消费者的购买行为类型。

3. 熟悉汽车消费者购买行为的影响要素。

4. 重点掌握汽车个体消费者和汽车集体消费者的购买过程。

技能目标

1. 能够区分汽车个体消费者和汽车集体消费者的不同类型。

2. 能够在实践中熟练分析出汽车消费者购买行为的影响要素。

3. 能够通过汽车个体消费者和汽车集体消费者的购买行为分析，将其潜在需求变为现实需求。

【情境导入】

一直以来，跑车为大多数消费者特别是年轻人所青睐。但由于跑车价格不菲，所以许多消费者难以实现其消费愿望。1964 年福特公司推出了一种经济型轿跑车“野马”，该品牌车上市价格仅为豪华跑车价格的 1/3 左右，一时赢得了消费者的认可，取得了较好的销售成绩。之后，通用、克莱斯勒公司均陆续向市场投放多款跑车，但福特的“野马”车 40 年来一直是领军品牌，至今仍雄踞全球跑车品牌车销售量的榜首。

我国同样有不同酷爱跑车的消费者，进口跑车价值十分昂贵，对此吉利汽车公司推出了经济型跑车。这种跑车具有相当低的价位，性价比甚高，能够满足这类消费群体意愿，因此深受消费者喜爱。

（资料来源：http：//www.doc88.com/p-3387509854699.html）

分析

不同性格的顾客在进行挑选和购买的时候会表现出不同的行为特点。汽车消费者按其购买行为的特点可分为习惯型、理智型、冲动型、经济型和情感型等。

本案例中的汽车消费者属于典型的经济型购买行为。这类消费者对商品的价格非常敏感。具有这类购买意愿的个人，往往以汽车价格作为购买决策的首要标准。以价格高低评判商品的消费者一般表现出两种不同的类型：一种是选高价行为，消费者往往认为价格高的商品质量高，价格越高越积极购买，比如买那些高档、豪华轿车的购买者大多是这种购买行为；另一种是选低价行为，即消费者更注重选择价格低廉的汽车，以经济、节约成本为主要出发点。这类消费者的购买力较低，对购买行为约束较大。目前市场上多数二薪阶层的汽车用户以及二手车的消费者主要是这种购买行为。

单元1　汽车消费者购买行为

一、汽车产品的用户类型

针对不同汽车产品的特点，汽车消费者也有着明显的特征，从而呈现出不同的消费类型。通常情况下，汽车消费者可分为个体消费者和集体消费者两种。

（一）个体消费者

个体消费者是指将汽车作为个人或家庭消费使用，解决私人交通的个人用户，他们构成汽车的个体消费市场。个体消费在汽车整体消费中占据主体地位。

（二）集体消费者

1. 产业市场消费者

产业市场消费者是指将汽车作为生产资料使用，从而满足生产、经营等需要的组织或个人用户。

2. 中间商消费者

中间商消费者又称汽车经销商消费者，是以获取利润为目的来购买汽车进行转卖或出租的个人和机构。汽车经销商包括汽车批发商与零售商。批发商与零售商在市场中既是商品购买者，又是商品销售者。批发商购买商品不是转卖给最终消费者，而是转卖给其他零售商，而零售商购买商品则主要是直接卖给最终消费者。

3. 非营利消费者

非营利消费者主要是指政府机关、学校、医院等非营利组织，这些组织将汽车作为消费性物品使用，进而维持单位正常运转。

鉴于汽车个体消费者与汽车集体消费者特点不同，汽车制造商须采取不同的营销策略（表 1-3-1）。

表 1-3-1　汽车制造商针对集体消费者与个体消费者营销策略对比

对　象	集体消费者	个体消费者
产　品	产品品质较专业，服务很重要	标准化形式，服务因素重要
价　格	多采用招标方式决定	按标价销售
分销渠道	较短，多采用市场直接接触	多通过中间商接触
促　销	强调人员销售	强调广告
客户关系	长久而复杂	较少接触，关系浅
决策过程	多采用群体决策	个人或家庭决策

二、汽车消费者购买行为的含义与影响要素

（一）汽车消费者购买行为的含义

汽车消费者购买行为是指人们为了满足个人或组织生活生产需要，在一定的购买欲望的支配下，购买喜好汽车时所表现出来的各种行为而发生的购买汽车的决策过程。

（二）汽车消费者购买行为的影响要素

汽车消费者购买行为过程是通过不同的要素体现出来。研究消费者的购车行为，就是要掌握他们的汽车购买力如何，了解他们为什么买车，谁来买车与车卖给谁，买什么车，在哪里买车，什么时候买车，准备花多少钱买车，采用哪种付款方式等问题，也就是掌握消费者购买行为的规律性。

汽车消费者的购买行为要素是基于“汽车”这种特殊商品的，为满足个人或组织的需要，在购买汽车时所表现出的行为。这些要素也简称“5W＋2H”。

1. 为什么买车（Why）

这是对消费者的购买动机或购买欲望的分析。不同的购买动机会影响消费者对汽车品牌、汽车价格、汽车性能等方面的追求。按照马斯洛的需要层次理论，人首先要产生欲望，其次由欲望产生动机，最后由动机产生购买，这样的一个过程。“为什么买车”，就是一个人的欲望或需要问题。买车是作为交通工具，上下班代步，那可以选择实用的家用小型车；买车是用来个人创业，那可以选择微型面包车或皮卡车；买车是用来接待企业商务人士，进行业务洽谈，那可以选择多用途车型；买车是用来个人休闲兼顾野外旅行，那可以选择 SUV 车型。因此，分析“为什么买车”的关键是对购车欲望和动机的分析。这也是我们分析客户需求的关键所在，如图 1-3-1 所示。

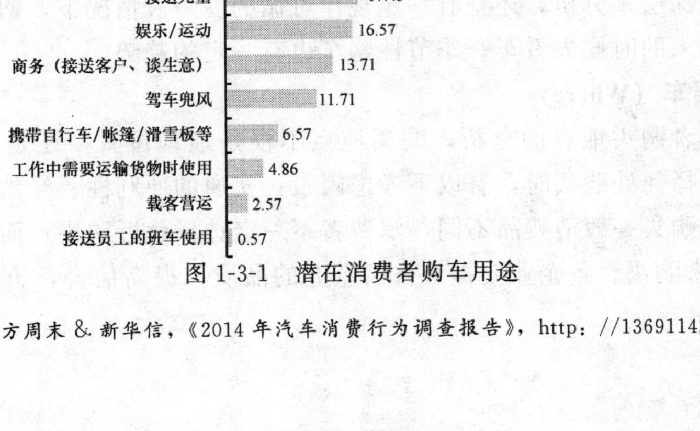

图 1-3-1 潜在消费者购车用途

（资料来源：南方周末 & 新华信，《2014 年汽车消费行为调查报告》，http：//13691142060.blog.sohu.com/307279807.html）

2. 买什么车（What）

这是对消费者购买对象的分析，是消费者购车行为最重要的要素（图 1-3-2），也是汽车厂商和汽车经销商最关心的要素。

无论是汽车厂商的市场调研，还是汽车经销商的客户需求分析，都是基于“买什么样的车”这一要素展开的。客户真正需要一部什么样的车呢？家庭小轿车、SUV 还是微型面包车？一般情况下，汽车购买者对于汽车外观、品种、质量、性能、价格等方面的要求不尽相同，汽车本身的用途也有很大的差别，所以要做到有的放矢，才能满足客户的需要。

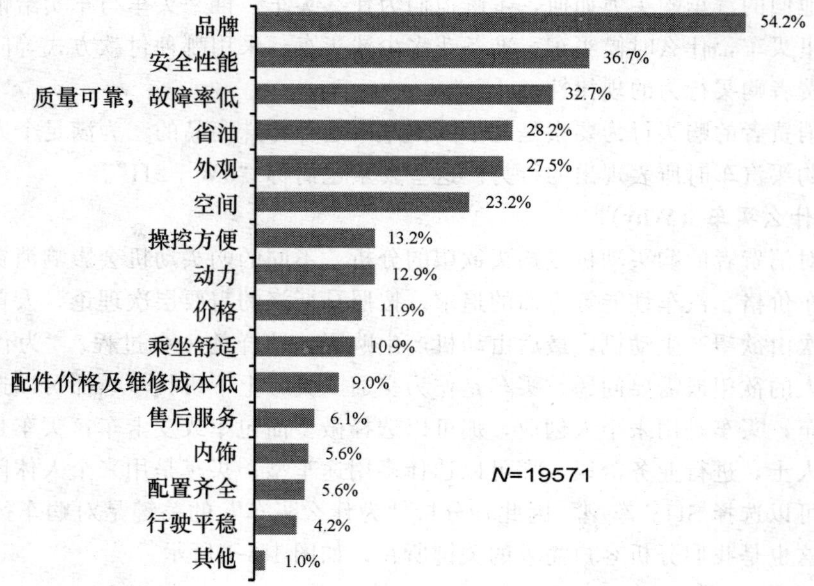

图 1-3-2　消费者购车关注因素

（资料来源：南方周末 & 新华信，《2014 年汽车消费行为调查报告》，http：//13691142060. blog. sohu. com/307279807. html）

3. 什么时候买车（When）

这是对消费者购买时机或购买时间的分析。表面上看汽车消费者购买汽车没有时间规律性，但是从深层来分析，还是有一定规律可循的。一般情况下，购车者都是喜欢工作之余或是在周末的时候去看车，季节性购车也有一定的趋势。

4. 在哪里买车（Where）

这是对消费者购买地点的分析，购买地点不仅是地理位置，还是一种软实力。因此，消费者在选择何处购买时，有以下考虑因素：交通的便利性、经销商的实力、信誉等。购买汽车与购买一般消费品不同，消费者不一定选择就近购买，而是选择一家信得过的汽车 4S 店来购买。各企业要提升自己企业的品质，提高信誉，争取让消费者在本企业买车。

【案例链接】

因地理位置导致客户流失案例

某家4S店位于汽车一条街的第一家，很多客户看完车后又去其他店看车，造成一部分有成交意向的客户流失，比较头疼。最终，这家4S店的解决方案如下：

第一，发挥优势地理位置。既然是第一个到本店看车，在介绍与同类型车差异点时，要扬长避短，适时地给客户建立此价格范围内的车的标准（优势卖点和配置）。

第二，给客户留一个价格悬念。不报价格但告诉客户在同级别车中本店会给客户一个非常满意的价格，埋下一个让客户回店的伏笔。

第三，尽量让客户在本店多停留，使其没有时间去其他店看车。比如，邀请他试乘试驾、招待客户午餐等，在试乘试驾和午餐时引导客户并适时地打压同类型车，使其打消对其他同类型车的兴趣。

（资料来源：http：//www.doc88.com/p-7354374844878.html）

5. 谁来买车（Who）

这是对消费者购买主体的分析，即谁做决策。在整个汽车购买过程中，由于购买者自身在年龄、性别、职业、收入、社会地位、文化程度等方面的差异，导致在车型选择上也存在很大差异。例如，20～30岁年龄段的消费者偏爱时尚、动感的车型，青睐红、黄等艳丽的颜色；35～45岁年龄段的消费者偏爱稳重、大气的车型，较青睐黑、银、白等颜色；男性消费者喜欢手动挡车型，而女性消费者则喜欢自动挡车型，对汽车造型也十分关注。

购买汽车实际上是有好多人参与的活动，主要分为五种：发起者、影响者、决策者、购买者和使用者（表1-3-2）。

表1-3-2　消费者在实施购买行为时的角色

角色	描写
发起者	首先提出购买汽车建议的人
影响者	对最终购买汽车有直接或间接影响的人
决策者	对整个或部分购买决策有最后决定权的人
购买者	实际实施购买行为的人
使用者	实际驾驶汽车的人

在家庭购车决策过程中，五种角色地位不同，心理状态也不相同，满足他们需要的方法也不同。因此，企业营销人员必须有自主性地制定与汽车营销工作相关的营销策略和方法。

6. 准备花多少钱买车（How much）

由于汽车在品质、用途等方面存在很大的差异，导致汽车在价格上也有很大的差异。买一辆汽车价格上可以相差几倍、十几倍甚至上百倍。要了解客户的购车预算，不要先入为主，一味地向顾客推荐价格高的汽车，这样才能赢得顾客的信任与好感。

7. 怎样买车（How to pay）

这是对消费者购买方式或购买途径的分析。消费者采取什么方式购车，是金融贷款还是现金付款，将影响到汽车厂商和汽车经销商的销售计划。在购车资金的来源上，尽管大多数被访者仍选择全款购车，但对于贷款购车这种消费方式较为认同。金融贷款有银行金融贷款与汽车金融公司贷款两种形式，不同的金融贷款机构贷款的方式也存在差异（图 1-3-3）。

图 1-3-3　汽车信贷

据相关数据统计，越年轻的被访者和收入越低的被访者越愿意选择银行车贷产品，“90 后”消费者有一半以上倾向于采用分期付款方式购车，“80 后”消费者有 33.5%倾向于采用分期付款方式购车，“70 后”与“60 后”消费者分别有 24.2%与 20.3%倾向于采用分期付款方式购车，1960 年以前出生的消费者倾向于采用分期付款方式购车的比例低于 20%。此外，从性别差异来看，女性较男性更青睐于银行信用卡分期，男性比女性更倾向于选择汽车金融公司，具体如图 1-3-4、图 1-3-5 和图 1-3-6 所示。

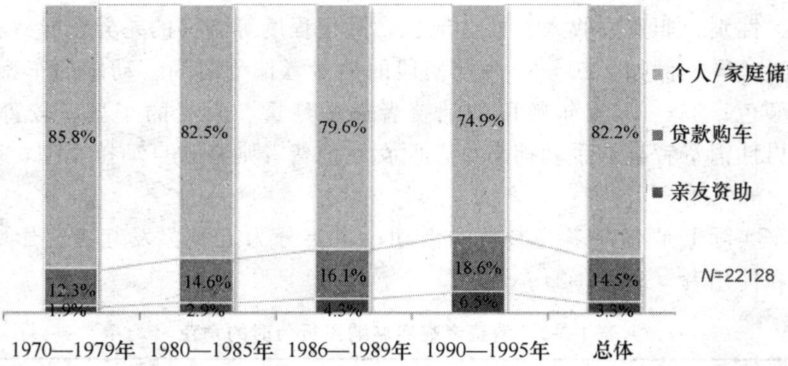

图 1-3-4　不同出生年代被访者的购车资金来源

（资料来源：南方周末 & 新华信，《2014 年汽车消费行为调查报告》，http：//13691142060. blog. sohu. com/307279807. html）

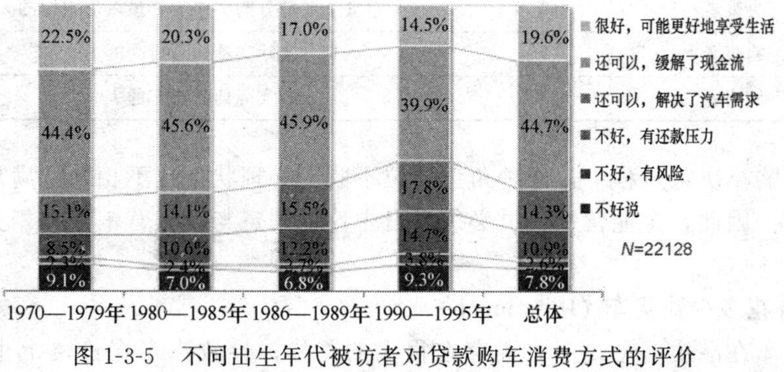

图 1-3-5　不同出生年代被访者对贷款购车消费方式的评价

（资料来源：南方周末 & 新华信，《2014 年汽车消费行为调查报告》，http：//13691142060. blog. sohu. com/307279807. html）

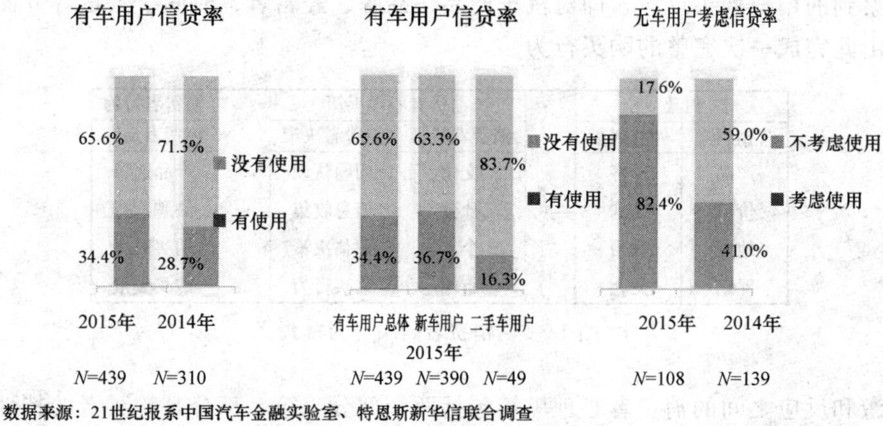

图 1-3-6　有车用户信贷率

（资料来源：南方周末 & 新华信，《2014 年汽车消费行为调查报告》，http：//13691142060. blog. sohu. com/307279807. html）

【案例链接】

“一元信贷”政策解决购车难题

北京现代推出的“一元信贷”政策，在一定程度上解决了很多汽车消费者的购车难题。“一元信贷”政策，即首付一半，一年后付清另一半，在此期间，每天支付的利息只有一元，全年利息共计 365 元。剩余利息由北京现代支付，同时消费者办理信贷业务均可免担保。

以北京现代悦动为例，悦动 1. 6GL AT 厂家指导价为 108800 元，为方便计算按 100000 元算，正常按 5. 31％的一年期银行贷款利率算，首付 40％需要交 40000 元，向银行借贷 60000 元（忽略购置税、商业保险等所有必须费用），每月需还 5145 元。如果按北京现代“一元信贷”政策购车的话，首付交 50000 元，一年后付清 50000 元，每天仅付 1 元，每月月供仅 30 元或 31 元，全年利息仅为 365 元。

（资料来源：http：//www. docin. com/p-262362307. html）

三、汽车消费者购买行为的一般模式

消费者购买行为的理论最有代表性的是刺激—反应模式，如图 1-3-7 所示。

图 1-3-7 表明所有的消费者行为都是因为某种刺激激发产生的，这种刺激包括营销刺激和其他刺激。营销刺激是指汽车企业营销活动的各种可控因素，即产品、价格、分销和促销等的影响；其他刺激则是指汽车企业营销活动的各种不可控因素，即经济、技术、政治、文化等因素的影响。在各种刺激因素的作用下，消费者经过复杂的心理活动，产生需求和购买动机，由于这个过程是在消费者心理内部自我完成的，所以这个过程被心理学家称为“黑箱”。在动机的驱使下，消费者进行购买决策，从而形成一系列

可以观察到的用户购买反应，即对汽车产品、品牌、经营者、时间、数量等方面的具体选择，由此完成一次完整的购买行为。

刺激			消费者心理黑箱			消费者行为
营销刺激	外部刺激		消费者特征	消费者决策		消费者反应
产品 价格 地点 促销	经济 技术 政治 文化	⇒	文化 社会 个人 心理	问题认识 信息收集 评估决策 购买行为	⇒	产品选择 品牌选择 购买时机 购买数量

图 1-3-7 消费者购买行为模式

刺激和反应之间的消费者心理黑箱包括两个部分：第一部分是购买者的特性。购买者特性受到许多因素的影响，并进而影响购买者对刺激的理解和反应，不同特性的购买者对同一种刺激会产生不同的理解和反应。第二部分是购买者的决策过程，它直接影响最后的结果。

消费并购买行为模式：通过可控的市场营销因素和不可控的环境因素刺激消费者，消费者根据自己的特性处理这些信息，经过一定的决策过程产生一系列购买决定，即消费者对刺激因素产生反应。

单元 2 汽车个体消费者购买行为分析

一、汽车个体消费者特征

汽车个体消费者在汽车消费市场中占有很大的比例，作为汽车销售顾问要了解客户为什么买车，要主动掌握客户在消费前的顾虑与不解，并能化解客户的疑虑。对于汽车个体消费者，我们可以概括总结出以下基本特点：

（一）需求的多样性

由于个体消费者在年龄、性别、教育水平、职业、收入、社会地位、家庭结构、生活习惯等方面的差异，会形成不同的消费需要，从而使个体的购买需求表现出多样性或多层次性。汽车生产企业通过市场调研，了解这种消费的多样化，有针对性地推出不同的车型系列。

（二）需求可替代性

消费者在购买汽车时往往会面临多种选择，如品牌的选择、价位的选择、性能的选择等，如何在众多汽车品牌中选择适合自己的汽车呢？消费者根据自身需要，会在不同品牌之间做出选择，只有那些对消费者有真正吸引力的品牌，消费者才会购买。换句话说，在汽车生产企业眼里，各个不同生产企业之间是具有竞争性的，因为汽车生产企业不知道消费者最终会选择什么样的汽车，选择了丰田，就不会选择别克，丰田与别克之间就有了替代性。

(三) 需求的诱导性

汽车是高档耐用消费品，和普通消费品的最大区别之一是它的专业性与复杂性。对于大多数消费者来说，购买汽车太难了，因为“汽车”包含着太多的专业知识，而消费者对汽车知识的缺乏，导致他们易受外界的影响，如消费环境、社会习俗、广告宣传等。也就是说消费者很容易受外界因素的诱导而产生购买行为。

(四) 需求可伸缩性

汽车产品的特殊性，使消费者对汽车产品的需求有较强的价格弹性，价格的变动对个人购买行为会产生重大影响，尤其是家用轿车。当价格出现下跌时，消费者有可能提前购买；当价格出现上涨时，消费者有可能推迟购买而持币观望。

(五) 需求的发展性

消费者对汽车最初的功能需求仅仅是代步，随着社会的发展，人的需求也发生变化，要求既能满足基本代步，也能在操控、舒适、娱乐性方面有所提高。可见，这种需求是可发展的。

二、汽车个体消费者购买行为类型

汽车销售顾问在销售过程中，往往会面对不同的客户，如何能在第一时间内判断客户的类型，从而为销售的下一步做出决策，是影响最终成交的关键。

(一) 根据消费者的购买行为分类

1. 习惯型消费者

这一类消费者可能有过使用一种或几种品牌的经验，形成了固定的品牌偏好，这种偏好将指导其形成固定的购买行为。例如，据相关调查显示，江西市场的消费者对大众品牌的偏好明显超过其他汽车品牌；而另一项调查显示，在广东市场，日系品牌占据绝对优势，以丰田、本田、日产为代表的三大日系品牌占据广东汽车市场近70%的份额，而大众则只占10%的份额。习惯型消费者在购买汽车时，按照自己的想法或经验进行购买，较少受媒体广告宣传的影响，也不需要到处寻找与汽车有关的产品信息，而是按习惯重复购买同一品牌。

面对习惯型消费者的营销策略如下：一是利用汽车的价格手段吸引消费者；二是开展大量重复性广告，加深客户印象；三是增加汽车消费者的亲身体验活动，如利用新车上市机会，邀请潜在消费者开展试乘试驾活动。

2. 理智型消费者

这类消费者的思维方式比较冷静，是以理智指导购买行为的人。在购买前他们通常要广泛地搜集信息，比较信息，充分了解汽车的相关知识，在不同的品牌之间进行充分的调查、筛选，反复权衡、评估，最后做出购买决策。在实际购买时，他们表现的理智和谨慎，不容易受到销售人员和广告的影响；在挑选产品的时候仔细认真，经常对比多个品牌和经销商。

现阶段，中国的个体汽车消费者的购买行为多属于这种类型。面对理智型消费者的营销策略如下：汽车企业营销人员制定相关的营销策略，帮助消费者了解更多的有关汽车方面的知识和信息，借助各种渠道宣传其产品，采取多种营销手段使用户简化购买过程。

3. 情感型消费者

这类消费者情感体验较为丰富，想象力也非常丰富。购买时容易受感情的支配，较易受促销宣传和情感的诱导，对汽车造型、颜色及品牌都极为敏感，他们多以汽车是否符合个人的情感需要作为购买决策标准。这类客户多以女性消费者居多。例如，很多女性消费者对大众甲壳虫、宝马 MINI、吉利熊猫的可爱造型喜爱有加。

面对情感型消费者的营销策略如下：销售人员制定有针对性的营销策略，加大广告宣传的密度，增加试乘试驾活动力度及汽车嘉年华活动，实现营销目标。

4. 冲动型消费者

这类消费者对外界的刺激很敏感，心理反应活跃，在购买时，他们一般不会进行具体的比较，依靠直接诱发出购买行为。年轻、时尚而且资金实力强的客户容易表现出这种冲动。他们在购买时常常受到各种汽车广告、媒体推荐、推销员介绍、朋友的影响。

面对冲动型消费者的营销策略如下：汽车企业提供完善的售后服务，并通过各种途径向消费者提供有利于企业和产品的信息，使消费者相信自己的购买行为是正确的。

5. 经济型消费者

这类消费者对商品的价格非常敏感。具有这类购买态度的个人，往往以价格作为决定购买决策的首要标准，主要选择价格低廉的汽车，以经济、实用、节约成本为主要出发点。

（二）根据消费者的购买目标分类

1. 全确定型消费者

全确定型消费者是指消费者在购买商品以前，已经有明确的购买目标，对商品的品牌、型号、颜色、性能以至价格的幅度都有明确的要求。这类消费者进入汽车 4S 店以后，一般都是有目的地选择，主动地提出所要购买的商品，并对所要购买的商品提出具体要求，当商品能满足其需要时，则会毫不犹豫地买下商品。作为销售顾问，此类型消费者是重点推销对象。

2. 半确定型消费者

半确定型消费者是指消费者在购买商品以前，已有大致的购买目标，但具体要求还不够明确，最后购买需经过选择比较才完成的。这是最主要的一类消费群体，也称之为“摇摆型”消费者。通常此类消费者进入商店后，一般要经过较长时间的分析、比较才能完成其购买行为，作为销售顾问，必须耐心、细致地接待并解答消费者的疑问。

3. 不确定型消费者

不确定型消费者是指消费者在购买商品以前，没有明确的或既定的购买目标。这类消费者进入商店主要是观望、休闲，漫无目标地观看商品或随便了解一些商品的销售情况，通常此类客户会受到新车上市宣传广告的影响或大型促销活动的影响，而产生进店观望。

（三）根据消费者的收入水平分类

1. 最低收入者型

这类消费群体是处于贫困线以下的人群，包括一部分最低收入者和没有劳动能力、没有固定收入来源的无业者与失业者。最低收入者面临的是最基本的生存问题，他们在衣、食、住方面的消费接近总消费支出的70%，因此他们非常重视生活消费品的价格。此类型消费者对于汽车等高档消费品没有需求，不是企业重点宣传的对象。

2. 低收入者型

这类群体一般具有劳动能力，但在投资和就业竞争中居于劣势，只能获得较低报酬，是就业群体中的贫困者。这类群体在生活基本需求的水平、质量和社会交往方面居于社会的下层，基本解决了温饱问题。由于收入水平很低，没有足够的购买能力，以维持基本生活消费为主，没有多余的钱用于储蓄。因此，此类型消费者对汽车消费品也没有需求。

3. 中低收入者型

这类消费者的收入基本稳定，在满足日常消费之外略有节余。这部分居民属温饱型向小康型过渡的消费群体，其基本的消费需求已经得到满足，正积聚资金向更高一层的消费提升。但这一消费群体受医疗、教育等消费支出的影响，其消费行为很谨慎、保守。这是因为他们仍受传统消费观念的影响，不愿“超前”消费或“举债”消费，此类型消费者对汽车消费品有一定需求，是潜在消费群体。

4. 中等收入者型

这类群体大多为城市居民，主要由政府公务员、国有企业职工、一般的科教文卫人员、个体经营者及其家庭构成。正处于从小康型向富裕型、从讲求消费数量向讲求消费质量转变的阶段，加上一定的储蓄积累，他们已构成当前最具购买能力的群体之一，而且消费开始呈现出多样化趋势，乐于接受新兴的生活和消费方式，被视为消费的中坚力量。此类型消费者是汽车消费市场最重要的购买力量，也是销售顾问重点推销对象之一。目前，我国汽车市场的小型车、紧凑型车等家用轿车80%的市场销量由上述消费群体创造的，像别克凯越、大众朗逸、现代悦动、标致307、大众POLO等。

5. 中高收入者型

这类群体主要包括私营企业主和专业技术人员，也是消费较为活跃的一个群体，虽然收入不是最高的，但是这类群体中的大多数人对自身及家庭的未来状况比较有信心，因而在许多方面的消费都比较接近高收入者。这类消费者在服装、汽车、文化娱乐消费和子女的教育等消费方面的支出，是所有消费群体中最高的。此类消费者在汽车消费市场上主要体现在购买中型车，如帕萨特、雅阁、凯美瑞、君威等。

6. 高收入群体型

这类群体的生活需求已基本得到满足，但是注重追求精神消费和服务消费，教育、文化、通信、保健、住宅等成为他们的消费热点，追求时尚化与个性化的消费日趋明显。在饮食方面，他们讲究营养和风味；在穿着上，崇尚名牌，讲究款式、品质和个性；在日用品方面，主要青睐一些科技含量高、时代感强的高档家电产品；在汽车方面，崇尚豪华、时尚与运动型汽车，如宝马5系、奥迪A6、奔驰E级及英菲尼迪M系轿车。相关数据显示，奥迪Q7、保时捷卡宴、宝马X6、英菲尼迪FX35和奔驰GLK等豪华SUV的持续畅销更体现这一消费群体最新的消费特征。

（四）根据消费年龄分类

根据消费者的年龄，可把客户分为25岁及以下、26～30岁、31～35岁、41～45岁、45岁以上五个阶段型。不同年龄结构的消费者，汽车消费也呈现明显不同的特征。

1. 从购车最关注的因素看

价格、品牌与安全性是消费者购车影响最大的前三个因素，而近些年来油价不断攀升，人们对油耗也越来越关注，但不同的年龄段对汽车主要关注的因素相对会有区别。一般情况下，25岁以下的年轻人较关注品牌、价格；26～30岁和31～35岁之间的消费者会综合关注价格、品牌、安全性、油耗；41～45岁的消费者会重点关注汽车的品牌和安全性；而45岁以上的消费者较关注的是安全性和油耗。同时，31～35岁和41～45岁之间的消费者还较关注汽车的维修保养费用。由此可见，不同年龄的消费者对购车关注的主要因素会有差异。

2. 从对汽车的排量要求看

随着油价的不断上涨，消费者购车倾向于购买经济省油的车型，再加上政府在政策上的鼓励和引导，目前汽车消费主要集中在1.3～1.6 L与1.6～2.0 L两个排量段，也是所谓的“黄金排量”，不同年龄段人群略有差异。25岁及以下的消费者倾向于购买1.0 L及以下排量的比例要远远高于其他年龄段人群，即年轻人更容易接受1.0 L及以下小排量车；26～30岁和31～35岁之间的消费者会倾向于1.3～1.6 L与1.6～2.0 L两个排量；41～45岁及以上年龄段的消费者会较多地选择高排量的汽车。

3. 从对汽车的色彩要求看

黑色、银灰色与白色是主流色调，年轻人更偏好亮丽色彩。26～30岁、31～35岁、41～45岁、45岁以上的人群车辆色彩偏好排前的基本是黑色、银灰色与白色；25岁及以下人群车辆色彩偏好的颜色基本为黑色、红色与白色。

4. 从购车付款方式看

消费者在购车付款方式选择方面呈现年龄越小越倾向于采用分期付款方式购车。现阶段25岁及以下的年轻人有一半以上倾向于采用分期付款方式购车，26～30岁的人群有近34%倾向于采用分期付款方式购车，31～35岁、41～45岁的人群分别约有24%与20%倾向于采用分期付款方式购车，45岁以上的人群倾向于采用分期付款方式购车的比例则低于20%。可以看出，30岁以下的年轻人比其他人群更容易采用贷款方式购车。

三、影响汽车个体消费者购买行为的因素

（一）政治因素

在对外开放以前，我国既没有适合购买私人小汽车的消费者群体，也没有足够的可供选择的汽车产品，社会对私人拥有小汽车这样的“奢侈品”采取了绝对打压的态度，在这种政治环境下，消费者很难产生购买私车的动机。改革开放后，特别是中国加入WTO以后，汽车消费才真正发展起来。同时在政策方面，例如，在购置附加费、车检费、保险费、年审费、过路费等政策性收费对汽车个人消费影响很大。目前，北京、上海等城市已实施的汽车限购政策，就对个人的汽车消费产生很大影响，也影响了汽车生产企业和汽车经销商的业务拓展。

（二）经济因素

经济收入水平直接决定着消费者的消费水平、消费观念和消费习惯。根据相关调查统计，在我国依照购买力可以将汽车消费者大概分为九个层次，如表 1-3-3 所示。

表 1-3-3　我国汽车消费者层次调查

代表成员	占人口比例（%）	关注点
社会名流	0.05	品牌
企业高管	0.5	品牌、服务
民营企业主	4.45	品牌、效应、质量
专家学者	3	文化、服务
白领雇员	7.5	服务、价格
公务员	15.5	服务、价格
个体商贩	16	价格、实用性
蓝领雇员	18	价格
低收入者	35	价格

上述调查反映的是不同层次的消费者对汽车需求的关注点，更深层次反映的是在汽车个体购买行为中消费者的购买能力，即消费者的收入水平直接影响其对汽车的不同需求，由此可以看出如下特点：

1. 收入很高的人士

收入很高的人士有相当的社会地位和背景，关心社会的尊重与自我价值实现，购车主要是要体现其地位，有的甚至不只买一辆车，汽车更新较快，一般不会买普及型轿车。他们的消费行为往往对其他阶层有着示范效应。销售人员应该主要宣传车辆的创造性，侧重于品牌与文化背景，使其社会地位得到体现。

2. 中等收入的人士

中等收入的人士收入较为稳定，有一定的社会地位，是家用轿车的核心消费群。他

们更关心社会的认可和尊重，购车时主要是求质求美的心态，汽车的质量、款式、品牌效应和售后服务是其关注的重点。与此类消费者接触时，销售人员应注意服务质量和正确引导。

3. 低收入的人士

低收入的人士购车时首选实用性的客货两用与低档轿车，一般用于出租和营运的较多。这类消费者主要是求廉实用心态，销售人员在接待介绍时应侧重于价格和实用性。

（三）文化因素

文化因素是指人类在社会历史发展过程中所创造的物质财富和精神财富的总和，包括民族传统、宗教信仰、风俗习惯、审美观念和价值观念等，影响私人购买小汽车的主要包括民族传统、审美观念和文化价值观念。

1. 民族传统

中国人一向在消费上表现为重积累、重计划等，在选择商品时追求实惠和耐用，这也就说明为什么大众的捷达和桑塔纳如今在市场上仍然长盛不衰。但中国同时也是一个快速发展的国家，许多青年人在文化上与西方国家差异已经缩小，在消费行为上表现为注重当前消费，购买时不太讲实用，讲究时尚等。

2. 审美观念

审美观念是指人们对事物的好坏、美丑、善恶的评价。不同的消费者往往有不同的审美观。审美观不是一成不变的，往往受社会舆论、社会观念等多种因素的影响，并制约着消费者的欲望和需求的取向。美国车以宽敞舒适为美；德国车以精密、操控感强为美；日本车和韩国车以配置丰富、各方面均衡为美。20 世纪八九十年代，中国人对两厢车有着严重的排斥心理，现在，两厢车反而大行其道。在现阶段的中国车市，各种类型的车在中国私家车消费领域都有拥护者，说明消费者对汽车的审美观念是不一致的，也很容易变化的。也要求汽车生产企业必须花更多的精力用于市场调研上，推出适合不同消费群的车型。

3. 文化价值观念

价值观是指一个人对周围的客观事物（包括人、事、物）的意义、重要性的总评价和总看法。观念决定态度，态度决定行为，行为形成习惯，习惯强化观念。改革开放三十多年来，中国在“摸着石头过河”的探索中实现了社会、经济的翻天覆地。巨大的经济社会的改变催化了传统价值观念的裂变，又催生了新的价值观念的形成，而这些价值观念的变迁又进一步推动了经济社会的变革、消费市场的发展，创造了无数新的需求，孕育了无数新的商机，改变了无数营销行为。

（四）个人因素

个人因素不仅会决定消费者是否购买轿车，还决定了消费者购买何种轿车，对于汽车生产企业或汽车经销商来说，必须在深入分析个人因素对消费者影响的基础上，制定并实施营销策略。个人因素主要包括购买者的年龄、职业、性别、个性以及自我观念等。

1. 年龄

处于不同年龄阶段的同一个人，其审美观、价值观会出现不同的变化，因而表现出不同的购买行为。例如，年轻人通常容易接受新生事物，喜欢标新立异，讨厌一成不变的生活。如果一辆新车的目标市场是年轻人的话，相应的广告策略和促销策略都要符合年轻人求新、求异的性格特征。

2. 职业

职业往往决定一个人的地位以及所扮演的角色，同时也决定着他们的经济情况，因而会影响消费模式。教授、律师及政府官员大多喜欢购买黑色轿车，代表庄重、沉稳与威严；年轻的艺员则喜爱红色以及色彩鲜艳的轿车，代表青春、活力。

3. 性别

男性和女性在购车时有明显的倾向和区别，主要体现在：男性消费者购车动机形成迅速、果断，具有较强自信，具有波动性，对色彩的情感相对较薄弱；女性消费者购车动机具有较强的主动性和灵活性，带有浓厚的感情色彩，易受外界因素的影响。

4. 个性及自我观念

个性是指个人所特有的心理特征，它导致个人对他所处的环境持续不断地反应。具有某一方面相同个性的人，会表现出相似的购买行为，或者对同一类产品感兴趣，也就是说在购买汽车产品时，消费者可能追求缩短时空，可能追求气派和社会认可，可能追求自由的感觉等，这正是企业所要掌握的信息。

（五）心理因素

在社会因素、文化因素和个人因素的共同作用下，消费者会认识到自己是否有购买小汽车的需要，而需要会促使其心理产生购买汽车的“动机”。

四、汽车个体消费者的购买过程

汽车消费者的购买决策是在特定的心理机制驱动下，按照一定的程序发生的心理和行为活动的过程。这个过程一般包括五个阶段：确定需要、收集信息、评价方案、购买决定、购后评价。

（一）确定需要

汽车消费者在选择之前发现现实情况与其所期望的要求有差距时，产生不同需要。比如在发现自动挡汽车并不像想象中那么便利时，便会产生选购手动挡的需要。这种需要的产生，是由外在因素引起的。汽车销售人员应该深入了解消费者产生某种需要的环境，找到引起这种需要的内在因素和外在刺激因素。

（二）收集信息

1. 个人来源

个人来源是指汽车消费用户在购买决策时从家庭成员、朋友、邻居、同事和其他熟人那里所得到的商品的相关信息。

2. 商业来源

商业来源是指广告、推销员、经销商、展览会方面的信息，现在汽车生产企业对广告投入非常重视，典型的是邀请明星作汽车代言人，代言人既有娱乐界明星，也有体育界明星，广告一定程度上还是影响到了大众消费者对车型的认知。

3. 公共来源

公共来源是指社会公众传播的信息，如新闻媒体、消费者权益保护组织、政府部门、其他消费者和大众传播的信息等。

4. 经验来源

经验来源是指消费者对产品的认识，包括自己的购买和使用经验，对汽车的检验和处置。

（三）评价方案

方案评价是在通过各种渠道获得产品信息后，需要分析和处理这些信息，这种信息主要是产品本身属性，包括汽车品牌、产品属性和属性效用要求等。

1. 汽车品牌信念

汽车品牌信念是指消费者对汽车品牌优劣程度的总的看法。我们知道，构筑一个良好的汽车品牌资产需要五大要素，即品牌的知名度、品质认知度、品牌忠诚度、品牌联想和其他资产，这是从消费者的角度去评价的；若从企业的角度考虑，要构筑一个丰满鲜活的汽车品牌，我们必须具有四大要素：安全优良的产品品质、个性化的外观及内饰风格、丰厚的历史人文背景和独特的精神理念，前两者属于产品的物质层面，后两者则属于企业层面或精神层面。

2. 汽车产品属性

汽车产品属性是指产品的自然特点，也就是我们通常所说的产品“是什么”。就汽车产品而言，它包括两个方面的含义：一是指产品或服务相对来说可观察到的特点，比如，汽车的价格、色彩、外形等；二是指产品的性能和技术构成，比如，发动机性能和技术、底盘构造、安全配置和耗油等。汽车产品在消费用户心目中表现为一系列基本属性的集合。在同等价格的前提下，汽车产品具有更多的属性无疑更能吸引消费用户的购买，但是对企业来说增加了企业的成本，汽车厂商不可能也没有必要追求所有的属性都满足用户。汽车厂商应该了解消费用户主要对哪些属性感兴趣，哪些属性对于消费者的购买决策起到关键性作用，从而确定本企业产品应具备的属性。

3. 对汽车的属性效用要求

对汽车的属性效用要求是指消费者对汽车产品每一属性的效用功能应当达到何种水准的要求，或者说该品牌每一效用功能必须达到何种水准消费用户才接受。

汽车消费者在选择车型和品牌时往往会围绕以上三个方面，根据自己的喜好和一些评价方法对不同的汽车品牌进行评价与选择。

（四）购买决定

消费者的购买决定除了与自身的因素有关外，还与他人的态度、预期情况因素的影响有关。

1. 他人的态度

比如，在家里丈夫决定购买某品牌汽车，但是他的妻子不同意，或者妻子有另外的选择目标，那么她的丈夫购买意向就有可能会降低。另外，一些人的态度对一个人的选择影响力取决于三个因素：其一，他人对购买者所喜好商品持否定态度的强烈程度；其二，购买者对遵从旁人愿望的动机，具体来说是他人与消费者的关系、他人的权威性等；其三，消费者对所购商品的认知程度。这个例子中如果丈夫占据主导地位，对汽车的认知程度很高，而不愿意考虑妻子的看法，那么妻子的态度对于购买决策就无关紧要了。

2. 未来预期情况因素的影响

某些突发事件可能会改变消费者的购买初衷。消费者如决定实现购买意向就必须做出买与不买、买哪种、买多少、在哪里买以及如何支付等最终决断，这是一个包含许多项目的总抉择。汽车营销人员在这一阶段，不但要向消费用户提供更多、更详细的本企业汽车产品信息，使消费者消除各种疑虑，还要通过提供各种经销售服务，方便消费者选购，促进他们做出购买本企业产品的决策。

（五）购后评价

购后评价是指消费者对购买产品的满意度评价及后续使用情况反馈。消费者在购买汽车后，会对汽车的使用状况进行体验，以检验其性能是否达到其期望的目的。如果汽车生产企业对其产品性能夸大宣传，则会导致消费者对其产品期望过高，产生不满意感，并最终导致消费者不再购买其产品。例如，大众汽车的“双离合变速器”（简称DSG）引入中国的时候，是作为大众与其他竞争厂商最大的优势，但近两年，不断出现消费者对大众的DSG不满与投诉，就是消费者对其期望过高。

【案例链接】

购买行为分析

1. 理智型购买行为

桑塔纳轿车系列中被俗称为“普桑”的老车型，虽然属于淘汰车型，但现在每年仍然可以销售10万辆左右，市场占有率甚大。这就是具有保守性购买动机的消费群体的消费区域。“普桑”的价格已降低了一半多，生产成熟，品质稳定，而且买中级车享受经济车的消费，维修市场零配件充足且便宜，维修工对车型最为熟悉，另外车型老、不起眼，用得安心、放心。

2. 习惯型购买行为

在对购买汽车90天内同品牌每百辆车出现缺陷数的统计中，一开始奔驰品牌缺陷数量少，很快日本的凌志、无限就成为最佳，美国车也通过努力赶到前面。但是奔驰在人们心目中依旧是第一品牌汽车，2001年、2002年两年的品牌价值均在210亿美元以上。

3. 情感型购买行为

20世纪80年代末，日产公司在美国市场推出豪华轿车“无限”(Infinity)。在电视广告中见不到靓丽的车型，代之以反复呈现的大自然、原野、雷雨、大海和森林。广告词则为：所谓的豪华是指一种多彩的自然感觉，所谓的美是指一种密切的个人关系。这种在视觉、听觉上给予的豪华和美丽观念给许多消费者留下了深刻的印象，这正符合他们的信念。Infinity轿车从此屡屡列在美国各品牌轿车年销售量的榜首或前几名。

(资料来源：http：//www.wenku1.com/news/40A983B4B3ECE970.html)

单元3　汽车集体消费者购买行为分析

一、汽车集体消费者的特征

与汽车个体消费者相比，汽车集体消费者在购买过程中要涉及更多的项目和财力，其较明显的特征可以概括为以下几个方面。

(一) 购买者较少，购买量较大

一般来说，集体消费者的营销人员面对的顾客比个体消费者市场上的营销人员面对的客户要少。在集体消费者市场上，一家汽车销售厂家的潜在客户最多是所处地区的所有企业和组织，而在个体消费者市场上，他们的潜在客户也许就是所处地区的所有人。一般情况下，一个普通消费者只会向一家汽车销售商购买一辆汽车，而一家运输公司一次可能会购买几辆甚至几十辆汽车。可见，汽车集体消费者的购买者虽然不多，但是需求量是很大的。

(二) 直接由专业人员采购

采购人员通常直接从生产商那里购买产品，而不经过中间商环节，尤其是采购批量大或者价格昂贵、工艺复杂的商品。同时，在购买时往往是由受过专业训练的人员来执行，有些企业甚至会选择采购代理商。因为集体消费者的采购员通常了解所购买产品的特征，甚至了解生产工艺，并且有较强的选购和比较能力。

(三) 需求易受多方面的影响

一方面，对于业务品的需求最终取决于对消费品的需求，当个体消费者市场的需求情况出现变动时，相应的集体消费者的需求情况也会发生变化。例如，汽车租赁行业持续出现走低的现象，租赁厂商必然会减少甚至停止购买车辆。另一方面，在业务购买中扮演影响角色的人比消费者购买决策中扮演该角色的人多得多。企业采购部门领导甚至工作人员可能影响最终的购买决策，尤其是购买主要商品时会有高层管理人员介入。

二、汽车集体消费者购买行为类型

（一）产业市场购买行为

产业市场的特点是购买者数量少，但购买规模大；地理位置集中；需求具有较大的波动性；买卖双方能够保持长期的业务关系；可以直接交易等。如华晨宝马统一采购采埃弗（ZF）变速器；奇瑞汽车采购格特拉克变速器；丰田汽车采购普利司通轮胎等，属于汽车产业市场购买行为。

（二）中间商市场购买行为

中间商市场也称转卖者市场，是由以盈利为目的从事转卖或租赁业务的个体和组织构成，包括批发商和零售商，其实质是顾客的采购代理。包括三个主要决策：经营范围和商品搭配；选择什么样的供应者；以什么样的价格和条件来采购。现阶段，以4S店模式的汽车经销模式，就是典型的中间商市场购买行为。

（三）非营利市场购买行为

非营利消费者主要是指政府机关、学校、医院等非营利组织，这些组织将汽车作为消费物品使用，进而维持单位正常运转。例如，2016年杭州G20峰会期间，上汽大通与G20峰会组委会签约，正式成为G20峰会的会议用车，这是典型的政府行为，上汽大通助力2016年杭州G20峰会顺利举办，这是上汽大通的骄傲，也是中国汽车工业的骄傲。

三、影响汽车集体消费者购买行为的因素

（一）环境因素

环境的变化，对当前和未来的经济状况都会产生影响。最典型的就是各级政府对公务用车的配置规定。例如，2016年3月国家发布的机关公务管理制度规定：各部门（单位）的一般公务用车可配备排气量在1.8 L（含）以下、价格18万元以内的轿车1～2辆，其余轿车排气量1.6 L（含）以下、价格15万元以内。商务车排气量3.0 L（含）以下、价格25万元以内。一般执法执勤用车原则上配备排气量1.6 L（含）以下、价格12万元以内的轿车或者其他小型客车。因工作需要配备少量排气量1.8 L（含）以下、价格18万元以内的轿车或其他小型客车的，须由公务用车主管部门审批。

（二）组织因素

采购单位目标、战略、政策、制度、程序等对采购都有较大的影响。奉行总成本领先战略的企业，视成本控制为第一要素，在这类企业中，采购方面有如下变化趋势：

（1）采购部地位升级，采购管理的范围扩大。

（2）与供应方建立长期关系。采购者与供应商之间维持长期合同关系。长期合同可

以减少企业每次采购时为决策而花费的时间和费用，也可以保证采购商品的质量。2008年爆发的丰田“召回门”事件，就是因为丰田与汽车零配件供应商之间出现问题，丰田的零配件供应商没有确保配件的质量。

（3）集中采购。集中采购对汽车生产企业最大的意义就是可以降低成本。

（4）采购的绩效评估。对采购人员进行有效奖励，以保证采购的质量，从而降低成本。

（三）人际关系

组织市场的采购人员通常由许多人员构成，他们处于不同地位，具有不同职权，在购买过程中会用不同的标准与观念来选择和评价购买决策。因此，相关营销人员必须了解人际关系对采购行为的影响，正确地应用和处理人际关系进行采购。

（四）个人因素

在汽车消费市场，个人因素仍然起到很大的作用，甚至关键作用。对于品牌、价格、造型等，个人因素占据主导地位。例如，在我国公务市场，黑色一直是公务用车的首选颜色；以致奥迪在公务车市场上从来不会出现除黑色外的第二种颜色；在韩国公务车市场上，首选是本国产的汽车，这与其本国的民族特征有关；而在欧美公务车市场，关注更多的是车自身的性能和售后服务等，而非它的原产地。

四、汽车集体消费者的购买过程

大多数业务采购可以分为提出需求、总需求说明、产品规格拟定、寻找供应商、征求建议书、选择供应商和绩效评价七个过程。

（一）提出需求

组织在内部和外部因素的刺激下，形成了本组织的采购需求。例如，因为企业规模扩大，员工增多，需要增加车辆；也可能是由于市场上技术的进步和新产品的出现。

（二）总需求说明

当新的需求提出之后，采购人员需要确定所需项目的总特征和总数量，并且加以汇总。

（三）产品规格拟订

产品规格拟订是指以拟订所需购买物品的具体技术和规格指标作为采购依据。例如，所需购买的车辆的种类、价格范围、性能等。

（四）寻找供应商

寻找供应商的任务是寻找可能供货的企业或商家，其工作不仅是提供一份可选供应商的清单，还应通过广告、资料、展销会、网上查询、直接访问等，广泛收集供应商的各类信息，调查供应商的信誉度、产品品牌状况、产品市场占有率、产品质量、价格及售后服务状况等。通过聚集、筛选，提出备选对象的清单和详细说明。

对于供应商而言，其任务就是要使自己的产品能列入主要客户所拟定的备选名单之内。要制订有竞争力的销售方案，突出自己的产品优势和服务特色，易获得供货权，其重要的基石是在市场上建立良好的信誉。

（五）征求建议书

在复杂的采购项目中，采购人员会要求基本符合企业要求的供应商提供详细的书面建议，以供选择。有些企业会采用招标方法，尤其是在政府采购中，这种情况更为常见。这时，供应商就必须按照招标的要求提供一些书面材料并准备标书。

（六）选择供应商

在完成上述工作之后，采购者就能掌握比较丰富的信息，并且从中选择合适的供应商。

（七）绩效评价

就如同个体消费品购买过程中有购后行为一样，业务品采购完成后，采购部门也会根据最终的使用情况来对此次采购做出评价。为此，采购部门会听取各使用者的意见，即使这些使用者分散在各企业的各个部门之中。

另外，如果采购方有意与供货方建立长期供货关系，在整个采购过程的绩效评价环节之前，还要签订长期供货合同。

【案例链接】

东风日产启辰亿元冠名中超班霸恒大

营销内容：2014 年 2 月 17 日，东风日产启辰品牌与广州恒大俱乐部举行联合发布会，双方正式确立战略合作伙伴关系，东风日产启辰品牌成为广州恒大 2014 赛季球衣胸前广告赞助商，同时也成为恒大俱乐部的官方用车和亚冠主场赛事接待用车。同时，恒大与启辰在足球文化推广、新能源车推广等领域开展了广泛的合作。据悉，双方这次合作金额每年高达 1.1 亿元人民币，签订了两年的合同，这也创造了国内体育商业赞助纪录。

亮点：在 2013 年的亚冠决赛上一炮而红的恒大，在中国已是家喻户晓，启辰火速与其签约效果值得期待。

点评：启辰冠名恒大胸前广告的营销手段，是车企开展体育营销传播的典型案例。历经三年的发展，启辰跨越了年销 10 万辆大关，成为国内销量第一的合资自主品牌，而恒大足球俱乐部也跨入世界前 40 位，位列亚洲第一，签约恒大，启辰看重的是恒大球队在国内乃至亚洲市场上的知名度，而恒大作为国内顶级的足球俱乐部，在各家媒体乃至央视上都有不俗的曝光度，将自己的品牌名印在国内最高水平的足球运动员的胸前，随着他们驰骋绿茵场的同时也让更多的消费者开始关注并了解启辰这个仍略显稚嫩的汽车品牌，虽然成本不低，但收获的传播效果同样不俗，合作双方可谓双赢。

（资料来源：http：//auto.gasgoo.com/News/2015/01/06111219121960322287160_3.shtml）

【能力拓展】

案例分析

影视剧中典型角色的购车推荐

由于现在汽车的普及，人们对汽车的需求越来越多，要求也各不相同。艺术本身源自于生活，那么在近几年热播的电影及电视剧中，演员们所开的车也成为观众关注的重点，也因为影视的广告效用让人们越来越了解这些汽车的品牌及特点。角色特点不同，彰显的个性及体现的生活状态也不一样，下面是不同类型的演员角色，我们可根据人物特点推荐相应的车型。

一、电视剧《欢乐颂》之曲筱绡（王子文饰）

人物特点：曲大小姐是一个个性活泼开朗、洒脱灵巧的小姑娘。

推荐车型：大众 POLO。

推荐理由：大众 POLO 虽然不是名牌车，但是很经济实用，外观也不错，也受到不少网友的青睐。曲大小姐虽然是富二代，但是没有开名牌跑车，她为了对付同父异母的哥哥，故意跟爸爸要了辆大众 POLO，目的是为了显示自己懂事。

大众 POLO 诞生于 1975 年，在其后的三十年时间，历经五代产品演变，总产量超过 700 万辆，并曾长期位居德国经济型小型车销量榜首，被称为德国大众的“神奇小子”。长期以来，POLO 轿车也一直被视为经济型小型车可靠性、舒适性和安全性的标准。因此，像年轻的上班族，可考虑选择大众 POLO 这样的经济型车型。

二、电影《老炮儿》之小飞（吴亦凡饰）

人物特点：小飞是个小混混头子，是个自觉不可一世、炫酷狂霸拽出天际的富二代，举手投足、一颦一笑间无不透露着玩世不恭的小混混做派。他是典型的不差钱的少爷，喜欢速度激情，追求炫酷耍帅。

推荐车型：法拉利恩佐跑车。

推荐理由：这是非常稀有的一种法拉利，是用“法拉利之父”的名字来命名的，恩佐这辆法拉利绝对是一种特殊的身份象征，在国内也没有几辆。法拉利恩佐是历史上的传奇车型，作为法拉利 F50 的替代品，恩佐于 2002 年制造，采用 12 缸中置引擎，售价为 60 万美元左右。10 年过去了，法拉利恩佐的挑战者依然是凤毛麟角，无愧于法拉利恩佐之名，这款车也成为一个永恒的传奇。小飞的角色在电影《老炮儿》中体现的就是独一无二的玩世不恭的富二代，个性张扬，他需要的车型必然是极少数的，并且能彰显他个性，也能体现出自己性格特征和家世显赫、有地位、有特点的豪车。因此，针对小飞这样的极少数的“少爷”可以推荐这种数量少、凸显个性价位较高的跑车。

（资料来源：http：//www.popo.cn/movie/news/147_21425_1.html，http：//mt.sohu.com/20160430/n446982128.shtml）

思考与讨论：

1. 分析上述案例，总结汽车个体消费者的购买类型及特征。

2. 你还知道哪些影视作品中较具有代表性人物的使用的车型？举例说明。

分析提示：

1. 不同类型汽车消费者对汽车品牌、性能、颜色等特征选择差异。

2. 汽车消费行为分析在汽车营销过程中发挥的作用。

实训项目

一、项目名称

把消费者的潜在需求转化为现实需求实训。

二、项目目标

（1）明确销售顾问的主要职责。

（2）分析客户购买行为类型。

（3）掌握汽车消费购买行为过程。

三、项目要求

学生分角色扮演客户和销售顾问，进行购买行为分析演练。

四、项目准备

（1）任务描述：王先生夫妇是上海人，年龄在40岁左右，是某大学教师，现在人均收入为10000元左右，目前一家三口住在离工作地点较远的小区，每天乘坐地铁和公交上下班。最近他们想买车，因为刚买了房子不久，手里积蓄不太多，因而一直犹豫不决。

（2）人员安排：学生小组每组四人，其中销售经理1人，销售顾问1人，客户2人。

（3）器材准备：销售资料夹、《客户资料卡》、电脑、笔、记录本、车辆报价单等。

（4）学生准备：根据小组内人员分工，进行实训前演练准备。

五、项目实施

（1）将实训物资准备好，小组学生就位。

（2）每组依次进行，客户接待。

（3）了解客户基本情况。

（4）与客户深入沟通，分析客户购买行为。

（5）销售顾问说服该夫妇成为自己的客户。

（6）每组上交实训报告。

六、项目评价

（1）教师设计评分表。

（2）教师与其他小组代表一人分别进行打分，取平均分值。

（3）小组总结。

（4）教师点评。

任务四　汽车 4P 营销策略

【学习目标】

知识目标

1. 了解汽车产品的含义及特点和汽车常用的产品策略；了解汽车产品的生命周期及其不同阶段的特点；了解汽车产品价格的组成、影响因素及定价方法，了解常用的汽车分销渠道模式和汽车分销渠道的中间商类型，以及汽车分销渠道设计的影响因素；了解汽车促销策略的内涵、作用及促销组合。

2. 掌握汽车产品组合策略及汽车产品生命周期不同阶段营销策略的采用、实施方法及步骤；掌握汽车产品价格策略的含义、价格调整策略的实施方法；掌握汽车分销渠道策略及其概念、内涵；掌握人员促销、广告、营业推广和关系这四种汽车促销方式的具体实施细节。

3. 熟悉汽车产品的品牌策略、价格调整的提价与降价方法；熟悉汽车分销渠道的设计方法。

4. 重点掌握汽车产品策略、价格策略、渠道策略和促销策略的具体实施。

技能目标

1. 能够根据汽车产品所在生命周期的不同阶段制定适合的营销策略。

2. 能够对汽车产品的特点选用价格策略。

3. 能够针对特定汽车在汽车营销时进行分销渠道设计。

4. 能够制定合理的汽车促销策略，并能适时调整。

【情境导入】

上汽官方宣布与阿里联手打造的全球首款量产互联网汽车——荣威 RX5 于 2016 年 7 月上市。该车采用“蓝芯”高效动力科技，搭载 2.0T 和 1.5T 两款缸内中置直喷涡轮增压发动机。具体来说，2.0T 发动机最大功率 220 马力，峰值扭矩 350 牛·米，百千米综合油耗最低 8.1 L；1.5T 发动机最大功率 169 马力，峰值扭矩 250 牛·米，百千米综合油耗仅 6.8 L。此外，荣威 RX5 采用保时捷底盘调教、与路虎同源的 GKN 智能适时四驱、全独立悬架系统、四路全高速 CANBus 系统总线等，全面提升驾乘品质。

2016 年 9 月 27 日，荣威 RX5 第 2.5 万辆在上汽临港基地正式下线。据上汽乘用车发布的数据显示，荣威 RX5 在上市首月便收获了超过 2.5 万辆订单。平均每两分钟就有一辆新车被售出。在 3 个多月的时间里，销售突破了 5 万台。RX5 的加入不仅带动了其他车型的销量，同时也使品牌的影响力得到了较大提升。上市 4 个多月以来，荣威 RX5 连续两个月销量超过 2 万辆，11 月销量更是高达 21344 辆，其势头锐不可当。在以荣威 RX5 为代表的新一代产品的带动下，上汽乘用车开启了智能环保出行的全新增长点，2016 年 1—11 月累计销量近 27.5 万辆，提前完成全年销量目标，同比增长超过

87%，远远超过汽车市场整体增长速度。

荣威 RX5 上市后市场认可度高、销售迅速主要是由于营销策略 4P 的运用。在产品策略方面：一是上汽集团全球首款量产互联网汽车荣威 RX5 获得“2016 中国国际工业博览会—工业设计金奖”殊荣。不仅在业内好评如潮，在市场上，一夜之间，该车已是爆款，创造了 RX5 的现象。二是荣威 RX5 搭载阿里自主产权的智能操作系统 YunOS，这一系统不仅将集成众多类似语音导航、快捷支付、系统级搜索及在线娱乐等功能，还有望将大数据、阿里通信、高德导航、阿里云计算、虾米音乐等资源也打包服务于车主。在价格策略方面，定价从 9.98 万元至 17.98 万元设置了 9 款不同价位的配置，满足更多消费群体的需求，尾数定价法的应用更是吸引了无数的消费者。在渠道策略方面，采用互联网线上线下结合的，线下的传统渠道与线上销售多渠道的营销拓展了消费群体。在促销策略方面，通过活动进行长时间的造势，2016 年 10 月 9—11 日组织互联网汽车拉力赛，比赛邀请了 36 位 KOL、媒体、车主及网红参与，从杭州云栖小镇出发，参赛选手将以互联网汽车荣威 RX5 为中心，完成“吃货的战争”“Mr. 神秘”“时空拍摄”“节油挑战”及“双盲导航”五大挑战任务，全程 1700 千米，最终抵达陕西安康巴山火车站。

（资料来源：百度，http：//baike.baidu.com/item/荣威 RX5）

单元 1　汽车产品策略

一、产品与汽车产品

（一）产品的含义

1. 传统观念的产品含义

（1）广义产品

广义产品是指为了满足人们某方面的需求而设计生产的具有一定用途和形态的物质产品和非物质形态的服务的总和。所以，广义的产品应包括具有功能效应和利益的实质产品；具有一定的质量、品类、款式、规格、商标和包装的形式产品；以及提供上门安装、维修保养等服务的延伸产品三部分，简言之，广义的产品包括有形的物品和无形的服务。

（2）狭义产品

人们通常理解的产品是指具有某种特定物质形态和用途的物品，是看得见、摸得着的东西，这是一种狭义的定义。即具有物质功效的使用价值和交换价值的物质产品。

2. 市场营销观念的产品及产品的整体概念

市场营销学认为，广义的产品是指人们通过购买而获得的能够满足某种需求和欲望的物品的总和，它既包括具有物质形态的产品实体，又包括非物质形态的利益，这就是产品的“整体概念”（图 1-4-1）。

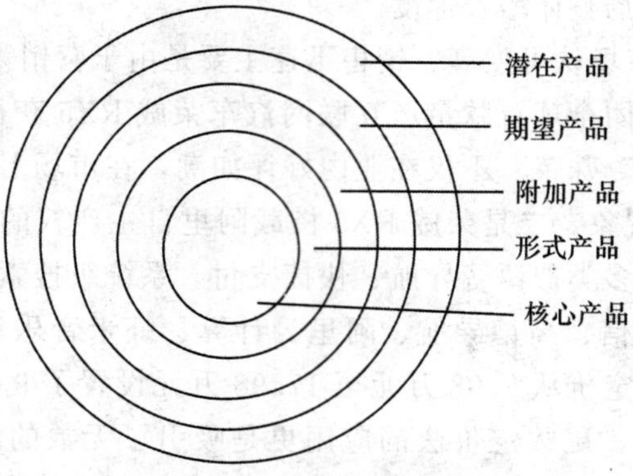

图 1-4-1　产品的整体概念

（1）核心产品

核心产品是指消费者购买某种产品时所追求的利益，是顾客真正要买的东西，因而在产品整体概念中也是最基本、最主要的部分。消费者购买某种产品，并不是为了占有或获得产品本身，而是为了获得能满足某种需要的效用或利益。

（2）形式产品

形式产品是核心产品借以实现的形式，即向市场提供的实体和服务的形象。如果有形产品是实体品，则它在市场上通常表现为产品质量水平、外观特色、式样、品牌名称和包装等。产品的基本效用必须通过某些具体的形式才得以实现。市场营销者应首先着眼于顾客购买产品时所追求的利益，以求更完美地满足顾客需要，从这一点出发再去寻求利益得以实现的形式，进行产品设计。

（3）附加产品

附加产品是顾客购买有形产品时所获得的全部附加服务和利益，包括提供信贷、免费送货、质量保证、安装、售后服务等。附加产品的概念来源于对市场需要的深入认识。因为购买者的目的是为了满足某种需要，因而他们希望得到与满足该项需要有关的一切。美国学者西奥多·莱维特曾经指出："新的竞争不是发生在各个公司的工厂生产什么产品，而是发生在其产品能提供何种附加利益（如包装、服务、广告、顾客咨询、融资、送货、仓储及具有其他价值的形式）"。

（4）期望产品

期望产品是指购买者购买某种产品通常所希望和默认的一组产品属性与条件。一般情况下，顾客在购买某种产品时，往往会根据以往的消费经验和企业的营销宣传，对所欲购买的产品形成一种期望。

（5）潜在产品

潜在产品是指一个产品最终可能实现的全部附加部分和新增加的功能。许多企业通过对现有产品的附加与扩展，不断提供潜在产品，所给予顾客的就不仅仅是满意，还是顾客在获得这些新功能时，感到喜悦。潜在产品要求企业不断寻求满足顾客的新方法，不断将潜在产品变成现实的产品，这样才能使顾客得到更多的意外惊喜，更好地满足顾客的需要。

（二）汽车产品的含义及使用特点

1. 汽车产品的含义

汽车产品是指汽车市场提供的能满足消费者某种欲望和需要的任何事物，包括实物、服务、品牌等。汽车本身是一种有形商品，但其使用特点又明显不同于一般生产资料和消费资料等有形产品。

2. 汽车产品的使用特点

汽车产品在使用上的特殊性体现在以下两个方面：一方面，汽车既是一种生产资料又是一种消费资料；另一方面，汽车是一种最终产品。

从使用角度看，汽车产品的用途大致有两种：作为生产资料使用和作为消费资料使用。例如各类生产企业利用自己拥有的汽车，进行原材料及产成品的运输。由于这类运输活动构成企业生产活动的一部分，因而汽车属于一种生产资料。可以说绝大部分载货汽车、专用汽车、特种汽车和一部分客车及轿车（出租车）均是作为生产资料使用的。另外，作为生活耐用消费品，汽车（家轿）已进入普通家庭，用于私人代步、旅游度假、休闲、商务等以满足消费者个人需求。

从产品的加工程度看，汽车本身属于产品。无论是作为生产资料使用的汽车还是作为生活资料使用的汽车，都是最终可以使用的产品。在这一意义上，汽车与那些作为原材料、中间产品、生产协作件等形态的生产资料存在差别。

汽车的上述使用特点，决定了汽车产品消费者的广泛性，也决定了汽车的购买行为既有与一般消费资料和生产资料等商品相似的一面，又有不同的一面。汽车作为一种特殊商品，还是一种身份的象征。奔驰的尊贵、宝马的时尚、劳斯莱斯的威严，无不透露出汽车身份的象征。

二、汽车产品策略的实施

（一）汽车产品的开发策略

1. 汽车产品开发策略

汽车产品开发策略就是开发新的汽车产品来维持和提高汽车企业的市场占有率。开发新的汽车产品可以是开发全新汽车产品，也可以是在老产品的基础上做改进，如增加新的功能，改进汽车产品的结构，简化操作，甚至是改善汽车产品外观造型等，都可视为进行产品开发。

2. 汽车产品开发策略的分类及实施

（1）进攻式开发策略。进攻式开发策略又称为抢占市场策略或先发制人策略。企业抢先开发新产品，投放市场，使企业的某种产品在激烈的市场竞争中处于领先地位。这样的企业认为第一个上市的产品才是正宗的产品，具有强烈的占据市场“第一”的意识；较强的科技开发能力；雄厚的财力保障；开发出的新产品不易在短期内为竞争者模仿；决策者具有敢冒风险的精神的企业可采用这种开发策略。如上汽荣威的互联网汽车。

（2）防御式开发策略。防御式开发策略又称为模仿式开发策略。它不是企业被动性防御，而是企业主动性防御，企业并不投资研制新产品，是当市场上出现成功的新产品后，立即进行仿制并适当改进，消除上市产品的最初缺陷而后来居上。具有高水平的技术情报专家，能迅速掌握其他企业研究动态、动向和成果；具有高效率研制新产品的能力，能不失时机地快速解决别人没解决的消费者关心问题的企业可采用这种开发策略。如国产品牌奇瑞 QQ。

（3）系列化开发策略。系列化开发策略又称为系列延伸策略。企业围绕产品上下左右前后进行全方位的延伸，开发出一系列类似的，但又各不相同的产品，形成不同类型、不同规格、不同档次的产品系列。如雪佛兰迈锐宝汽车配置不同可以分为舒适版、豪华版和旗舰版等。

（4）差异化开发策略。差异化开发策略又称为产品创新策略。市场竞争的结果使市场产品同质化现象非常严重，企业要想使产品在市场上受到消费者的青睐，就必须创新出与众不同的、有自己特色的产品，满足不同消费者的个性需求。这就要求企业必须进行市场调查，分析市场，追踪市场变化情况，结合自己拥有的资源条件进行自主开发创新，创新就意味着差异化。具有市场调查细分能力和创新产品技术、资源实力的企业可采用这种开发策略。如广汽自主研发的传祺系列。

（5）超前式开发策略。超前式开发策略又称为潮流式开发策略。企业根据消费者受流行心理的影响，模仿电影、戏剧、体育、文艺等明星的流行生活特征，开发新产品。在消费者日益追求享受、张扬个性的消费经济时代，了解消费流行的周期性特点有利于企业超前开发流行新产品，取得超额利润。如新能源汽车和一系列概念汽车。

（6）滞后式开发策略。滞后式开发策略也称为补缺式开发策略。消费需求具有不同的层次。一些大企业往往放弃盈利少、相对落后的产品，必然形成一定的市场空当。具有补缺市场需求能力，而技术、资金实力相对较弱的小企业可采用这种开发策略。如A0 级、A00 级的家用轿车——自由舰、熊猫等。

（二）汽车产品的品牌策略

1. 汽车产品品牌策略

汽车产品品牌策略是一系列能够产生汽车产品品牌积累的企业管理与市场营销方法，包括 4P 与品牌识别在内的所有要素。汽车产品品牌策略的核心在于品牌的维护与传播，如今品牌营销方式多种多样，相对传统品牌营销方式（电视、报纸、户外公关等），网络品牌营销逐渐被企业所青睐，但是，网络品牌营销策略的核心在于解决用户信任度的问题。

2. 汽车产品品牌策略的实施

（1）品牌名称、标志策划。品牌名称决策是指企业决定所有的产品使用一个或几个品牌，还是不同产品分别使用不同的品牌，赋予不同的品牌含义，同时满足汽车产品市场不同消费者的需求。在这个问题上，大致有以下四种决策模式：

①企业决定每个产品使用不同的品牌。采用个别品牌名称，为每种产品寻求不同的市场定位，有利于增加销售额和对抗竞争对手，还可以分散风险。如奇瑞汽车旗下奇瑞、瑞麒、威麟、开端等。

②对所有产品使用共同的家族品牌名称。即企业的所有产品都使用同一种品牌。对于那些享有高声誉的著名企业，全部产品采用统一品牌名称策略可以充分利用其名牌效应，使企业所有产品畅销。如长安汽车。

③各大类产品使用不同的家族品牌名称。企业使用这种策略，一般是为了区分不同大类的产品，一个产品大类下的产品再使用共同的家族品牌，以便在不同大类产品领域中树立各自的品牌形象。例如，大众旗下的各品牌。

④个别品牌名称与企业名称并用。即企业决定其不同类别的产品分别采取不同的品牌名称，且在品牌名称之前都加上企业的名称。如青年汽车。

(2) 产品线扩展策略。产品线扩展是指企业现有的产品线使用同一品牌，当增加该产品线的产品时，仍沿用原有的品牌。这种新产品往往都是现有产品的局部改进，如增加新的功能，改变车身设计和风格等。产品线扩展的原因是多方面的，如可以充分利用过剩的生产能力；满足新的消费者的需要；率先成为产品线全满的公司以填补市场的空隙，与竞争者推出的新产品竞争或为了得到更多的货架位置。如广汽本田的雅阁。

(3) 多品牌策略。在相同产品类别中引进多个品牌的策略称为多品牌策略。一个企业建立品牌组合，实施多品牌战略，往往是考虑品牌组合的各个品牌形象相互之间是既有差别又有联系的，不是大杂烩，组合的概念蕴含着整体大于个别的意义，有利于培植市场的需要，保护和突出核心品牌。如日系汽车中的丰田、本田、日产均采用多品牌策略。

(4) 新品牌策略。为新产品设计新品牌的策略称为新品牌策略。当企业在新产品类别中推出一个产品时，它可能发现原有的品牌名不适合它，或是对新产品来说有更好、更合适的品牌名称，企业需要设计新品牌。如长城汽车的哈佛。

(5) 合作品牌策略。合作品牌（也称为双重品牌）是两个或更多的品牌在一个产品上联合起来。每个品牌都期望另一个品牌能强化整体的形象或购买意愿。合作品牌的形式有多种：第一种是中间产品合作品牌，如富豪汽车公司的广告说，它使用米其林轮胎；第二种是同一企业合作品牌；第三种是合资合作品牌。

(6) 品牌延伸策略。品牌延伸策略是将现有成功的品牌，用于新产品或修正过的产品上的一种策略。品牌延伸是指一个现有的品牌名称使用到一个新类别的产品上。品牌延伸并非只借用表面上的品牌名称，而是对整个品牌资产的策略性使用。品牌延伸是实现品牌无形资产转移、发展的有效途径。其一方面在新产品上实现了品牌资产的转移，另一方面又以新产品形象延续了品牌寿命，因而成为企业的现实选择。

(7) 品牌更新策略。品牌更新包括：一是形象更新，品牌不断创新形象，适应消费者心理的变化，从而在消费者心目中形成新的印象的过程；二是定位的修正，即时代发展的角度，要求品牌的内涵和形式不断变化。品牌从某种意义上就是从商业、经济和社会文化的角度对这种变化的认识与把握。所以，企业在建立品牌之后，会因竞争形势而修正自己的目标市场，有时也会因时代特征、社会文化的变化而引起修正定位；三是产品更新换代，企业的品牌想要在竞争中处于不败之地，就必须保持技术创新，不断地进行产品的更新换代；四是管理创新，“管理创新是企业生存与发展的灵魂”。企业与品牌是紧密结合在一起的，企业的兴盛发展必将推动品牌的成长与成熟。如日本本田旗下豪华轿车讴歌，原音译名阿酷拉，为适应品牌形象及定位后更改。

（三）汽车产品的组合策略

1. 汽车产品的组合策略

汽车产品组合是指汽车企业提供给市场的全部产品线和产品项目的组合方式或结构，可以简单地理解为汽车企业的全部业务经营范围。也指一个汽车企业生产和销售的所有汽车产品线和汽车产品品种的组合方式，即全部汽车产品的结构。汽车产品线（汽车产品系列）是指在某种特征上互相关联或相似的一组产品，通俗地说就是车型系列。产品项目是产品线中不同品种、规格、质量和价格的特定产品。这种类别可以按产品结构、生产技术条件、产品功能、顾客结构或者分销渠道等变数进行划分，譬如汽车产品的某一车型系列就是按产品结构划分的一条产品线。产品项目是指产品线中各种不同品种、规格、质量和价格的特定产品。汽车企业可以从以下 4 个方面发展业务组合。

（1）产品组合的宽度。产品组合中所包括的产品线数目。如汽车企业可以增加车型系列，扩展企业的经营领域，实行多样化经营，分散企业投资风险；也减少车型系列，停产无利润或利润低的车型，缩小企业经营领域，集中企业资源与优势，提高企业利润率。

（2）产品组合的长度。产品组合中包括的所有产品项目的总数。如汽车企业可增加产品线长度，使品种多样化，成为更全面的产品线企业。

（3）产品组合的深度。一条产品线中所包括的产品项目的数目。如汽车企业可增加每一车型系列的品种数目，占领更多的同类产品的细分市场，满足更广泛的市场需求，增强行业竞争力。

（4）产品组合的相关性。各条产品线在最终用途、生产条件、分销渠道或其他方面相互关联的程度。如汽车企业可在某一特定的市场领域内加强竞争和赢得良好的声誉。

汽车产品组合策略是指根据企业目标对汽车产品组合的广度、深度和相容度进行决策。在决策时需要考虑企业所拥有的资源条件、市场基本情况和竞争条件三个方面的限制。企业为了实现营销目标，充分有效地满足目标市场的需求，必须设计一个优化的产品组合。

2. 汽车产品组合策略的实施

（1）扩大汽车产品组合策略。扩大汽车产品组合的广度可以充分利用企业的人力和各项资源，使企业在更大的市场领域中发挥作用，并且能分散企业的投资风险；加深汽车产品组合的深度，可以占领同类汽车产品更多的细分市场，迎合更广泛的消费者的不同需要和爱好；汽车产品组合的相容度是指各条产品线在生产条件、最终用途、细分市场、分销渠道、维修服务或者其他方面相互关联的程度，加强汽车产品组合的相容度，可提高企业在某一地区某一行业的声誉。但扩大汽车产品组合往往会分散经销商和销售人员的精力，增加管理困难，有时会使边际成本加大，甚至由于新产品的质量性能等问题而影响本企业原有产品的声誉。

（2）缩减汽车产品策略。采取缩减汽车产品组合的广度、深度和相容度策略可以使企业集中精力于技术，对少数汽车产品进一步改进设计，提高质量，降低成本，从而增强竞争力；还可使企业的促销目标集中，效果更佳；但同时会使汽车企业丧失部分市场，增加经营风险。

（3）高、低档汽车产品策略。高档产品策略就是在一种汽车产品线内增加高价汽车产品项目，以提高汽车企业现有汽车产品的声望。低档产品策略是在高价汽车产品线内增加廉价汽车产品项目，目的是利用高档名牌汽车产品的声誉吸引购买力较低的顾客，使其慕名来购买廉价汽车产品。这两种策略都有一定的风险，都可能引起汽车消费者的混淆。

（4）差异化和细分化策略。汽车产品差异化是指在同质市场上，企业为强调自己的产品与竞争产品有不同的特点，避免价格竞争，尽管两种汽车产品在动力、安全性能上没有差别，但是可以采用不同的设计和造型等尽可能地显示出与其他产品的区别，争取在不完全竞争市场上占据有利地位。汽车产品细分化是指在市场细分化基础上产生的汽车产品策略。它假定市场上总存在着未能得到满足的需求，因此企业总能对同质市场作进一步细分并生产一些独特的汽车产品满足市场需求。

（四）汽车产品的生命周期及策略

1. 汽车产品的生命周期

汽车产品生命周期是指一种汽车产品自开发成功和上市销售，在市场上由弱到强，又由盛转衰，再到被市场淘汰所持续的时间，可以理解为某种车型（或品种）从上市到被市场淘汰所持续的时间。其长短主要取决于市场竞争的激烈程度和科技进步的速度，市场寿命主要是产品无形磨损（失去技术上的比较优势）的结果。市场营销所指的产品生命周期是市场寿命（又称经济寿命）。它一般分为投入期、成长期、成熟期、衰退期几个阶段。

2. 汽车产品生命周期各阶段的特点及营销策略

（1）投入期的特点及营销策略。汽车产品进入市场试销，尚未被用户接受，销售额增加缓慢。此期生产批量小，试制费用大，制造成本高，广告及其他推销费用的支出很高，导致这一时期产品售价偏高，企业该阶段利润为负值。

在汽车产品的投入期，投入一般可以由产品、分销、价格、促销四个基本要素组合成各种不同的市场营销策略。将价格高低与促销费用高低结合起来考虑，就有以下四种策略：

①高价快速策略。在采取高价格的同时，配合大量的宣传推销活动，把新汽车产品推入市场。其目的在于先声夺人，抢先占领市场，并希望在竞争还没有大量出现之前就能收回成本，获得利润。

②选择渗透战略。在采用高价格的同时，只用做很少的促销活动。高价格的目的在于能够及时收回投资，获取利润；低促销的方法可以减少销售成本。如限量版汽车。

③低价快速策略。在采用低价格的同时做较多的促销活动。其特点是可以使汽车产品迅速进入市场，有效地限制竞争对手的出现，为企业带来巨大的市场占有率。

④缓慢渗透策略。在新的汽车产品进入市场时采取低价格，同时不做过多的促销活动。低价格有助于市场快速地接受商品；低促销又能使企业减少费用开支，降低成本，以弥补低价格造成的低利润或者亏损。如5万元左右的家用轿车的营销策略。

（2）成长期的特点及营销策略。消费者对新汽车产品已经熟悉，销售量增长很快，大批竞争者加入，市场竞争加剧。产品已定型，技术工艺比较成熟，建立了比较理想的销售渠道。市场价格趋于下降，为了适应竞争和市场扩张的需要，汽车企业的促销费用水平基本稳定或略有提高，但占销售额的比率下降。由于促销费用分摊到更多销量上，单位生产成本迅速下降，企业利润迅速上升。

成长期的核心是尽可能地延长汽车产品的成长期，重点是保持良好的汽车产品质量和服务质量。主要措施有：提高汽车产品和服务的质量，增加汽车新功能和特色；开拓新市场，发展新渠道；广告宣传的重点是促进用户购买；选择适当时机降低售价，吸引价格敏感型顾客，抑制竞争。

适用的具体策略有以下几种：

①积极筹措和集中必要的人力、物力和财力，进行基本建设或者技术改造，以利于迅速增加或者扩大生产批量。

②努力疏通并增加新的流通渠道，扩大汽车产品的销售面。

③改进汽车产品的质量，增加汽车产品的新特色。

④改变汽车企业的促销重点。

⑤进一步开展市场细分，积极开拓新的市场，创造新的用户，以利于扩大销售。

（3）成熟期的特点及营销策略。新车型已被大多数购买者接受，开始大量生产和销售，销售量和利润额达到高峰后开始下降。市场趋于饱和，销售增长率趋缓，市场竞争加剧，产品成本和价格趋于下降，产品过剩，一些缺乏竞争能力的企业逐渐被取代。

成熟期的重点是尽量争取稳定的市场份额，延长产品的市场寿命。主要策略包括三种：第一，市场调整策略：即开发新市场，寻找新用户；第二，产品改进策略：即提高汽车产品质量，改变汽车产品的特色和款式；第三，营销组合调整策略：即对汽车产品价格、广告、分销方式等进行重新组合，开展多样化的促销活动，改变分销渠道，扩大汽车产品附加利益，增加汽车服务项目。

（4）衰退期的特点及营销策略。汽车产品的需求量和销量迅速下降，价格下降到最低水平，多数汽车企业无利可图，被迫退出该汽车产品市场，留在市场上的汽车企业逐渐减少产品附带服务，削减促销预算，以维持最低水平的经营。

衰退期是指商品逐渐老化，转入商品更新换代的时期。这个阶段的策略主要有维持策略、缩减策略、撤退利润。

【案例链接】

采用统一品牌　吉利公布全新品牌战略

2014年4月18日，在北京国际车展启幕前夕，吉利汽车以“聚合·未来”为主题的发布活动在北京朝阳体育中心举行，在发布会上吉利汽车发布了混合动力技术和帝豪

Cross混合动力概念车，同时宣布了新的品牌架构和标识。

吉利启用新的品牌架构和标识。为了从市场和用户需求出发，深化平台化战略，打造精品车型，吉利汽车还借本届车展发布了新的品牌架构，强化和提升新吉利品牌，在统一的品牌架构下完善产品谱系，增强产品差异化特性，优化渠道资源，加强同消费者的品牌沟通和互动。在新的品牌架构下，吉利将目前的帝豪、全球鹰、英伦三个子品牌汇聚为统一的吉利品牌。在过渡期内，现有子品牌及其所属产品仍在吉利母品牌下进行推广，全新产品则以吉利品牌系列面市，并悬挂统一的新标识。新标识在以帝豪Logo为基础，融入了原有吉利Logo的蓝色，寓意吉利品牌集聚既往精华，在演进中获得新生。同时渠道也将相应优化整合，以统一形象和产品组合为消费者提供优质服务。

未来吉利汽车将依托KC、FE以及和沃尔沃联合开发的中级车模块化架构为基础，不断开发和升级"KC、帝豪、远景、金刚、熊猫"等几大系列产品，根据市场和消费者需求，不同系列将拥有不同产品类型。以基于FE（Framework Extendable）可扩展平台开发的帝豪系为例，其旗下将拥有三厢、两厢、Cross和SUV等多种车型。

吉利控股集团副总裁、销售公司总经理孙晓东表示："新的品牌战略是吉利汽车针对市场环境和消费者需求做出的主动性战略布局，是对既往品牌战略的传承和深化。我们会集中优势资源，潜心打造符合消费者需求的汽车精品，以崭新的技术支撑、产品品质和品牌形象打造一个不断进取、充满激情的新吉利。"

（资料来源：腾讯汽车（微博）讯，http：//auto.qq.com/a/20140419/005018.htm）

单元2　汽车产品价格策略

一、汽车产品定价及其主要影响因素

（一）汽车产品价格的组成及影响因素

随着现代汽车工业的迅猛发展，汽车行业间的竞争也越来越激烈，越来越多元化，汽车价格既是调节市场供需的杠杆，也是汽车产品进入市场的门槛。

1. 汽车产品价格的组成

汽车产品价格的构成主要包括生产成本、流通费用、国家税金、汽车企业利润等。

生产成本是汽车价格形成的基础，也是制定汽车价格的重要依据；流通费用发生在汽车产品从汽车生产企业向最终消费这个移动过程的各个环节之中，是正确制定同种汽车差价的基础；国家税金税率的高低直接影响汽车价格，国家对汽车企业开征有增值税、所得税等，在汽车产品的流通过程中还有消费税和购置税；汽车企业利润是汽车企业进行生产的目标，企业只有通过盈利才能扩大生产规模再生产，从而获得更大的利润价值。

2. 汽车产品价格的影响因素

从汽车市场营销角度来看，汽车产品价格包括汽车出厂价格、汽车批发价格和汽车销售价格。汽车产品价格的高低主要取决于汽车产品包含的价值量的大小。一般来说，我们可以把这些因素区分为企业的外部因素和内部因素。外部因素主要有市场供求情况、竞争情况、消费心理、价格弹性、政策环境和社会环境等。内部因素主要有生产成本、产品质量等。综合来看可以总结为以下几个方面：

（1）汽车产品的成本。汽车在生产与流通过程中要耗费一定数量的物化劳动和活劳动，并构成汽车产品的成本。成本是影响汽车价格的实体因素。汽车成本包括汽车生产成本、汽车销售成本和汽车储运成本。汽车企业为了保证再生产的实现，通过市场销售，既要收回汽车成本，同时也要形成一定的盈利。

（2）汽车产品消费者的需求。消费者的需求对汽车定价的影响，主要通过汽车消费者的需求能力、需求强度、需求层次反映出来。汽车定价要考虑汽车产品价格是否适应汽车消费者的需求能力；需求强度是指消费者想获取某品牌汽车的程度，如果消费者对某品牌汽车的需求比较迫切，则对价格不敏感，企业在定价时，可定得高一些，反之，则应低一些；不同需求层次对汽车定价也有影响，对于能满足较高层次的汽车，其价格可定得高一些，反之，则应低一些。

（3）汽车产品特征。它是汽车自身构造所形成的特色。一般是指汽车造型、质量、性能、服务、商标和装饰等，它能反映汽车对消费者的吸引力。汽车的特征好，该汽车就有可能成为名牌汽车、时尚汽车、高档汽车，就会对消费者产生较强的吸引力，这种汽车往往供不应求，因而在定价上占有有利的地位，其价格要比同类汽车高。

（4）竞争者行为。定价是一种挑战性行为，任何一次汽车价格的制定与调整都会引起竞争者的关注，并导致竞争者采取相应的对策。在这种对抗中，竞争力量强的汽车企业有较大的定价自由，竞争力量弱的汽车企业定价的自主性就小。通常，它是追随市场领先者进行定价。

（5）汽车产品市场结构。根据汽车产品市场的竞争程度，汽车产品市场结构可分为以下四种不同的汽车市场类型：

①完全竞争市场，又称自由竞争市场。在这种市场里，汽车价格只受供求关系的影响，不受其他因素的影响。这样的市场在现实生活中是不存在的。

②完全垄断市场，是又称独占市场。这是指汽车市场完全被某个品牌或某几个品牌所垄断和控制，在现实生活中也属少见。

③垄断竞争市场，是指既有独占倾向又有竞争成分的汽车市场。这种汽车市场比较符合现实情况，其主要特点是：第一，同类汽车在市场上有较多的生产者，市场竞争激烈；第二，新加入者进入汽车市场比较容易；第三，不同企业生产的同类汽车存在着差异性，消费者对某种品牌汽车产生了偏好，垄断企业由于某种优势而产生了一定的垄断因素。

④寡头垄断市场。这是指某类汽车的绝大部分由少数几家汽车企业垄断的市场，它是介于完全垄断和垄断竞争之间的一种汽车市场形式。在现实生活中，这种形式比较普遍。在这种汽车市场中，汽车的市场价格不是通过市场供求关系决定的，而是由几家大汽车企业通过协议或默契规定的。

（6）货币价值。价格是价值的货币表现。汽车价格不仅取决于汽车自身价值量的大小，而且取决于货币价值量的大小。汽车价格是汽车与货币交换的比例关系。

(7) 政府干预。为了维护国家与消费者的利益，维护正常的汽车市场秩序，国家制定有关法规，来约束汽车企业的定价行为。

(8) 社会经济状况。一个国家或地区经济发展水平及发展速度高，人们收入水平增长快，购买力强，价格敏感性弱，有利于汽车企业较自由地为汽车定价。反之，一个国家或地区经济发展水平及发展速度低，人们收入水平增长慢，购买力弱，价格敏感性强，企业就不能自由地为汽车定价。

(二) 汽车产品的定价方法

汽车产品价格的制定主要基于对需求、成本、竞争三者的分析。但在实践中，企业定价一般会根据不同情况有所侧重，或侧重于以成本为中心的定价，或侧重于以需求、竞争为中心的定价。因此汽车生产企业为产品确定具体的价格时可以采取的定价方法就分为三类：成本导向定价法、需求导向定价法（包含心理导向定价法）、竞争导向定价法。

1. 成本导向定价法

汽车产品成本导向定价法就是以汽车成本为基础，加上一定的利润和应纳税金来制定汽车价格的方法。这是一种按汽车卖方意图定价的方法。以汽车成本为基础的定价方法主要有以下三种：

(1) 成本加成定价法。成本加成定价法是一种最简单的汽车定价方法，即在单台汽车成本的基础上，加上一定比例的预期利润作为汽车产品的售价。售价与成本之间的差额，就是利润。此法主要适用于汽车生产经营处于合理状态下、企业供求大致平衡、成本较稳定的汽车产品。

(2) 加工成本定价法。汽车加工成本的确定要同时受到价格、税率和利润要求的多重制约。此外，汽车加工成本还要充分考虑原材料、工资等成本价格变化的因素。此方法适用于加工型汽车企业和专业化协作的汽车企业，既能补偿汽车企业的全部成本，又能使协作企业之间的利润分配和税收负担合理化，避免按汽车成本加价法定价形成的行业之间和协作企业之间利益不均的弊病。

(3) 目标成本定价法。目标成本定价法是指汽车企业经过一定努力，以预期能够达到的目标成本为定价依据，加上一定的目标利润和应纳税金来制定汽车价格的方法。这里目标成本预定价时的时机成本不同，它是企业在充分考虑未来营销环境变化的基础上，为实现企业的经营目标而拟定的一种“预期成本”，一般都低于定价时的实际成本。此方法适用于新产品的定价，有助于汽车企业开拓市场、降低成本、提高设备利用率，从而提高汽车企业的经济效益和社会效益。

2. 需求导向定价法

汽车产品需求导向定价法是一种以需求为中心，汽车企业依据汽车消费者对汽车价值的理解和对汽车需求的差别来定价。

(1) 理解价值定价法。所谓理解价值定价法，就是汽车企业按照汽车消费者对汽车价值的理解来制定汽车价格，而不是根据汽车企业生产汽车的实际价值来定价。

对汽车价值的理解定价法与汽车在市场上的定位是相联系的。其方法是：先从汽车的质量、提供的服务等方面为汽车在目标市场上定价；决定汽车所能达到的售价；估计在此汽车价格下的销量；由汽车销量算出所需的汽车生产量、投资额及单台汽车成本；最终计算该汽车是否能达到预期的利润，以此来确定该汽车价格是否合理，并可进一步判明该汽车在市场上的命运如何。

运用对汽车价值的理解定价法的关键是，与竞争者的汽车产品相比较，正确估计本企业的汽车产品在汽车消费者心目中的形象，找到比较准确的理解价值。因此，在汽车定价前要做好市场调研。

(2) 反向定价法。所谓反向定价法，是依据消费者能接受的最终销售价格，计算企业从事经营的成本利润后，逆向推算出产品的批发价和零售价。这种定价方法不以实际成本为主要依据，而是以市场需求为定价出发点，力求价格为消费者接受，分销渠道中的批发商和零售商多采用此种定价方法。根据对汽车需求方面的差别来制定汽车的价格。反向定价法主要有以下三种情况：一是按汽车的不同目标消费者采取不同价格；二是按汽车的不同花色、样式确定不同价格；三是按汽车的不同销售时间采用不同价格。

总之，对汽车需求的差异定价法能反映汽车消费者对汽车需求的差别及变化，有助于提高汽车企业的市场占有率和增强其汽车产品的渗透率。但这种定价法不利于成本控制，且需求的差别不易精确估计。

3. 竞争导向定价法

汽车产品竞争导向定价法是依据竞争者的价格来定价的，使本汽车企业的价格与竞争者价格相类似或保持一定的距离。这是一种汽车企业为了应付汽车市场竞争的需要而采取的特殊的定价方法。竞争导向定价法主要有以下三种方法：

(1) 随行就市定价法。随行就市定价法，即以同类汽车产品的平均价格作为汽车企业定价的基础。这种方法适合汽车企业既难于对顾客和竞争者的反应做出准确的估计，自己又难于另行定价时运用。此外，采用随行就市定价法，其汽车产品的成本与利润要受同行业平均成本的制约。因此，企业只有努力降低成本，才能获得更多的利润。

(2) 相关商品比价法。相关商品比价法，即以同类汽车产品中消费者认可某品牌汽车的价格作为依据，结合本企业汽车产品与认可汽车的成本差率或质量差率来制定汽车价格。

(3) 竞争投标定价法。在汽车易主交易中，采用招标、投标的方式，由一个卖主（或买主）对两个以上并相互竞争的潜在买主（或卖主）出价（或要价）、择优成交的定价方法，称为竞争投标定价法。其显著特点是招标方只有一个，处于相对垄断的地位；而投标方有多个，处于相互竞争的地位。能否成交的关键在于投标者的出价能否战胜所有竞争对手而中标，中标者与卖方（买方）签约成交。

（三）汽车产品价格策略的定义

汽车产品的价格策略是指汽车生产企业通过市场调研、企业的生产成本及市场竞争状况进行分析，从而选择一种能吸引顾客、实现营销目标的价格对策。

二、汽车产品价格策略的实施

（一）汽车产品的定价策略

1. 汽车产品定价策略的定义

汽车产品的定价策略是指汽车企业在充分考虑影响汽车产品定价的内外部因素的基础上，为达到预定的定价目标而采取的价格策略。制定科学合理的定价策略，不但要求汽车企业对产品成本进行核算、分析、控制和预测，而且要求汽车企业根据市场结构、市场供求、消费者心理及竞争状况等因素做出判断与选择。

2. 汽车产品定价策略的实施

常见的汽车产品定价策略有：折扣定价、心理定价、差别定价、地区定价、组合定价、新产品定价。影响汽车产品定价策略实施的因素分为内部因素和外部因素，其中内部因素主要包括汽车企业的营销目标、汽车企业的营销组合、汽车产品成本和定价目标；外部因素主要包括市场结构、市场需求的价格弹性、竞争者的产品和价格、国家政策法规及其他外部环境因素。

（1）折扣定价

折扣定价是指汽车企业对基本价格做出一定的让步，直接或间接降低价格，以争取更多的销售渠道及顾客，扩大销量。其中，直接折扣的形式有数量折扣、现金折扣、功能折扣、季节折扣，间接折扣的形式有回扣和津贴。

①数量折扣。数量折扣是指按消费者购买汽车产品数量的多少，分别给予不同的折扣，购买数量越多，折扣越大。其目的是鼓励大量购买，或集中向本企业购买。如单位用车的采购、汽车团购会等。数量折扣包括累计数量折扣和一次性数量折扣两种形式。

②现金折扣。现金折扣是对在规定的时间内提前付款或用现金付款者所给予的一种价格折扣，其目的是鼓励顾客尽早付款，加速资金周转，降低销售费用，减少财务风险。如车展赠送抵值券、支付定金抵值双倍金额等。

③功能折扣。这主要是汽车生产企业给予中间商的优惠，考虑其在产品分销过程中所处的环节不同，其所承担的功能、责任和风险也不同，汽车生产企业据此给予不同中间商不同的折扣称为功能折扣。

④季节折扣。有些商品的生产是连续的，而其消费却具有明显的季节性。此营销策略主要用于汽车相关产品即汽车零部件的营销，主要是为了适应季节需求及调节企业生产压力。季节折扣有利于减轻库存，迅速收回资金，促进企业均衡生产，避免因季节需求变化所带来的市场风险。

⑤回扣和津贴。回扣是间接折扣的一种形式，它是指购买者在按价格目录将货款全部支付后，销售者再按一定比例将货款的一部分返还给购买者。而津贴是汽车企业对顾客以特定形式所给予的价格补贴或其他补贴。如汽车保险的返现、汽车销售赠送短期的售后服务或美容产品等。

（2）心理定价

每一件产品都能满足消费者某一方面的需求，其价值与消费者的心理感受有着很大的关系。汽车企业在定价时可以利用消费者心理因素，有意识地将汽车产品价格定得高些或低些，以满足消费者生理的和心理的、物质的和精神的等多方面需求，以获得最大效益。即根据消费者购买汽车产品时的心理制定价格。定价方法主要有整数定价、尾数定价、声望定价、习惯定价、谐音定价、系列定价六种形式。

①整数定价。采用合零凑整的方法制定整数价格。如将汽车产品价格制定为 20 万元、30 万元、50 万元等。

②尾数定价。保留价格尾数，采用零头标价。如 9.98 万元而不是 10 万元，使汽车产品价格保留在较低一级档次。一方面给人以该汽车产品性价比高，另一方面又因精确的定价给人以信赖感。尾数定价用以满足消费者求实的消费心理。

③声望定价。针对消费者“高质高价、一分钱一分货”的心理，对在消费者心目中享有声望、具有信誉的产品制定较高价格。价格档次时常被当作商品质量最直观地反映，特别是消费者识别名优产品时，这种心理尤为强烈。如国产宝马系列的定价。

④习惯定价。按照消费者习惯价格心理定价。日常消费品的价格，通常在消费者心目中已形成一种习惯性标准，符合其标准的价格被顺利接受，偏离标准价格则容易引起疑虑。如新能源汽车由于技术的先进性，虽然便捷性差但其定价普遍高于同配置的普通能源汽车。

⑤谐音定价。有的地区销售商品可根据地方语发音，制定谐音价和吉利价。如广东话 8 与发谐音，8.88 万元、58.88 万元是象征发财、发达的好口彩。

⑥系列定价。针对消费者比较价格的心理，将同类汽车产品的价格有意识地分档次拉开，形成价格系列，使消费者在比较价格中能迅速找到各自习惯的档次，得到“选购”的满足。如汽车配置设置的舒适版、豪华版等。

(3) 差别定价

差别定价又称弹性定价或歧视性定价，是一种“以来顾客支付意愿”而制定不同价格的定价法，其目的在于建立基本需求、缓和需求的波动和刺激消费。差别定价是实际中应用较典型的定价策略之一，是对企业生产的同一种产品根据市场的不同、顾客的不同而采用不同的价格。在汽车行业中的应用则主要用于刺激消费，如汽车网络销售进行的抢购，支付定金抵消高于定金的部分交易额。差别定价主要分为一度差别定价、二度差别定价和三度差别定价。

(4) 地区定价

所谓地区性定价战略，就是企业要决定：对于卖给不同地区（包括当地和外地不同地区）顾客的某种产品，是分别制定不同的价格，还是制定相同的价格。

①FOB 原产地定价。FOB 原产地定价又称按产品某种运输工具上交货定价，就是顾客（双方）按照厂价购买某种产品，这主要是针对进出口汽车产品进行的。

②统一交货定价。这种形式和 FOB 原产地定价正好相反。所谓统一交货定价，就是企业对于卖给不同地区顾客的某种产品，都按照相同的厂价加相同的运费（按平均运费计算）定价，也就是说，对全国不同地区的顾客，不论远近，都实行一个价。如奇瑞汽车上市初期，前店后厂的经营模式采用的就是统一交货定价。

③分区定价。这种形式介于统一交货定价和 FOB 原产地定价之间。所谓分区定价，

就是企业把全国（或某些地区）分为若干价格区，对于卖给不同价格区顾客的某种产品，分别制定不同的地区价格。如奥迪 A6 上市时在不同国家的定价。

④基点定价。即企业选定某些城市作为基点，然后按一定的厂价加从基点城市到顾客所在地的运费来定价（不管货实际上是从哪个城市起运的）。有些公司为了提高灵活性，选定许多个基点城市，按照顾客最近的基点计算运费。如汽车产品生产地的网络销售价格与其他地区网络销售价格的差异。

⑤运费免收定价。有些企业因为急于和某些地区做生意，负担全部或部分实际运费。采取运费免收定价，可以使企业加深市场渗透，并且能在竞争日益激烈的市场上站得住脚。如汽车的网上销售。

（5）组合定价

对于一些既可单独购买，又可成套购买的商品，实行成套优惠价格，称为组合定价。组合定价用于处理本企业各种产品之间价格关系的策略。它包括系列产品定价策略、互补产品定价策略和成套产品定价策略。

①系列产品的组合定价策略。这种定价策略即是要把一个企业生产的同系列的汽车作为一个产品组合来定价。在其中确定某一车型的较低价格，这种低价车可以在该系列汽车产品中充当价格明星，以吸引消费者购买这一系列中的各种汽车产品；同时有确定某一车型的较高价格，这种高价可以在该系列汽车产品中充当品牌价格，以提高该系列汽车的品牌效应。

②附带选装配置的组合定价策略。这种定价策略即指将一个企业生产的汽车产品预期附带的一些可供选装配置的产品看作一个产品组合来定价。譬如汽车消费者可以选装该汽车企业的电子开窗控制器、扫武器和减光器等配置。汽车企业首先要确定产品组合中应包含的可选配装置产品，其次再对汽车及其选装配置产品进行统一合理的定价。附带选装配置的产品组合定价策略一般适用于有特殊、专用汽车附带选装配置的汽车。

（6）新产品定价

①撇脂定价策略。所谓撇脂定价，是指在汽车产品生命周期的最初阶段，把汽车产品的价格定得很高，以攫取最大利润。撇脂定价的条件：一是市场有足够的购买者，他们的需求缺乏弹性，即使把价格定得很高，市场需求也不会大量减少；二是高价使需求减少，但不致抵消高价所带来的利益；三是在高价情况下，仍然独家经营，无其他竞争者。高价使人们产生这种汽车是高档汽车的印象。如新速腾的定价。

②渗透定价策略。所谓渗透定价，是指汽车企业把其创新汽车产品的价格定得相对较低，以吸引大量顾客，提高市场占有率。渗透定价的条件有三个：一是市场需求对价格极为敏感，低价会刺激市场需求迅速增长；二是汽车企业的生产成本和经营费用会随着生产经营经验的增加而下降；三是低价不会引起实际和潜在的竞争。如企业自主定价初期，吉利汽车在价格战即采用此种策略成功占领市场。

③满意定价策略。满意定价策略是一种介于撇脂定价策略和渗透定价策略之间的价格策略。其所定的价格比撇脂价格低，而比渗透价格要高，是一种中间价格。这种定价策略由于能使生产者和顾客都比较满意而得名，有时它又被称为“君子价格”或“温和价格”。常见用于相对竞品有突出优势的汽车产品。

（二）汽车产品的价格修订策略（汽车产品的生命周期价格修订策略）

1. 汽车产品价格修订策略

在汽车产品寿命周期的不同阶段，汽车定价的三个要素成本、消费者和竞争者都会发生变化。因此汽车定价策略要适合时宜、保持有效，还必须根据实际情况进行修订。

2. 汽车产品价格修订策略的实施

（1）导入期的价格修订策略。导入期价格修订策略有利于吸引消费者关注，但进行修改的时间难以把握，需要全面进行消费心理的调查并做出及时准确的价格修订。2012年全新速腾的撇脂策略做得很成功。汽车厂商可以根据汽车产品的市场定位而采取高、中、低三种价格。

①高价“撇脂”策略：在短期利润最大化的目标下，以远远高于成本的价格推出新产品。其好处是不仅在短期内迅速获取盈利，缺点是较高的价格会抑制潜在需求。

②低价“渗透定价”：以较低的价格投放新产品，目的是通过广泛的市场渗透迅速提高企业的市场占有率。其优点是能迅速打开新产品的销路，其缺点是投资回收期较长。

③满意定价：介于“撇脂”策略和“渗透”策略之间的中等价格策略。其优点是价格比较稳定，其缺点是比较保守。

（2）成长期的价格修订策略。通常的做法是在不损害企业和汽车产品形象的前提下适当降价。

（3）成熟期的价格修订策略。成熟期的汽车产品价格策略呈现出低价的特点。汽车企业在此阶段逐渐导入新的汽车产品。

（4）衰退期的价格修订策略。这一阶段的价格修订策略主要以保持汽车企业的营业为定价目标，通过更低的价格，一方面驱逐竞争对手，另一方面等待适当时机退出。

（三）汽车产品的价格调整策略

1. 汽车产品价格调整策略的定义

价格调整策略是指企业为某种产品制定出价格以后，并不意味着大功告成。随着市场营销环境的变化，企业必须对现行价格予以适当的调整。调整价格，可采用减价及提价策略。企业产品价格调整的动力既可能来自内部，也可能来自外部。倘若企业利用自身的产品或成本优势，主动地对价格予以调整，将价格作为竞争的利器，这称为主动调整价格。有时，价格的调整出于应付竞争的需要，即竞争对手主动调整价格，而企业也相应地被动调整价格。无论是主动调整，还是被动调整，其形式不外乎是降价和提价两种。

2. 汽车产品价格调整策略的实施

（1）降价策略。这是定价者面临的最严峻且具有持续威胁力量的问题。汽车企业进行相关产品降价的原因很多，有汽车企业外部需求及竞争等因素的变化，也有汽车企业内部的战略转变、成本变化等，还有国家政策、法令的制约和干预等。这些原因具体表现在以下几个方面：

①汽车企业急需回笼大量现金。对现金产生迫切需求的原因既可能是其他产品销售不畅，也可能是为了筹集资金进行某些新活动，而资金借贷来源中断。此时，汽车企业可以通过对某些需求的价格弹性大的产品予以大幅降价，从而增加销售额，获取现金。

②汽车企业通过降价来开拓新市场。汽车产品的潜在顾客往往由于其消费水平的限制而阻碍了其转向现实顾客的可行性。在降价不会对原顾客产生影响的前提下，企业可以通过降价方式来扩大市场份额。不过，为了保证这一策略的成功，有时需要以产品改进策略相配合。

③汽车企业决策者决定排斥现有市场的边际生产者。对于某些汽车产品来说，各个汽车企业的生产条件、生产成本不同，最低价格也会有所差异。那些以目前价格销售产品仅能保本的汽车企业，在别的汽车企业主动降价以后，会因为价格的被迫降低而得不到利润，只好停止生产，这无疑有利于主动降价的企业。如 2001 年的家用轿车市场价格大战。

④汽车企业生产能力过剩，汽车产品供过于求，但是企业又无法通过汽车产品改进和加强促销等工作来扩大销售。在这种情况下，汽车企业必须考虑降价。

⑤汽车企业决策者预期降价会扩大销售，由此可望获得更大的生产规模。特别是进入成熟期的汽车产品，降价可以大幅度增进销售，从而在价格和生产规模之间形成良性循环，为企业获取更多的市场份额奠定基础。

⑥由于成本降低，费用减少，使汽车企业降价成为可能。随着科学技术的进步和汽车企业经营管理水平的提高，许多汽车产品的单位产品成本和费用在不断下降，因此，汽车企业拥有条件适当降价。

⑦汽车企业决策者出于对中间商要求的考虑。以较低的价格购进汽车产品不仅可以减少中间商的资金占用，而且为汽车产品大量销售提供了一定的条件。因此，汽车企业降价有利于同中间商建立较良好的关系。

⑧政治法律环境及经济形势的变化，迫使汽车企业进行产品降价。政府为了实现物价总水平的下调，保护需求，鼓励消费，遏制垄断利润，往往通过政策和法令，采用规定毛利率和最高价格、限制价格变化方式、参与市场竞争等形式，使企业的价格水平下调。在紧缩通货的经济形势下或者在市场疲软、经济萧条时期，由于币值上升，价格总体水平下降，企业产品价格也应随之降低，以适应消费者的购买力水平。如在某些国家允许家用轿车自主定价后各汽车生产企业采用的价格策略。

降价最直截了当的方式是将汽车企业产品的目录价格或标价绝对下降，但企业更多的是采用各种折扣形式来降低价格。如数量折扣、现金折扣、回扣和津贴等形式。此外，变相的降价形式有：赠送样品和优惠券，实行有奖销售；给中间商提取推销奖金；允许顾客分期付款；赊销赠送售后服务项目；免费或优惠送货上门、技术培训、维修咨询；提高产品质量，改进产品性能，增加产品用途。由于影响降价的因素较多，企业决策者必须审慎分析和判断，并根据降价的原因选择适当的方式和时机，制定最优的降价策略。

（2）提价策略

提价确实能够增加汽车企业的利润率，却会引起竞争力下降、消费者不满、经销商抱怨，甚至还会受到政府的干预和同行的指责，从而对汽车企业产生不利影响。虽然如此，但在实际中仍然存在着较多的提价现象。其主要原因是：

①应付汽车产品成本增加，减少成本压力。这是所有汽车产品价格上涨的主要原因。汽车成本的增加是因为原材料价格上涨或者是由于生产或管理费用提高而引起的。汽车企业为了保证利润率不致因此而降低，便采取提价策略。

②为了适应通货膨胀，减少汽车企业自身损失。在通货膨胀条件下，即使汽车企业仍能维持原价，但随着时间的推移，其利润的实际价值也呈下降趋势。为了减少损失，企业只好提价，将通货膨胀的压力转嫁给中间商和消费者。如近几年汽车中间商的倒闭、破产等。

③汽车产品供不应求。在需求旺盛而生产规模又不能及时扩大而出现供不应求的情况下，可以通过提价来遏制需求，同时又可以取得高额利润，在缓解市场压力、使供求趋于平衡的同时，为扩大生产准备了条件。如每年中国新年前汽车价格的波动。

④利用顾客心理，创造优质效应。作为一种策略，汽车企业可以利用涨价营造名牌形象，使消费者产生价高质优的心理定式，以提高汽车企业知名度和产品声望。如宝骏730的涨价。

为了保证提价策略的顺利实现，汽车产品提价时机可选择在这样几种情况下：一是汽车产品在市场上处于优势地位；二是汽车产品进入成长期，销售量增速减缓；三是季节性销售达到旺季，或是竞争对手提价。

此外，在方式选择上，汽车企业应尽可能多采用间接提价，把提价的不利因素降到最低程度，使提价不影响销量和利润，而且能被潜在消费者普遍接受。同时，汽车企业提价时应采取各种渠道向顾客说明提价的原因，配之以产品策略和促销策略，并帮助顾客寻找节约途径，以减少顾客不满，维护企业形象，提高消费者信心，刺激消费者的需求和购买行为。

至于价格调整的幅度，最重要的考虑因素是消费者的反应。因为调整产品价格是为了促进销售，实质上是要促使消费者购买产品。忽视了消费者反应，销售就会受挫，只有根据消费者的反应调价，才能收到好的效果。

【案例链接】

汽车市场面临真正巨变：消费者定价模式终于来啦！

4月14日，商务部《汽车销售治理方法》新鲜出炉，文件提出，国家激励发展共享型、勤俭型、社会化的汽车销售和售后服务网络，加快城乡一体的汽车销售和售后服务网络建设，增强新能源汽车销售和售后服务网络建设，推动汽车流畅模式创新。

毫无疑问，新管理办法是一把钥匙，翻开了之前壁垒森严的汽车销售和售后服务市场，准入门槛更低，此前供应商动辄要求经销商投资数百万元建店，划定整车、配件库存种类或数目，限制经营其余供应商商品等“霸王条款”将被终止，汽车销售模式将变得灵巧多样。

对于消费者来说，买车再也不用去专门的品牌4S店了，也不必再“享受”买车必需搭配精品，不必选择店内昂贵的保险，大型汽车超市、互联网汽车商城、小型的综合网点等流通渠道将为消费者供给更多的购置选择。很快，全国各地的准车主们就能够享受这样的购车服务：在线下实体店内试乘试驾，然后在互联网平台上以优惠价购车，最后再由指定的经销商准备好车辆，消费者到店内提车。

但从《汽车销售管理措施》来看，即使是有再丰盛的流通渠道，但汽车供给商为了维持品牌形象，稳定销售网络，仍将会通过定价权来掌握市场。再加上经销商们在商言商，归根结底也是为了赚取销售差价，赢得利润。因此，在车价方面，消费者可以获益的空间极其有限。

真正的创新，是对传统模式的颠覆，是向消费者为中心的理念的转变。这也是觅竞汽车等汽车电商的中心价值。觅竞汽车联合“互联网＋”无所不在的渠道优势和汽车消费高速增长的时代背景，倏地大量集合某一车型的关注粉丝，通过在线加价竞拍的方式，由出价最高的消费者获得汽车的购买权。与传统的销售模式相比，准车主们在一定水平上取得了汽车产品的定价权，可以依照本人的心理预期出价，并有机遇以前所未有的价位购买到心仪的车辆。同时，危险也在节制之内，一旦超越预算的价位，即可结束竞拍。

觅竞汽车的这一模式已赢得不少潜在购车群体的关注。随着电子商务在中国的高速发展，人们对互联网购物早已司空见惯，而此前的网络购车运动已为众多的购车人群所接收。觅竞汽车开启了一个新的时代，它真正的优势就在于，让消费者来定价汽车，并可能倒逼厂商的定价策略，这才是造福消费者的有力举动。

（资料来源：央广汽车，http：//auto. cnr. cn/gdbkxw/20170426/t20170426 _ 523727182. shtml）

单元3　汽车分销渠道策略

一、汽车产品分销渠道概述

（一）分销渠道的含义

分销渠道是指当产品从生产者向最终消费者或产业用户移动时，直接或间接转移所有权所经过的途径。

汽车分销渠道则是汽车产品从汽车生产企业向最终消费者直接或间接转移汽车所有权所经过的途径，是联系汽车生产者和消费者的纽带。汽车分销渠道的起点是汽车生产企业，终点是最终消费者，中间环节为各类中间商。

汽车分销渠道具有售卖、投放、物流、市场预测、结算与资金融通、服务、风险分担、自我管理、促销以及信息反馈等功能。

（二）分销渠道的模式

根据分销渠道有无中间环节和中间环节的多少，以及渠道长度的不同，可分为直接渠道和间接渠道两大基本类型。

直接渠道：生产者→消费者

间接渠道：生产者→零售商→消费者

生产者→批发商→零售商→消费者

生产者→代理商→批发商→零售商→消费者

二、常用的汽车分销渠道模式

不同汽车生产企业，从自身特点出发，采取了各不相同的汽车分销渠道模式。随着时代的发展，又出现了许多新的模式，参考国内外汽车生产企业的做法，可分为以下四种。

（一）“金字塔”模式

这种模式以汽车生产企业的需要为中心。该模式下，在对汽车销售渠道的管理上，无论是对销售渠道类型的决策，还是对中间商的选择利用，都是以汽车生产企业的营销需要为中心，代理商、经销商和零售商的功能及其经营活动，都置于生产企业的监督指导之中，为维护生产企业的声誉和扩大销售规模而工作。此种模式曾经在相当长的时期内成为我国的汽车销售渠道，至今仍然有部分汽车产品采用此种模式（图 1-4-2）。

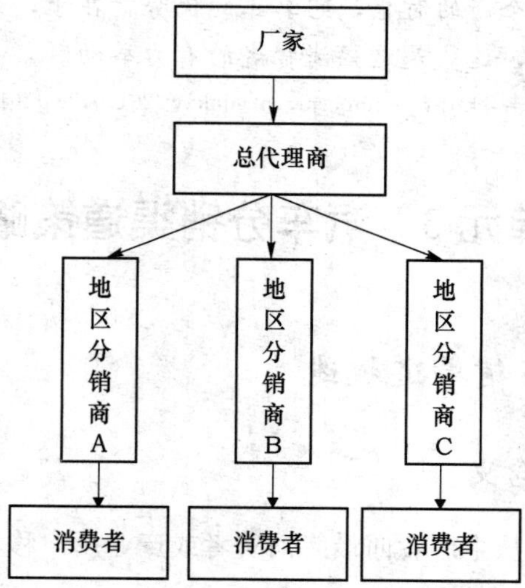

图 1-4-2　“金字塔”汽车分销渠道模式

“金字塔”模式具有较强大的辐射能力，曾经为汽车生产企业战略市场发挥了巨大的作用。但是，随着市场竞争的加剧，这一模式暴露出一系列弊端：一是汽车生产企业对分销渠道的辐射和控制能力削弱；二是多层机构导致效率降低和成本剧增；三是多层机构使信息不能准确、及时反馈，不但失去上级，还造成人员和时间上的资源浪费。

（二）“扁平化”模式

这种扁平化模式（图 1-4-3）的销售渠道取消了各级代理商，改由地区事处负责协调区域销售事务，由汽车生产企业直接向专卖店供货，从而减少了中间环节，降低了营销成本，汽车生产企业对渠道的控制力增强。但扁平化不是简单地减少某一个销售环节，而是要对原有的汽车产品供应链进行优化，剔除供应链中价值链中没有增值的环节。

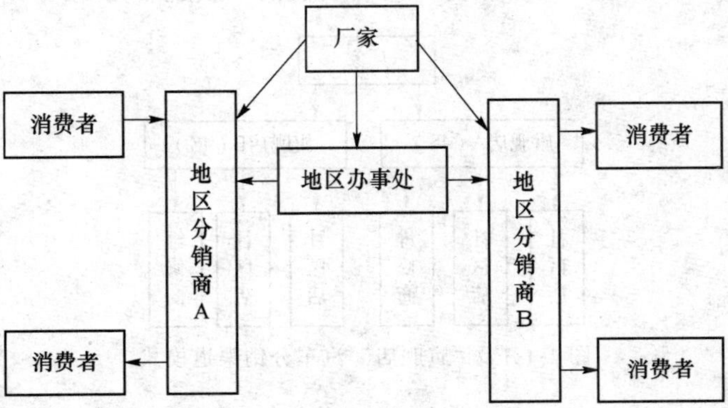

图 1-4-3　“扁平化”汽车分销渠道模式

扁平化的汽车分销渠道缩短了汽车生产企业与最终消费者之间的距离，增强了对市场的了解，提供了更为及时的服务，提高了产品价格的竞争能力，进而使渠道上的各环节企业能更主动、更全面地控制、开发市场，对汽车生产企业的长远发展意义重大。目前，我国许多汽车生产企业采用此种模式。

（三）直销模式

直销模式（图 1-4-4）打破了渠道的束缚，广泛采用区域代理和品牌代理形式，实行市场责任区域分工制，将所有销售管理部门都作为销售终端，一级网点负责批发业务，二级网点负责零售业务。该模式直接面对消费者，有利于品牌经营理念的贯彻，信息反馈及时迅速。汽车生产企业在各大市场大区设立地区协调机构，可以维护各级经销商的利益和长期的合作关系。

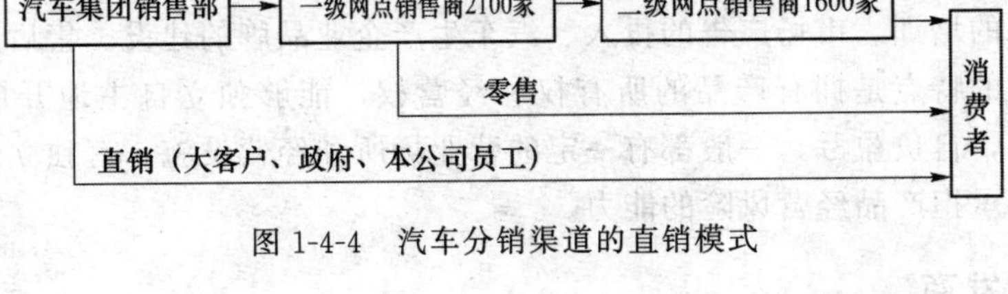

图 1-4-4　汽车分销渠道的直销模式

(四)“旗舰店”模式

以奇瑞汽车销售有限公司为代表所采取的“旗舰店”模式也称“限区域独家特许连锁经营模式”(图 1-4-5),就是在一个城市一定的区域内发展一家经销商,这家经销商首先要兴建一个具有整车销售、备件供应、维修服务和信息技术咨询“4S”功能的大型汽车专卖店,即“旗舰店”;与此同时,在这一区域其他地方,由“旗舰店”投资兴建若干个具有汽车展销和快修功能的“社区店”;此外,当“社区店”周围的消费能力达到一定需求时,“社区店”可升格为“4S”功能的“旗舰店”。

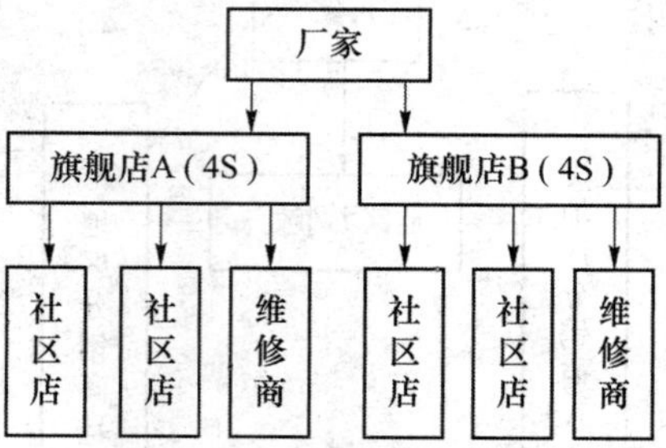

图 1-4-5 “旗舰店”汽车分销渠道模式

如今,汽车分销渠道的多元化发展已是大势所趋。由于我国汽车市场广度、地域深度、车型多样化、潜在渠道的增加等具体因素的变化,汽车生产企业在进行通路整合时,往往根据自身条件及各个汽车市场的不同情况,针对不同的汽车产品,灵活地采用与之相适应的汽车销售渠道模式。通过这种增加渠道方式及发展多元化渠道组合,可以弥补单一渠道模式的不足,提高市场覆盖率,降低渠道成本,更好地满足消费者的需求。

三、汽车分销渠道的中间商

汽车分销渠道中的中间商是指介于汽车生产者与消费者之间,参与汽车交易业务,促使汽车交易实现的具有法人资格的经济组织和个人。中间商是汽车分销渠道的主体,完成汽车从生产企业向最终用户的转移。

(一) 总经销商

总经销商是指受汽车生产企业的委托,从事汽车总经销的业务,并拥有汽车所有权的中间商。通常总经销商会承担汽车生产企业的销售网络建设、店面建设、下游渠道的开发、经销商的培训、市场广告的投入、汽车生产企业品牌的建设、售后服务等。

总经销商的特点是拥有产品的所有权和经营权,能够独立自主地开展产品购销活动,独立核算,自负盈亏,一般都有一定的营业场所和经营设施,有独立地购买产品的流动资金以及承担产品经营风险的能力。

(二) 批发商

批发商是处于汽车流通的中间阶段,实现汽车的批量转移,使经销商达到销售目的的中间商。通过批发商转销汽车的交易行为，汽车生产企业或总经销商能够迅速、大量地转售出汽车，减少汽车库存，加速资金周转。

按其实现汽车批量转销的特征，可分为独立批发商、委托代理商和地区分销商。

1. 独立批发商

它是指自己独立大批量地购进汽车，再将其批发出售给其他经销商的商业企业，它对其经营的汽车产品拥有所有权，以获取批发利润为目的。

2. 委托代理商

委托代理商区别于独立批发商的主要特点是，他们对于其经营的汽车没有所有权，只是替委托人（汽车生产企业或汽车总经销商）组织推销汽车，以取得佣金为目的，促进买卖的实现。

3. 地区分销商

它是指在某一区域为生产企业（或总经销商）批发转销汽车产品的机构，是汽车生产企业（或总经销商）为减少层层批发和跨地区销售的问题而设立的。

（三）经销商（特许经销商）

经销商在汽车流通领域中处于最后阶段，它是直接将汽车销售给最终消费者的中间商，其基本任务是直接为最终消费者服务，使汽车直接、顺利并最终到达消费者手中。汽车特许经销商是指由汽车总经销商或者汽车生产企业作为特许授权人（以下简称特许人），按照汽车特许经营合同的要求以及约束条件授予经营销售某种特定品牌汽车经销商（作为特许被授予人，简称受许人）。

1. 汽车特许经销商应具备的条件

（1）独立的企业法人，能自负盈亏地进行汽车营销活动。

（2）有一定的汽车营销经验和良好的汽车营销业绩。

（3）能拿出足够的资金来开设统一标识的特许经营店面，具备汽车市场营销所需的周转资金。

（4）达到特许人所要求的特许经销商硬件、软件标准。

2. 汽车特许经销商的权利

（1）特许经营权

①使用特许权人统一制作的标记、商标、司标和标牌；

②在特许经营系统的统一招牌下经营；

③获得特许人的经营秘诀，以加入包括统一进货、统一促销、统一的市场营销策略的统一运作；

④依照特许人的统一运作系统分享利益；

⑤按特许人的规定销售优惠政策，对特许人经销的新产品享有优先权。

（2）地区专营权

特许人在一定特许区域内基于专营权，避免在统一地区内各加盟店相互竞争。

（3）取得特许人帮助的权利

得到特许人的技术指导援助、经营指导援助及其他相关服务。

【案例连接】

停止汽车品牌授权 总经销商垄断有望打破

面对进口车长期对整车价格和售后零配件价格的垄断，中国反垄断调查全面发威。2014年8月1日，国家工商行政管理总局网站挂出《工商总局关于停止实施汽车总经销商和汽车品牌授权经销商备案工作的公告》（工商市字［2014］145号，以下简称《公告》），宣布自2014年10月1日起停止实施汽车总经销商和汽车品牌授权经销商备案工作。

《公告》指出，工商总局自2014年8月20日起，不再接收汽车供应商报送的备案材料。自实施备案工作后，从事汽车品牌销售的汽车经销商（含总经销商），其营业执照经营范围统一登记为“汽车销售”。已将营业执照经营范围登记为“××品牌汽车销售”的汽车总经销商和汽车品牌授权经销商，可以申请变更登记为“汽车销售”。

从“××品牌汽车销售”到“汽车销售”，看似差别不大，但实则天差地别。现行且实施已有十年的《汽车品牌销售管理办法》（以下简称《办法》）客观支持了厂家垄断。汽车经销商只能申请并成为某一个品牌的经销商，如需更换品牌，必须重新申请。《公告》实施之后，法规并不反对汽车经销商多品牌运作，汽车经销商跨品牌和多品牌销售，无须再向总经销商备案，也无须整车厂授权。

“停止实施汽车总经销商备案”工作则意味着，现行汽车销售的总经销商制度被打破，汽车经销商无须从总经销处进货，也无须获得厂家授权，可以各自直接从海外进口车辆。

不过，业内认为，《公告》实施之后，汽车经销商确实可以销售其他品牌车辆，但代价会是丢掉现有的品牌。分析人士表示，进口整车企业对于经销商把控能力远超一般人想象，主流车企不允许旗下经销商同时兼卖其他品牌，尤其是竞争对手的车型。

至于汽车经销商直接海外进口车辆，短时间内更是难以成行。多数主流车企都在中国设有总经销商，即“××中国”，由其统管中国事务，尽管“××中国”总经销商地位或不再受认可，但实际操作，所有进口到中国的车辆，“××中国”仍会是唯一渠道。

（资料来源：搜狐汽车，http：//auto.sohu.com/20140807/n403199329.shtml）

四、汽车分销渠道的设计与管理

（一）分销渠道的设计

分销渠道设计要围绕营销目标进行，要有利于企业的产品不断提高市场占有率、地区覆盖率和各地用户满足率，要有利于企业抵御市场风险。在此基础上形成能够充分履行渠道功能、长期稳固而又能适应市场变化的渠道，不断为企业开辟稳定的用户群或区域市场。

1. 汽车分销渠道设计的影响因素

（1）企业特性

汽车企业在生产规模、企业声誉、产品特点、经济实力、渠道经验等方面存在差异，对中间商具有不同的凝聚力和吸引力。因此，企业在设计分销渠道时，应结合企业特性选择中间商的类型和数量，来决定企业分销渠道模式，如大型企业较容易得到各地有实力的中间商的加盟。

（2）产品特性

汽车产品由于重量、价值、运输、储运费用、技术服务专业性等原因，对中间商的设施条件、技术服务能力和管理水平要求不同。

（3）市场特性

市场因素主要考虑目标市场的大小以及目标顾客的集中程度。如果目标市场范围大，渠道则较长；如果顾客分散，宜采用长而宽的渠道。

（4）生产特性

汽车生产在时间或地理上比较集中，但是使用分散，其分销渠道一般应有中间环节，不宜采用直接环节。

（5）营销目标特性

各企业的目标市场决定了其分销渠道的具体特点。如企业对拟开发的新兴目标市场，也应选择合适的分销商，以起到事半功倍的作用。

（6）环境特性

各地方的政策特性，是欢迎还是排斥企业在当地设立分销商，是否还有其他重要的环境因素需要考虑，这些都是企业必须认真研究的。

企业在分析了以上因素的影响后，就可以进行销售渠道的设计了。

2. 分销渠道设计的内容

分销渠道设计的内容包括确定渠道的长度（中间环节）、确定渠道的宽度（中间商数目），明确渠道成员的权利和义务。

（1）确定渠道的长度

企业分销渠道设计首先要决定应该采取何种类型的销售渠道，即是采取自销还是通过中间环节分销。如果决定采用中间商分销，还需要进一步决定运用何种类型和规模的中间商。

（2）确定渠道的宽度

分销渠道的宽度即确定中间商数目。如汽车生产企业建立独家经销商分销渠道，只同少数中间商打交道，有利于降低营销费用，也便于在中间商处建立产品中转分流站，提高中间商的规模经济效益。

（3）明确渠道成员的权利和义务

渠道成员的权利和义务包括对不同类型的中间商给予不同的价格，还要规定交货和结算条件，以及规定彼此的义务。

（二）分销渠道的管理

分销渠道的管理包括培训、激励、评估、考核、调整等内容。

1. 培训和激励渠道成员

企业需要仔细制订渠道成员的培训计划，并认真执行，特别是产品的技术含量较高的企业，尤其如此。如开展产品关键技术的培训。培训有利于提高中间商的经营能力，本身也属于给予中间商激励的一种方式。除此以外，企业还应同中间商加强沟通，消除彼此之间的矛盾，减少相互抱怨，并不断监督、指导与鼓励，使其表现良好。

由于中间商是独立实体，在处理供应商、顾客的关系时，往往偏重与自己和顾客一方，认为自己是顾客的采购代表，讨价还价，然后考虑生产商的期望。因此，要使中间商的销售工作达到最佳状态，生产商应对其进行不断激励。如采用合作、合伙和经销规划等方式激励中间商。

2. 分销渠道评估

每一个渠道都是企业产品送达消费者的一条线路。对分销渠道的评估一般从以下三个方面进行考虑。

(1) 经济效益

主要考虑每一个渠道的销售额与成本的关系，企业一方面要考虑自销和利用中间商这两种分销方式中哪种方式销售量大，另一方面还要比较二者的成本。

(2) 企业对渠道的控制力

自销渠道比利用中间商更有利于企业对于渠道系统的控制。中间商是独立经营的商业组织，他们关心自己的经济效益，因此，只有那些能够为中间商带来持久利润的产品和营销政策才使他们感兴趣。

(3) 渠道对市场的适应性

企业与中间商在签订长期合同时要谨慎。因为，在签约期间，企业如果不能够根据需要随时调整渠道成员，就会使企业的渠道失去灵活性和适应性。

3. 分销渠道考核与调整

对中间商的工作绩效要定期考核，如对销售定额完成情况、平均存货水平、送货时间、对残次品的处理情况、促销和培训计划的合作情况、贷款返回状况、对顾客提供的服务水平和顾客的满意度、经营设施的投资水平及改进情况、执行生产企业营销政策的情况等，都是经常性考核的项目内容。考核结果将是企业对中间商进行计酬、奖励、惩处，乃至调整或取消某些渠道成员的依据。

市场环境的变化、消费者购买方式的变化、市场扩大或缩小等因素会引起分销渠道的调整。另外，现有渠道结构通常不可能总是在既定的成本下带来最高效的服务，随着渠道成本的变化，有必要向理想的渠道进行结构性升级。生产企业调整分销渠道主要有三种方式：增减某一渠道成员；增减某一分销渠道；调整、改进整个市场营销系统。

单元4 汽车促销策略

一、汽车产品促销及促销组合策略

(一) 促销的含义

促销是指企业通过人员推销和非人员推销的方式，将有关企业和产品的信息传递给消费者，促使消费者了解、偏爱和购买本企业的产品，从而达到扩大销售目的的一种活动。汽车促销是指汽车企业对汽车消费者所进行的信息沟通活动，通过向消费者传递汽车企业和汽车产品的有关信息，使消费者全面了解汽车生产企业和销售企业，了解感兴趣的汽车产品，产生购买的欲望。

为了支持和促进汽车销售，需要进行多种方式的促销。通过人员促销，面对面地向消费者介绍，帮助消费者选购汽车；通过广告，传播有关汽车企业和汽车产品的信息；通过营业推广，加深消费者对汽车产品的了解，促进其购买汽车；通过各种公共关系及宣传手段，改善汽车企业和汽车产品在公众心目中的形象。

（二）促销的作用

1. 传递信息

通过汽车促销活动加强消费者对促销活动的理解，加强汽车企业品牌本身与消费者的互动，促进品牌信息传递的准确性及广泛性。

2. 诱导需求

消费需求具有可诱导性。企业通过促销手段宣传本企业产品区别于其他竞争者产品的特点，就能使消费者认识到本企业产品给消费者带来的特殊利益，从而激发消费者产生购买企业产品的欲望。

3. 促进销售

通过促销活动，能够突出宣传企业的优势和产品特点，强调其带给购买者的独特利益，使消费者对产品产生偏爱，增加购买企业商品的信心。

（三）促销组合

促销的方式主要有人员推销、广告、公共关系和营业推广。

促销组合是指企业根据产品特点和经营目标的要求，对各种促销方式进行适当选择和综合运用。由于各种促销方式分别具有不同的特点、使用范围和效果，所以要综合起来运用，才能更好地突出产品的特点，提高企业在市场中的竞争力。

在制定汽车促销组合时应考虑以下五种因素。

1. 汽车促销目标

汽车促销目标是确定最佳的汽车促销组合首先要考虑的因素。促销目标是企业进行促销活动所要达到的目的，它是根据企业的整体营销目标制定的。企业在不同时期、不同市场环境下执行的特定促销活动，都有其特定的促销目标。如果汽车促销目标是提高汽车产品的知名度，汽车促销组合重点应放在广告和营业推广上，辅之以公共关系宣传。如果汽车促销目标是为了让消费者了解汽车产品的性能和使用方法，那么汽车促销组合应采用适量的广告、大量的人员促销和某些营业推广。

2. 汽车产品类型

不同类型产品的消费者在信息、购买方式等方面是不相同的，需要采用不同的促销方式和组合策略。一般情况下，价格昂贵、购买风险较大的耐用消费品（如汽车），产品价值较大且技术含量较高，消费者除了从广告获取信息，还希望得到更为直接可靠的信息来源，企业采用得更多的是人员促销。随着汽车市场竞争的加剧，公共关系和营业推广都将逐步成为重要的促销方式。

3. 汽车产品生命周期

在产品生命周期的各个阶段，消费者对产品的了解和熟悉程度不同，因此企业的促销目标和重点也不一样，企业要适当选择相应的促销方式和促销组合策略。

在导入期，促销的重点目标是尽快地让消费者了解、认识新产品的性能和质量，应主要采用广告宣传，选派促销人员深入特定消费群体详细介绍汽车产品。在成长期，促销的重点目标是吸引消费者购买，培养汽车品牌偏好，其促销策略仍可以从广告入手，宣传内容突出汽车品牌和汽车特色。

在成熟期，促销目标是战胜竞争对手，巩固现有市场地位，广告的内容应多侧重于强调产品的价值和给消费者带来的利益，提高客户忠诚度，同时，应尽量使用营业推广等方式来促进购买。

在衰退期，企业应尽量节省促销费用，可利用削价的方法进行促销。

4. 汽车市场状况

不同的汽车市场，由于其规模、类型、潜在消费者数量不同，应该采用不同的促销组合策略。通常，在地理范围狭小、消费者众多且交易额大的目标市场上，可考虑以人员推销为主，配合以广告策略进行组合。对市场规模比较大、产品销售范围比较广泛的市场，应以电视、电台和报刊等媒体的广告宣传为主，并辅以其他促销方式。

5. 促销预算

由于各类促销方式所需费用是不同的，企业要根据自身资金状况并结合其他因素选择适宜的促销方式。通常，广告宣传的费用较高，人员推销次之，营业推广花费较小，公共关系的费用最少，但它们在不同时期的促销效果是不同的。

二、人员推销策略

（一）人员推销的含义及特点

1. 人员推销的含义

人员推销是指汽车企业的推销人员直接向消费者进行介绍、说服工作，促使消费者了解、偏爱本企业的产品，进而采取购买行为的一种促销手段。汽车人员推销是指汽车企业的推销人员利用各种技巧和方法，帮助或劝说消费者购买该品牌汽车产品的促销活动。在这一活动中，促销人员要确认、激活和满足消费者购买汽车产品的需求和欲望，并达到双方互惠互利的目标。

2. 人员推销的特点

与其他促销方式相比，人员促销有如下三个明显的特点：

（1）机动灵活

推销人员在推销过程中能对汽车进行操作演示，亲眼观察到消费者的反应，并揣摩其购买心理变化，可以根据消费者情绪及心理变化在瞬息之间做出调整，以适应消费者的需要，最终促使交易达成。

（2）针对性强

在推销之前，推销人员可以选择潜在的消费者有针对性地进行推销，目标明确。

（3）亲和力强

推销人员通过与消费者面对面交流，能消除疑惑，加强沟通。同时，双方在交流过程中可以建立起信任和友谊关系，为长期交易打下了坚实的基础。

【案例链接】

为顾客送上生日鲜花　乔·吉拉德教你“逆袭”

乔·吉拉德，1928 年 11 月 1 日出生于美国密歇根州底特律市，是美国著名的推销员，他从 1963 年至 1978 年总共推销出 13001 辆雪佛兰汽车。乔·吉拉德是世界上最伟大的销售员，连续 12 年荣登世界吉尼斯纪录大全世界销售第一的宝座，他所保持的世界汽车销售纪录：连续 12 年平均每天销售 6 辆车，至今无人能破。乔·吉拉德认为，卖汽车，人品重于商品。一个成功的汽车销售商，肯定有一颗尊重普通人的爱心。他的爱心体现在他的每一个细小的行为中。

有一天，一位中年妇女从对面的福特汽车销售商行走进了吉拉德的汽车展销室。她说自己很想买一辆白色的福特车，就像她表姐开的那辆，但是福特车行的经销商让她过一个小时之后再去，所以先过这儿来瞧一瞧。

“夫人，欢迎您来看我的车。”吉拉德微笑着说。妇女兴奋地告诉他：“今天是我 55 岁的生日，想买一辆白色的福特车送给自己作为生日的礼物。”“夫人，祝您生日快乐！”吉拉德热情地祝贺道。随后，他轻声地向身边的助手交代了几句。

吉拉德领着夫人从一辆辆新车面前慢慢走过，边看边介绍。在来到一辆雪佛莱车前时，他说：“夫人，您对白色情有独钟，瞧这辆双门式轿车，也是白色的。”

就在这时，助手走了进来，把一束玫瑰花交给了吉拉德。他把这束漂亮的花送给夫人，再次对她的生日表示祝贺。那位夫人感动得热泪盈眶，非常激动地说：“先生，太感谢您了，已经很久没有人给我送过礼物。刚才那位福特车的推销商看到我开着一辆旧车，一定以为我买不起新车，所以在我提出要看一看车时，他就推辞说需要出去收一笔钱，我只好上您这儿来等他。现在想一想，也不一定非要买福特车不可。”

后来，这位妇女就在吉拉德那儿买了一辆白色的雪佛莱轿车。

（资料来源：沪江职场，http：//www. hujiang. com/qingshang _ s/p603543/）

（二）人员推销的任务及形式

1. 人员推销的任务

（1）传递信息

推销人员与现实的和潜在的消费者保持联系，及时把企业有关产品及其他相关信息传递给消费者，并了解他们的需求，以促进产品销售，成为企业与消费者联系的桥梁，同时，收集和反馈有关竞争产品的信息。

(2) 开拓市场

推销人员不仅要了解和熟悉现有消费者的需求动向，而且要尽力寻找新的目标市场，发现潜在消费者，从事市场开拓工作。

(3) 销售产品

推销人员通过与消费者的直接接触，运用推销技巧，分析解答消费者的疑虑，说服消费者购买，从而达成交易。

(4) 提供服务

推销人员不仅要把产品销售给消费者，还需代表公司提供其他服务，如业务咨询、技术维修和贷款服务等，满足消费者的实际需要。

(5) 收集信息

推销人员可利用直接接触市场和消费者的便利，进行市场调查和情报的收集工作，并且形成调查报告，为企业开拓市场和制定营销决策提供可靠依据。

2. 人员推销的形式

(1) 上门推销

由销售人员携带样品、说明书和订货单等，上门走访消费者，推销商品，这是最传统的推销形式，被大多数企业和公众广泛认可和接受。

(2) 柜台推销

企业在一定地点开设营业场所，由营业人员接待进入商店的消费者，销售商品。汽车销售顾问在销售大厅对顾客采取的顾问式销售，就属于这种推销方式。

(3) 会议推销

会议推销即企业利用各种形式的会议，介绍和宣传商品，开展推销活动。洽谈会、订货会、展销会、供货会等都属于会议推销的一种形式。这种推销形式具有接触面广、推销集中且成交额大的特点。

(三) 人员推销的过程

通常情况下，汽车人员推销过程包括七个相互关联又具有一定独立性的工作成效，如图 1-4-6 所示。

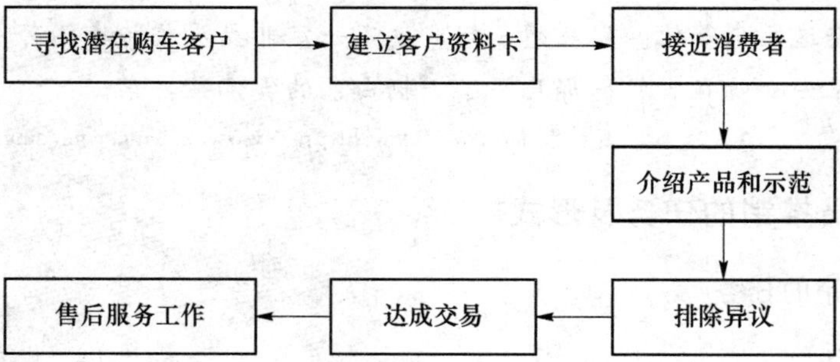

图 1-4-6　汽车销售人员推销的过程

三、广告策略

（一）广告的含义及特点

1. 广告的含义

广告是为了某种特定的需要，通过一定形式的媒体，公开而广泛地向公众传递信息的宣传手段。汽车广告是汽车企业用以对目标消费者和公众进行说服性传播的工具之一。汽车广告要体现汽车企业和汽车产品的形象，从而吸引、刺激、诱导消费者购买该品牌汽车。

2. 广告的特点

（1）公众性

商业广告是一种高度大众化的信息传递活动，是把商品或劳务信息向非特定的广大消费者进行公开宣传，以说服其购买的传播技术。

（2）渗透性

商业广告是一种渗透性很强的促销手段，它已影响到社会生活的诸多领域。

（3）表现性

商业广告集经济、科学、艺术和文化于一身，借助文字、音响以及色彩的艺术化应用，通过一定的媒体，体现出产品的特性。

（4）有偿性

商业广告是一种付酬的宣传活动。

（二）广告的作用

广告是企业产品促销的重要手段之一，企业促销产品有如下作用：

1. 树立产品形象，提高企业知名度

企业通过广告可以使产品家喻户晓，在消费者心中树立起企业形象和产品形象，赢得消费者的青睐，以巩固和扩大市场占有率。

2. 信息、沟通供需

借助于各种传播媒介，企业能向市场提供有关产品的信息，使消费者在任何时间、任何地点都能获取商品信息。

3. 需求、促进销售

通过广告的启发和诱导，吸引消费者的注意力，使其对产品发生兴趣，甚至是偏爱，从而激发消费者的购买欲望，变无需求为有需求，变潜在需求为现实需求，从而扩大购买。

4. 产品、引导消费

企业可通过各种宣传媒介把新产品的知识和现代生活观念灌输给消费者，使消费者能及时、方便、准确地购买适合自己需要的商品。新车具有新的特点，通过广告，可以向目标消费者有效地传递新车的外观、性能、使用等方面的信息，引发他们对新车的好感和信任，激发其购车的欲望。

【案例链接】

长安汽车远距离无人驾驶路测"吸睛"

2016 年 4 月 17 日，在全国百余家媒体闪光灯的见证下，长安汽车无人驾驶汽车缓缓驶入位于房山的长安汽车北京公司大门，标志着长安汽车 2000 km 超级无人驾驶测试项目圆满完成。长安汽车此次长距离无人驾驶测试历时近 6 天，途经四川、陕西、河南、河北等全国多个省市及地区后，最终抵达北京。长安汽车无人驾驶汽车在 2000km 的征途中，通过装载前视摄像头、前视雷达、激光雷达、高精地图及诸多智能尖端科技的设备，出色地完成了应对复杂的实际驾驶环境的演示。

本次活动的最大亮点，就是来自全国的媒体、嘉宾通过试乘长安汽车无人驾驶车辆，亲眼见证了起辅助作用的驾驶者如何与汽车成为合作伙伴，共同完成一段安全、高效的旅程。通过本次重庆到北京的实际道路测试，长安汽车无人驾驶车辆全方位地展现了长安汽车在无人驾驶领域的技术优势和成果，不仅真正成为中国首个实现长距离无人驾驶的汽车企业，还为中国汽车品牌在全球汽车智能化领域写下了浓墨重彩的一笔。

（资料来源：腾讯汽车，http：//auto. qq. com/a/20160418/057896. htm）

（三）广告设计的基本内容

一则广告只有获得消费者的注意才能增加产品销量，因此广告内容能否引起消费者注意十分重要。广告设计的基本内容主要包括主题设计、文稿设计、图画设计和技术设计四个部分。

1. 主题设计

广告主题必须明确。广告主题应当唯一、突出，设计应围绕一定的目的展开。例如，一个汽车广告主题为"一辆新轿车"，另一个广告主题为"这辆轿车是为你设计的吗?"两则汽车广告的区别在于，第一幅广告描述了汽车的特点，而第二幅广告描述了汽车的利益。试验表明，第二幅广告在整体印象方面远胜于第一幅广告，消费者更容易对购买该产品产生兴趣。

2. 文稿设计

广告文稿是表现广告主题和内容的文字材料，是传递广告信息的主要部分，一般由三方面的要素构成，即广告标题、口号和正文。例如，德国大众汽车公司的甲壳虫车广告是这样写的："如果有人发现我们的甲壳虫车发生故障，被修理厂拖走，我们将送你 1 万美元。"充分表现它对品质和性能的自信。

3. 图画设计

广告图画是广告艺术化的突出反映，指运用线条、色彩组成图案对广告主题进行表达。

4. 技术设计

技术设计是广告设计中最后一个环节，也是广告设计广告制作的过渡。不同的广告形式，技术设计的重点也不一样。

四、公共关系策略

（一）公共关系的含义及特点

1. 公共关系的含义

公共关系是指一个组织通过信息传播手段，为改善与社会公众的联系状况，为与社会各界公众建立良好的关系和为树立良好的组织形象而进行的一系列活动。汽车企业通过公共关系在个人、公司、政府机构或其他组织间传递信息，以改善公众态度。

2. 公共关系的特点

公共关系是一种隐性的促销方式。它是以长期目标为主的间接性促销手段，其主要特点有以下几个方面：

（1）长期性

公共关系的总体目标是树立企业的良好形象，通过各种公关策略的运用，从而能长时间地促进销售，占领市场。

（2）沟通双向性

沟通双向性即一方面将企业各方面的信息传播给社会公众，使其了解企业及企业的产品；另一方面又运用各种手段和技术收集信息，为不断健全、完善企业形象与产品形象提供依据。

（3）间接促销

公共关系强调企业通过积极参与各种社会活动，宣传企业营销宗旨，联络感情与扩大知名度，从而加深社会各界对企业的了解和信任，达到促进销售的目的。

（4）影响的多元化

公共关系的影响是多元化的，主要有五种，即消费者、供应商、社会、政府和企业内部职工等。

（5）成本低廉

公共关系主要是利用信息沟通的原理和方法进行活动，它比广告成本少得多。

（二）公共关系的活动方式

1. 通过新闻媒介传播企业信息

企业可通过新闻报道、记者招待会、人物专访和记事特写等形式，利用各种新闻媒介对企业的新产品、新措施与新动态进行宣传，并邀请记者参观企业，还可撰写各种与企业有关的新闻稿件。

2. 加强与企业外部公共的联系

企业应通过同社会各方面的广泛交往来扩大企业的影响，改善企业的经营环境。通过同这些机构建立公开的信息联系，来争取理解和支持，并通过它们的宣传，加强企业及其商品的信誉和形象，可赠送企业产品或服务项目的介绍、企业月报、季报和年报资料等。

3. 企业自我宣传

企业还可以利用各种能自我控制的方式进行企业的形象宣传。例如，在公开的场合进行演讲；派出公共关系人员对目标市场及各有关方面的公众进行游说；印刷和散发各种宣传资料，如企业介绍、商品目录、纪念册等，有条件的汽车行业还可创办和发行一些汽车刊物宣传企业形象，如《中国汽车报》《汽车情报》等，或开通官方微博、微信公众号进行企业宣传。

4. 借助公关广告

通过公关广告介绍宣传企业、树立企业整体形象。公关广告的目的是提高企业的知名度和美誉度。

5. 举行专题活动

通过举行各种专题活动，可扩大企业的影响。举办各种庆祝活动，如周年庆、开业典礼等；开展各种竞赛活动，如知识竞赛、汽车营销技能大赛等；举办技术培训班或专题技术讨论会等，从而扩大企业的影响力。

6. 参与各种公益活动

通过参与各种公益活动和社会福利活动，协调企业与社会公众的关系，树立良好形象。这方面的活动包括安全生产、环境保护、赞助文体等社会公益事业和为社会慈善捐助等。

【案例链接】

大连东风悦达起亚开展爱心助考活动

每年6月，高考成为中国最热门的社会话题，伴随这个话题一同成为社会风景线的，还有每年送考、陪考的家长们。2014年，为了帮助考生以更好的状态投入考试，东风悦达起亚在全国范围内开展爱心助考活动。东风悦达起亚于全国各大考场附近设立专门的服务网点，在大连地区，东风悦达起亚盛达行专营店在大连金州高级中学考场附近为考生送去关爱（图 1-4-7）。

图 1-4-7　大连东风悦达起亚开展爱心助考活动

按照东风悦达起亚企业的长期公益规划，企业公益行动将围绕“关爱未来人才、交通安全教育、支援地区发展、生态环境保护”四大板块展开，其中对青少年的关爱是企业公益事业重要的关注点。在爱心助考之外，企业还致力于基础教育建设。为期三年、总投资高达1200万元的希望小学援建计划已于2014年基本完成，日前东风悦达起亚与青少年儿童发展基金会再度续约，继续出资1000万元建设20所希望小学，以实际行动照亮未来。同时，作为国内领先的汽车厂商，普及交通安全知识和促进交通安全教育是义不容辞的责任。东风悦达起亚在交通安全教育领域的诸多努力也印证了其投身公益事业的决心。企业从2013年起开展了“儿童交通安全教育课堂”，新建的儿童安全教育馆也即将开幕，这些努力都将持续推动儿童交通安全教育开展。

（资料来源：网上车市，http：//news.cheshi.com/20140606/1384334.shtml）

五、营业推广策略

（一）营业推广的含义

营业推广也称销售促进，它是指企业在特定的目标市场中，为刺激消费者的需求，吸引消费者购买而采取的促销手段。汽车营业推广包括各种短期性的刺激工具，用以刺激汽车消费者和经销商较迅速或较大量地购买某一品牌的汽车产品或服务。

营业推广与人员促销、广告、公共关系不同，后三者一般是常规的、持续的，而营业推广则是非常规性的，是一种辅助促销手段，一般用于暂时的和额外的促销工作，其短期效益非常明显。

（二）营业推广的方式

在选择汽车营业推广的方式时，要综合考虑汽车市场营销环境、目标市场的特征、竞争者状况、营业推广的对象与目标、每一种方式的成本效益预测等因素，还要注意将汽车营业推广同其他促销方式互补、配合。

1. 对消费者市场的营业推广

（1）消费信贷

通过赊销、分期付款等方式向消费者推销产品，消费者不用支付现金或只支付部分现金即可先期取得商品使用权。由于汽车价格一般比较高，普通消费者一次付款较难接受，因此世界各汽车公司都有分期付款业务。分期付款实现了较低消费层次的现实购买力，并以余款延期缴纳的方式，解决了购销双方资金和资源的双重闲置，有明显的促销作用。

（2）汽车租赁业务

开展汽车租赁业务，可使消费者在资金短缺的情况下，用少部分钱来获得汽车的使用权。

（3）赠品

购买汽车附带赠送某些礼品，如汽车免费保养卡、不同价值的保险费、免费代办汽车牌照等。对汽车产品来说，尽管一般的小礼品对营业推广的影响不大，但可以提高消费者满意度，在一定程度上刺激消费者的购买欲望。

（4）产品陈列和现场示范

在零售现场占据某一醒目地位进行橱窗陈列、货架陈列与流动陈列，同时在销售现场示范表演。如4S店把产品的性能、用途和优越性逐一介绍给消费者，增加消费者对产品的了解，从而有效地打消消费者的某些疑虑，使他们接受企业的产品以刺激其购买。

（5）产品展销

通过参与和举办各种形式的商品展销，将一些能显示企业优势和特征的产品集中起来，边展边销。展销可使消费者在同时同地看到大量的优质商品，有充分挑选的余地，对消费者吸引力很强。如每年举行的大连国际汽车展览会。

【案例链接】

第二十一届大连国际汽车展览会销售汽车10156辆

大连国际汽车展览会于1996年创办，是大连市政府精心培植的大连市重要品牌展会，每年定期在海风送爽的8月下旬举办，至今已经连续举办了21届。2016年展会现场销售汽车累计达10156辆，大连车展已被业界公认为中国汽车销售量最大的展览会。车展期间，美国国宝级超级跑车克尔维特、意大利超级跑车阿尔法·罗密欧等众多世界豪车均在此次车展现场首发亮相，欲借机开拓东北市场。与国际汽车品牌遥相呼应的中国自主品牌在大连车展上也颇受关注。上汽、东风、一汽、长安、广汽、北汽携旗下品牌全面出击。吉利、奇瑞、华晨、长城等众多自主品牌厂商也都在此次车展上展示其最新车型，显示出中国车企在新智能、新能源汽车市场的努力。

（资料来源：去展网，http：//www. qufair. com/news/2016/08/23/8657. shtml）

（6）折价券和消费卡

折价券是给持有人的一个保证，即持有人在购买汽车时可凭此券免付一定金额的钱。消费卡多被零售业、服务业采用，持卡人凭卡消费可以享受一定的折扣。消费卡既可以免费有目的地发放，也可以收取一定的费用售出。

（7）竞赛和游戏

竞赛和游戏通常是生产厂家或零售商组织消费者参与的活动，目的是让消费者有某种机会去赢得一些奖品，作为他们参与活动的回报。赢得的奖励有现金、实物和免费旅游等。这种方法有利于扩大企业和产品的知名度，引起消费者的兴趣。

（8）特价销售

为度过某些销售淡季或迎接某些特定节日，厂家或零售商往往会开展一些优惠酬宾、折扣让利等活动，这是一种向消费者提供地域常规价格的商品销售方法，用以刺激消费者购买，是企业较常用的方法之一。企业应根据实际需要灵活设定商品的销售价格，这种方式不能经常使用，否则会给消费者带来清仓处理的感觉，不利于企业的长远发展。

（9）产品保证

产品保证是一种重要的促销工具，特别是消费者对产品质量非常敏感时，生产厂家向消费者做出产品质量保证，如发放信誉卡、保证质量若干年、购买后一段时间退换货等，可以增加消费者对此项产品的信心，但企业需要仔细估计可能产生的销售价值及其潜在成本。

(10) 提供优质服务

通过周到的服务，使客户得到实惠，在相互信任的基础上开展交易，主要的服务形式有：售前服务、订购服务、送货服务、售后服务、维修服务、零配件供应服务、培训服务、咨询信息服务。

2. 对中间商的营业推广

(1) 现金折扣

如果中间商提前付款，可以按原批发折扣再给予一定折扣。

(2) 数量折扣

对于大量购买的中间商给予一定折扣优惠，购买量越大，折扣率越高。

(3) 顾客类别折扣

企业根据中间商的不同类别、不同分销渠道所提供的不同服务，给予不同折扣。

3. 对推销人员的营业推广

(1) 红利提成

红利提成的做法主要有两种：一是推销人员的固定工资不变，在固定薪资之外，从企业的销售利润中提取一定比例的金额，作为对推销人员的努力工作所给予的现金奖励；二是推销人员没有固定工资，每达成一笔交易，推销人员按销售利润的多少提取一定比例的金额，其提成比例按递增关系，销售利润越大，提取的百分比越大。

(2) 销售竞赛

销售竞赛的目的在于刺激推销人员在一定时期内增加销售量，销售竞赛的内容主要包含推销数额、推销费用、市场渗透和推销服务等。企业明确规定奖励的级别、比例与奖金数额，成绩优异、优胜者可以获得一定的现金、实物、称号、度假、进修深造、晋升和精神奖励等，以激发推销人员的工作热情。

(3) 教育与培训

教育与培训是指向推销人员提供免费的业务培训和技术指导，得到一定认证后方可晋级。

【能力拓展】

案例分析

宝马汽车公司在亚洲汽车市场的营销组合

宝马汽车公司成立于1916年，公司总部设在德国慕尼黑。它一贯以高档品牌为本，正是企业成功的基础。BMW集团拥有BMW、MINI和Rolls-Royce（劳斯莱斯）三个品牌。这些品牌占据了从小型车到顶级豪华轿车各个细分市场的高端，使BMW集团成为世界上唯一一家专注于高档汽车和摩托车的制造商。随着亚洲经济的高速发展，新加坡、韩国、中国、印度尼西亚等国民众的汽车购买力持续增强，世界汽车巨头都虎视着亚洲，宝马公司也将目标定向了亚洲。

（一）产品策略

宝马公司试图吸引新一代寻求经济和社会地位成功的亚洲商人。宝马的产品定位是：最完美的驾驶工具。宝马要传递给顾客创新、动力、美感的品牌魅力。这个诉求的三大支持是：设计、动力和科技。公司的所有促销活动都以这个定位为主题，并在上述三者中选取至少一项作为支持。每个要素的宣传都要考虑宝马的顾客群，要使顾客感觉到宝马是“成功的新象征”。要实现这一目标，宝马公司欲采取两种手段，一是区别旧与新，使宝马从其他品牌中脱颖而出；二是明确那些期望宝马成为自己成功和地位象征的车主有哪些需求，并去满足它。

宝马汽车种类繁多，分别以不同系列来设定。在亚洲地区，宝马公司根据亚洲顾客的需求，着重推销宝马三系（年轻、运动型）、宝马五系（商务、运动型）、宝马七系（豪华商务型）、宝马八系（超级豪华跑车）。这几个车型的共同特点是节能。

（二）价格策略

宝马的目标在于追求成功的高价政策，以高于其他大众车的价格出现。宝马公司制定高价策略是因为：高价也就意味着宝马汽车的高品质，高价也意味着宝马品牌的地位和声望，高价表示了宝马品牌与竞争品牌相比具有的专用性和独特性，高价更显示出车主的社会成就。总之，宝马的高价策略是以公司拥有的优于其他厂商品牌的优质产品和完善的服务特性，以及宝马品牌象征的价值为基础的。宝马汽车的价格比同类汽车一般要高出10%～20%。

（三）渠道策略

宝马公司早在1985年于新加坡成立了亚太地区机构，负责新加坡、中国香港、中国台湾、韩国等分支机构的销售事务。

在销售方式上，宝马公司采取直销方式。宝马是独特、个性化且技术领先的品牌，宝马锁定的顾客并非大众化汽车市场，因此，必须采用细致的、个性化的手段，用直接、有效的方式把信息传递给顾客。直销是最能符合这种需要的销售方式。宝马公司在亚洲共有3000多名直销人员，由他们直接创造宝马的销售奇迹。

宝马在亚洲直销的两个主要目标是：一是要有能力面对不确定的目标市场；二是要能把信息成功地传递给目标顾客。这些目标单靠传统的广告方式难以奏效。直销要实现的其他目标还有：加强宝马与顾客的沟通，使宝马成为和顾客距离最近的一个成功企业；利用与顾客的交谈，和顾客建立长期稳定的关系；公司的财务状况、销售状况、售后服务、零件配备情况都要与顾客及其他企业外部相通者沟通；利用已有的宝马顾客的口碑，传递宝马的信息，树立宝马的品牌形象；利用现有的顾客信息资料，建立起公司内部营销信息系统。宝马还把销售努力重点放在提供良好服务和保证零配件供应上。对新开辟的营销区域，在没开展销售活动之前，便先设立服务机构，以建立起一支可靠的销售支持渠道。

（四）促销策略

宝马公司的促销策略并不急功近利地以销售量的提高为目的，而是考虑到促销活动一定要达到如下目标：成功地把宝马的品位融入潜在顾客中；加强顾客与宝马之间的感情连接；在宝马的整体形象的基础上，完善宝马产品与服务的组合；向顾客提供详尽的产品信息。最终，通过各种促销方式使宝马能够有和顾客直接接触的机会，相互沟通信息，树立起良好的品牌形象。

宝马公司考虑到当今的消费者面对着无数的广告和商业信息，为了有效地使信息传递给目标顾客，宝马采用了多种促销方式。所采用的促销方式包括：广告、公关、直销活动。

(1) 广告。宝马公司认为：当今社会越来越多的媒体具备超越国际的影响力，因而要使广告所传达的信息能够一致是绝对必要的。宝马为亚洲地区制订了一套广告计划，保证在亚洲各国通过广告宣传的宝马品牌形象是统一的。同时这套广告计划要通过集团总部的审查，以保证与公司在欧美地区的广告宣传没有冲突。宝马公司借助了中国香港、新加坡等地的电视、报纸、杂志等多种广告媒体开展广告宣传活动。这些活动主要分为两个阶段：第一阶段主要是告知消费者宝马是第一高级奢华车品牌，同时介绍宝马公司的成就和成功经验；第二阶段宝马用宝马七系作为主要的宣传产品，强调宝马的设计、安全、舒适和全方位的售后服务。

(2) 公关活动。广告的一大缺陷是不能与目标顾客进行直接的接触，而公关活动能够达到这一目的。宝马公司在亚洲主要举办宝马国际高尔夫金杯赛和宝马汽车鉴赏巡礼两个公关活动。宝马国际金杯赛是当时全球业余高尔夫球赛中规模最大的。这项赛事的目的是促使宝马汽车与自己的目标市场进行沟通，这是因为高尔夫球历来被认为是绅士运动，即喜欢高尔夫球的人，尤其是业余爱好者多数是较高收入和较高社会地位的人士，而这些人正是宝马汽车的目标市场。宝马汽车鉴赏巡礼活动的目的是在特定的环境里，即在高级的展览中心陈列展示宝马汽车，把宝马的基本特性、动力、创新和美感以及它的高贵、优雅的品牌形象展示给消费者，并强化这种印象。此外，宝马公司还定期举行新闻记者招待会，在电视和电台的节目中与顾客代表和汽车专家共同探讨宝马车的功能，让潜在顾客试开宝马车，这些活动也加强了宝马与顾客的沟通。

(3) 直销。宝马非常重视直销方式。在有的地方，宝马直销的投入甚至占到所有宣传费用的一半。宝马在制订营销计划时，非常强调目标消费群体的直接到达率。除了加强网上电子商务的力量外，宝马在制造顾客体验上不遗余力。宝马营销系统从 2002 年由欧洲开始，开设 2500 多家生活风格直营精品店。

(资料来源：豆丁网，http：//www.docin.com/p-740477990.html)

思考与讨论：宝马公司的营销组合策略是如何组成一个有机统一的整体的？

分析提示：

营销策略组合即产品、价格、渠道、促销、广告、公关、品牌的整合传播、有效搭配。营销组合不是以上要素的简单相加，而是将各要素通过科学、艺术的手法形成灵活与统一的有机整体。宝马公司的成功是营销组合协调一致应用的结果，具体表现在以下几个方面：

(1) 宝马的营销组合服务于宝马的营销战略。市场营销组合是策略，包括产品策略、价格策略、渠道策略、促销策略。策略是为战略服务的，是实现营销战略的保证。宝马公司的营销组合就是为其实现进入亚洲市场的战略服务的，而且有效地保证了宝马公司战略目标的实现。

（2）宝马的营销组合以目标市场为中心。一个营销组合方案是否卓有成效，首先要看它是否紧紧地以目标市场的需求为中心。营销组合方案的针对性越强，方案的成效就越好。宝马汽车的营销组合就是十分有力地针对亚洲消费者的需要，各个要素都针对目标市场，并通过实施很好地满足了亚洲消费者的需求，因而赢得了亚洲市场。比如，宝马的目标市场定位于社会地位较高、收入较高的消费者，因此，宝马公司组织的宝马国际高尔夫金杯赛和宝马汽车鉴赏巡礼两个公关活动，都直接针对这个目标市场。

（3）宝马的营销策略组合是从整体出发的。营销组合是多因素、多层次的组合，在制定营销组合时，不能顾此失彼，而是要强调各种因素的整体配合。宝马汽车突出的重点是产品的高档次定位，因此，其所有营销组合策略都是围绕着这个诉求点进行整体搭配的。诸如产品的质量、功能、安全等方面的设计都是为满足高收入、社会地位高的消费者的需求；宝马车的高价格也是为了体现产品的高档次；在销售渠道上，宝马汽车的高收入、高社会地位的目标市场群体喜欢针对性强、个性化的销售渠道，直销正好能够体现这一点；促销方式实际上是传递产品的诉求信息，同时公关活动也是针对目标市场的。比如，产品设计时突出高贵典雅，在广告上就要宣传这一产品特点，同时，广告的创意及其文案和图案都要体现这一诉求，以保持统一。

实训项目

一、项目名称

制定某汽车品牌热门车型4P营销策略。

二、项目目标

（1）通过实训，巩固学生对汽车4P营销策略的理解，提升策略的应用能力。

（2）以小组为学习单位，各组任选某一汽车公司热门车型，为该款汽车打入目标市场制定合理的4P营销策略，形成该项目的汽车4P营销策略方案，并进行汇报交流。

三、项目要求

教师规范实训报告的内容框架，合理引导，充分调动学生的积极性，对学生观察运用理论知识发现问题、分析问题、解决问题的能力进行全方面考核，并在讨论过程中悉心指导、鼓励学生创新。学生要开展团队合作，合理分工，踊跃讨论，运用所学知识深入分析。

四、项目准备

（1）分组，建议每小组成员人数不超过6人。

（2）教师提供《××汽车4P营销策略方案》Word版本的格式模板。

（3）各小组讨论并上报车型。

（4）每个成员配备一台计算机。

五、项目实施

（1）各成员在组长的带领下分工合作，制订小组工作计划，通过互联网搜集该车型的产品简介、目标市场、产品定位等基本资料。

（2）组长汇总各项资料，带领组员进行 4P 营销策略的讨论，教师到各组巡视指导。

（3）各组进行《××汽车 4P 营销策略方案》的撰写，教师“一对一”进行小组指导。

（4）各组派代表汇报本组的《××汽车 4P 营销策略方案》，教师、学生进行评价。

六、项目评价

采取“三位一体”的评价方式，即教师评价、小组自评和小组互评。

教师可以从团队合作，策略应用的全面性、准确性、可操作性，项目创新思维以及汇报交流情况等方面综合评价学生的实训成果。同时，在各组汇报交流过程中，进行学生自评和小组互评，以保证实训评价的全面性和客观性。

第二篇　汽车整车销售流程

4S店销售模式是当前汽车销售的主要模式，规范汽车产品的销售流程，即从满足客户购车需求出发，针对客户在不同购买阶段的特点制定相应的销售措施，为汽车销售提供了正确的行为规范和业务标准，对提高销售顾问的营销技能具有极大的帮助，还可提高汽车销售企业的整体经营管理水平，并大幅提升汽车销售企业及相关从业人员的核心竞争力。

根据我国目前多数汽车销售企业的销售和管理模式，完整的汽车销售活动包括售前活动、销售活动和售后活动三个阶段。

一、售前活动

售前活动包括汽车经销企业获得某品牌汽车的经营权，组织订购、运输和仓储、上市前的宣传、对展厅进行综合布置、确定样车的摆放位置、确定新车的价格及组织销售顾问进行业务培训等。

二、销售活动

完成一辆汽车的销售活动，必须有一套完善的汽车销售流程。汽车销售流程就是汽车销售工作的步骤和方法，这里所说的汽车销售是指狭义的包括汽车销售公司或者汽车销售服务企业的展厅销售。虽然各个经销商的汽车销售流程略有不同，但都可以归纳为以下规范的汽车销售流程，如图 2-1-1 所示。

图 2-1-1　汽车销售标准流程

（一）客户开发

客户开发即寻找潜在客户，尽可能地发掘潜在客户，与之建立并维持良好的关系。

客户开发是销售的前期活动，是开展销售活动的前提和基础。对于企业和营销人员来说，要想有效地开展销售活动，首先就要运用恰当的方法找到最好的销售机会，选择最有成交希望的销售对象。

汽车销售顾问可以通过 4S 店（汽车销售卖场）展厅、汽车展示会、人脉介绍法、社团活动、客户引荐、电话拜访、上门拜访等渠道来开发客户。

（二）汽车销售展厅接待

客户来店到达销售现场时，汽车营销人员要主动热情地上前接待，与客户进行有效的沟通，并引起顾客的兴趣及其购买欲望。通过礼貌、热情、专业的服务，初步与客户建立融洽的关系，减轻客户紧张的情绪，为成交打好基础。

（三）客户需求分析

不同的客户有着不同的消费需求，汽车营销人员必须清楚消费者的购车需求，以客户为中心，以客户的需求为导向，为客户介绍和提供一款符合顾客需求的汽车。

（四）车辆展示与介绍

在向客户静态地展示汽车中，要紧扣汽车这个产品，结合客户的需求，对整车的各个部位，特别是顾客关心的重点部位与客户进行互动式介绍，将产品的亮点通过适当的方法和技巧进行介绍，向客户展示能带给其哪些利益，加强客户的购买欲望。

（五）试乘试驾

试乘试驾是对整车介绍环节的延伸，实质是对车辆进行动态介绍。客户可以通过试乘试驾的亲身感受，使客户对车辆性能有直接的感性认识，进一步加强客户的购车欲望，并体现产品的安全、高质量的品牌内涵，从而增强客户的购买欲望。

（六）客户异议处理与促进交易

客户异议是销售中的必然现象，从接待客户、推销面谈直至签约成交的每一个环节，客户都有可能提出异议，汽车销售顾问只有处理好客户的异议，才能促进交易。

（七）报价成交

报价成交是整个销售过程中最关键的阶段，在这个阶段，汽车销售顾问的核心任务就是促使顾客采取购买行动。一个优秀的汽车销售顾问应该千方百计地把握签约成交的时机，运用各种适合的方法促成交易。

（八）交车服务

交车就是在客户购买汽车后，按约定的日期和时间向客户交付所预定的车，车应是洁净的、无缺陷的。在交车服务过程中，汽车销售顾问应遵守规范的服务行为。

（九）售后服务

这是销售活动向售后服务的延伸。交车并不意味着销售活动结束，圆满地结束不仅是汽车销售顾问与顾客签订了合同，更重要的还是要以完美的姿态为下一次的销售活动铺平道路。因此售后跟踪服务是一个非常重要的环节，可以说是一个新客户的开发过程。体现对客户的关怀，解决客户买车后所面临的问题，提升客户的满意度和对品牌的忠诚度，并寻找新的潜在客户。

依据“销售漏斗”原则（图 2-2-1），潜在客户群的最终成交概率为 10%，来店（电）客户的最终成交概率为 25%，而试乘试驾的最终成交概率高达 40%，因此，随着整车销售流程的推进，最终成交概率逐步攀升，销售顾问要积极把握这一规律。

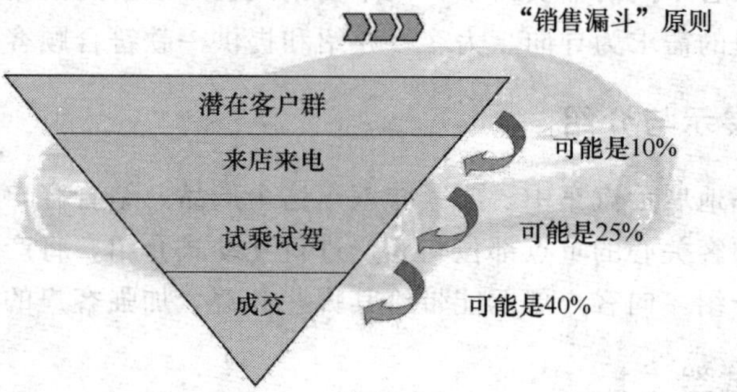

图 2-1-2　“销售漏斗”原则

三、售后活动

售后活动主要包括：给客户提供牌证、税费代理服务、售后的跟踪服务（与销售活动有交叉）、使用咨询、汽车保养与维修、备件供应、二手车置换等。

任务一　客户开发

【学习目标】

知识目标

1. 了解潜在汽车客户开发的渠道方式和客户管理方法。
2. 掌握汽车销售顾问电话拜访客户与上门拜访客户的技巧。

技能目标

1. 能够在实践中利用各种渠道方式来开发潜在汽车客户。
2. 能够在实践中很好地完成电话拜访客户与上门拜访客户的任务。

【情境导入】

某销售顾问第一次去拜访客户，到了那位客户的公司以后，他意外地发现另外一家汽车公司的销售顾问也在那里，而且比他先到。这位销售顾问是急忙赶过去的，脸上带着汗水，领带还有点歪。那位客户出来以后，将另外一家公司的销售顾问请进去了，而这位销售顾问因为仪表的问题，客户不愿接待。那位客户对他的秘书说："你把他的汽车资料留下来就行，让他先回去吧!"

请思考：这位销售顾问拜访客户失败的原因是什么？

（资料来源：http：//i606job. blog. 163. com/blog/static/170615077201162245837892/）

分析

这位销售顾问就是失败在仪表方面。所以，端庄的仪表在销售顾问拜访客户的时候非常重要。除了端庄的仪表，销售顾问还需要具备良好的心理素质。

单元 1　潜在汽车客户开发的渠道方式分析

汽车生产出来之后如何尽快地销售出去，回笼资金，减少库存成本是所有汽车服务企业都很关注的问题，这些问题的解决必须依靠汽车客户开发来完成。

客户即公司（企业）的交易对象，是指通过购买公司（企业）的产品服务来满足某种需求的群体。

从客户是否已经购买产品也可将客户分为"现有客户"和"潜在客户"。"现有客户"是指过去买过或正在购买的客户。"潜在客户"是指现在还没有买，但今后很有可能购买的人或组织。从宏观意义上说，世界上的任何人或组织都是潜在的客户。与客户建立和保持一种长期的、良好的伙伴关系，掌握客户资源、赢得客户信任、分析客户需求、提供满意的客户服务等客户关系管理的核心思想在实践中的具体运用是企业提高市场占有率，获取最大利润的关键。而拥有一定数量的潜在客户，会给客户开发人员带来一定的自信。要保持这种数量，就必须定期开发、补充新的潜在客户。

客户开发工作是销售工作的第一步，业务人员通过调查初步了解市场和客户情况，对有 实力和有意向的客户重点沟通，最终完成目标区域的客户开发计划。那么，在茫茫人海中如 何寻找潜在客户？开发客户有什么方法？在开发客户的过程中有何技巧？

一、4S 店（汽车销售卖场）展厅渠道

4S 店（汽车销售卖场）展厅渠道主要是指各个汽车品牌专卖店或各大汽车销售卖场，比如汽车超市、汽车大道、汽车销售一条街等汽车销售企业的现场展示场所，该渠道开发的客户主要是来现场看车的客户或进行电话咨询的客户。

（一）来店客户的开发

该渠道的客户开发以汽车销售顾问与客户的接洽为主要形式，一般来说，通过该渠道开发的潜在客户都有很强的购车意向，且最终成交率相对比较高，因此，正规的汽车销售卖场对来店客户的接待都有硬性的管理标准，对于来店客户，销售顾问要礼貌相迎并引导客户进入客户服务区，创造最好的看车环境。

（二）来电客户的开发

对于来电客户，必须在电话铃响三声内接听，首先自报家门，并适当记录谈话细节，同时迅速切入主题，并尽量邀请其来店里面谈，一般来说，接听电话的长时间不要超过 5 分钟，以免影响其他客户的来电，通话结束时要感谢客户的来电，并让对方先挂电话，接完电话，要把谈话内容详细地记录并及时登记在专用的来电客户登记表上，养成定期整理归档和上报相关部门的习惯，以便在日后的管理中有案可查并及时跟踪。

二、汽车售后服务组织渠道

汽车的售后服务组织渠道主要是指汽车销售以后，为保证汽车的正常使用，提供保养、维护、修理以及其他服务的各类服务性汽车组织机构。这些汽车服务组织因为业务需要通常都会拥有大量的汽车客户信息，汽车销售顾问首先要想方设法拿到这些客户信息，然后再对这些信息通过一定的管理工具汇总、筛选并做进一步分析，从而锁定潜在客户并制定具体的潜在客户开发对策。比如对于汽车 4S 店中有重大维修记录的客户，汽车销售顾问可以断定在最近一段时间内该客户会有选购新车的倾向。同样，在汽车租赁公司客户登记表上出现频率较高的客户也很有可能就是潜在购车客户。

三、书面资料渠道

汽车销售顾问通过查阅各种书面资料来寻找潜在客户也是种非常有效的渠道，很多汽车销售企业都要求其销售顾问把经常在当地报纸、电视、广播及街头广告载体上露面的企业，作为收集信息的重点对象。这就是一种典型的书面渠道收集潜在客户的方法，该渠道具体来说包括以下三个方面的资料：

（一）统计资料

统计资料主要是指国家相关部门的统计调查报告，如中国汽车统计年鉴、汽车行业统计调查资料以及汽车行业团体公布的调查统计资料等。

（二）名录类资料

名录类资料主要是指各大企事业单位内部成员名录或社会上各种正式或非正式的团体的会员名录，包括企业客户名录、同学名录、会员名录、协会名录、职员名录、电话黄页、公司年鉴、企业年鉴等。

（三）报刊类资料

报刊类资料主要是指与该汽车销售企业市场范围相关性较大的各类地方报纸和全国至全球范围内颇具影响力的汽车专业性报纸和汽车杂志等。

在利用这些信息的过程中需要对资料的来源与资料的提供者进行分析，以确认资料与信息的可靠性，同时还要注意资料可能因为时间关系而出现的错漏。总之，汽车销售顾问在利用这些二手资料的过程中要结合自己的经验有选择性地分析利用。

四、会议渠道

开发人员在各种展览会、信息交流会、信息发布会、订货会、技术交流会等会议上，能开发出许多新客户。其中，各种专门的汽车展示会是汽车销售顾问收集潜在客户资料的一种重要途径。常见的汽车展示会分为两种，一种是自己公司举办的专场汽车展示会，另一种是其他公司或组织举办的汽车展示会，这两种类型的展示会都可以作为汽车销售顾问收集潜在客户资料的重要途径。在参加此类会议之前汽车销售顾问必须做好以下准备工作：

（一）参加自己公司的专场汽车展示会

要参与策划整个展示会的方案设计，了解展示会的整个流程和具体环节，有针对性地设计潜在客户信息收集问卷，预测客户的兴趣点并准备一些客户关心的问题。

（二）参加大型的其他组织举办的展示会

要收集全面且准确的最新展会信息，了解参展单位以及参展品的特征，收集竞争对手和潜在客户的资料，制订有效的间接收集潜在客户清息的方案，并充分论证其可行性。

（三）准备好专门的客户信息收集工具

如名片、公司宣传册、客户信息登记表等。

五、人脉介绍渠道

从认识的人中发掘潜在客户。每个人的日常活动会认识很多人，这些人有可能成为潜在客户。利用现有关系寻找潜在客户，是一种基本的客户开发方法。

（一）亲友介绍

在自己熟识的人中，如亲戚、邻居、朋友、同学等，就可能有人需要汽车或他们知道谁需要。在寻找的过程中，汽车客户开发人员的任务就是沟通，让他人知道自己，了解自己，这将成为自己开启机会的大门。即使亲戚朋友不会成为自己的客户，也要与他们联系，他们也许认识将成为自己客户的人，去认识他们，会结识很多人。告诉自己身边的人自己在干什么，自己的目标是什么，获得他们的理解，会很快找到自己的潜在客户，因为身边的人都会帮我们。与最亲密的朋友联系之后，再转向熟人。如果方法正确，多数人将不仅能提出恰当的问题，而且还有可能谈到一个大客户。香港地区企业界流传着一句销售格言："亲戚朋友是生意的扶手棍。"汽车销售吉尼斯世界纪录保持者乔·吉拉德的"250 法则"，都说明利用私人关系是开发新客户的基本方法。汽车销售顾问潜在客户人脉如图 2-1-3 所示。

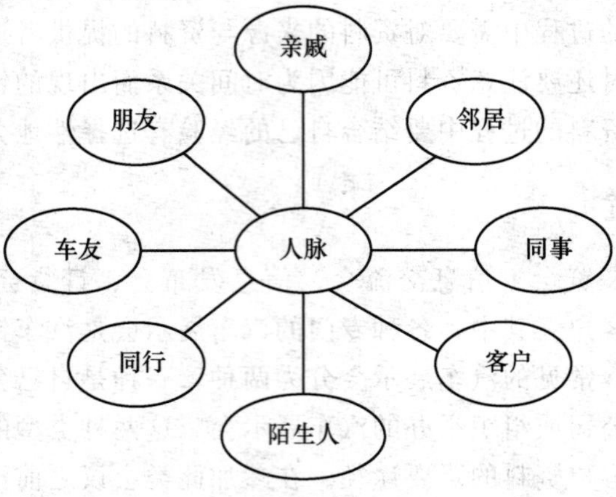

图 2-1-3 汽车销售顾问潜在客户人脉

除利用私人关系开发客户之外，还可以运用客户引荐法，并与其他产品的销售员建立伙伴关系。

（二）客户引荐

客户引荐是指通过老客户的介绍来寻找有可能购买该产品的其他客户。这是寻找新客户的有效方法，被称为黄金客户开发法。应用连锁介绍法，可以通过目前的客户、不满意的客户、新客户、拒买产品的客户等来介绍。要求客户转介绍时需要一些技巧和方法，每当一个销售过程结束时，不论客户有没有买产品，都应该要求客户介绍给自己一些他的亲友，同时，也应该不断地要求老客户提供这类名单。这一方法可以避免推销人员寻找客户的盲目性。因为现有客户推荐的新客户大多是他们较为熟悉的单位或个人，所以提供的信息准确、内容详细。同时由于各位客户之间的内在联系，可以取得新客户的信任，消除了一般人对不速之客的戒心。

在要求转介绍时，最佳的方法就是"6＋1"法则，使客户在与我们的谈话中一直处于"自我说服"的状态中。"6＋1"法则源于销售过程中的一个常见现象：销售顾问在销售一种产品前，先问客户 6 个问题，如果能得到 6 个肯定的答案，那么接下来整个销售过程都会变得比较顺畅。也就是说，销售顾问在和客户谈论产品时，若客户能不断地点头或说"是"，成交的概率就比较大。销售顾问提一个问题而客户回答"是"，这意味着客户的认可度在增强；反之，就意味着客户对销售顾问或产品的认可度在降低。

当问完前 6 个问题后，我们可以接着问："××先生/小姐，您会不会刚好认识一些朋友，而他们对这种产品有需求或者有兴趣的，您可以告诉我他们的名字吗?"当成功地向客户索取到他们的亲友的名字和电话后，用询问的方式提出下一个请求："××先生/小姐，您能不能再帮我最后一个忙，可不可以现在给您这位朋友打个电话，告诉他我会在今天下午或者明天早上去拜访他?"

【案例链接】

乔·吉拉德采用客户引荐法的汽车电话销售案例

乔·吉拉德在将汽车卖给顾客数星期后，就从客户登记卡中找出对方的电话号码，开始着手与对方联系。

“买的车子情况如何?”他一般会这样询问。

白天打电话，接听的多半是购车者的太太，她们大多回答：“车子情况很好。”

吉拉德接着说：“假如车子震动利害或有问题的话，请送回我这儿来修理。”并且请她提醒她丈夫，在保修期内送来检修是免费的。

同时，吉拉德也会问对方，是否知道有谁要车子。若对方说有位亲戚或朋友想将旧车换新的话，他便请对方告知其亲戚或朋友的电话号码和姓名，并请对方拨个电话替他稍微介绍一下。他同时告诉对方如果介绍的生意能够成功，对方可得到25美元的酬劳。最后，乔·吉拉德没有忘记对方的帮助再三致谢。

乔·吉拉德认为：即使是质量上乘的产品，在装配过程中也会发生莫名其妙的小差错，虽经出厂检验但也难免有疏漏。这些毛病在维修起来不难，但对顾客来说就增添了许多麻烦。把车卖给顾客后，对新车是否有毛病的处理态度和做法如何，将会影响顾客向别人描述购车经历时的角度和重点。他可能会说：“我买了一辆雪佛兰新车，刚购回来就出毛病!”但在你主动征询对方对车子的评价，及时发现毛病并给予免费维修时，顾客就会对别人说：“吉拉德这个人挺有意思，时时为我的利益着想，虽然车子出了点毛病，他一发现就马上给我免费修好了。”

（资料来源：http：//xiaoshou. mlbuy. com/dhxsjq/20120910140/）

（三）其他产品的销售员介绍

我们结识到的其他产品的销售员，只要不是竞争对手，彼此也可以成为朋友，在对方身上收获很多经验，当双方在拜访客户的过程中，碰到适合对方的客户时，可以彼此推荐。例如，汽车销售员可以与汽车配件或汽车美容产品的销售员联合，共享客户。

六、电话拜访渠道

电话拜访是指汽车销售顾问利用电信技术，针对可能的潜在客户群进行有计划的、可衡量的市场营销沟通。运用电话寻找潜在客户法可以在短时间内接触到分布在广阔地区内的大量潜在客户。电话寻找法有两种形式：一种是直接的电话沟通；另一种是通过发送短信的方式寻找。

七、上门拜访渠道

上门拜访是指汽车销售顾问为了收集信息、发现需求、促进销售、改善沟通等目的而采取的活动。上门拜访客户的成功与否，尤其是第一次拜访，是影响销售成功与否的关键环节。上门拜访可以根据需要安排常规拜访，也可安排临时性的随机拜访。

八、光辉效应法渠道

光辉效应法又称为中心辐射法、名人效应法或影响中心法等。它是指客户开发人员在某一特定的区域内，首先寻找并争取有较大影响力的中心人物为客户，然后利用中心人物的影响与协助寻找到该区域内可能的潜在客户的方法。该法的得名来自心理学上的“光辉效应法则”。心理学原理认为，人们对于在自己心目中享有一定威望的人物是信服并愿意追随的。因此，一些中心人物的购买与消费行为，就可能在他的崇拜者心目中形成示范作用与先导效应，从而引发崇拜者的购买行为与消费行为。光辉效应法适合于一些具有一定品牌形象、具有一定品位的产品或服务的销售，如高档服饰、化妆品、健身等。

九、社团渠道

优秀的汽车客户开发人员不仅善于利用现有关系，还善于建立新关系。例如参加老乡会、同学会、战友会，还加入企业家协会，到干部培训中心拜访学员，参加高层次的培训课程等，由此结识了很多潜在客户。

十、网络渠道

这种方法是登录一些企业发布供求信息的贸易网站，寻找相关有需求的客户。同时也可 以把自己的产品信息贴到网上，也能吸引一些客户。另外，政府采购信息也会刊登在网上，上网就能查询到政府的采购需求信息，这样也可以开展业务。当前利用网络聊天工具、E-mail 寻找潜在客户，也是较常用的方法。

【案例链接】

东方雪铁龙新世嘉通过微信二维码实现对汽车信息展示的双屏互动

作为东风雪铁龙品牌的重要战略车型，世嘉在国内以纯正欧洲血统、WRC 冠军品质和高性价比赢得了众多消费者的青睐和追捧，成为国内最为畅销的主流中级车之一。雪铁龙新世嘉发布时，在公司网站主页上通过吸引客户扫描微信二维码（图 2-1-4），先入为主，让新世嘉在客户手机中落地生根，加深客户的印象，从而实现了对汽车信息展示的双屏互动，达到很好的宣传作用，极大地提升了成交率。

图 2-1-4　雪铁龙新世嘉及微信二维码

（资料来源：http：//www. docin. com/p-507291868. html）

十一、代理人渠道

国外也有通过代理人寻找潜在客户的办法。在国内，大多数情况都由客户开发人员所在 公司出面，采取聘请信息员与兼职销售顾问的形式实施，其佣金由公司确定并支付，实 际上这种方法是以一定的经济利益换取代理人的关系资源。

十二、结识陌生人渠道

在电梯里，在公共汽车上，在餐厅里，我们有没有尝试着和自己身边的人交谈过？如何结识我们周围的陌生人呢？建议实践“五步原则”，具体做法如下：

当我们碰到一个人，他走进了我们的五步范围，我们应该友好而热情地自我介绍，并询问他们的工作，以及为什么在这个地方出现。

善意的对话使对方积极回应。当他们问及我们的工作时，我们的任务是将名片递给他们。

几乎没有人会拒绝我们的热情和名片，接下来我们会发现对方开始问我们的工作和我们的车辆等一系列问题了，我们需要的不正是对方的这些问题吗？

我们微笑着告诉对方：“我猜想，可能某一天有为您或者是您的朋友服务的机会，为此事先致谢。”准确地将这些话语和我们当时的气氛配合起来。“我猜想”听起来一切都是自发的、自然而然的。“事先致谢”说明我们为人礼貌。“可能”显示一种谦逊的态度。“某一天”使我们的车辆或服务不至于被搪塞到遥远的将来。“为您服务”把潜在的客户置于重要的位置，他们觉得自己对我们很重要，很可能采取行动帮助我们。

通常会出现下面三种情况，哪个行动都对我们有利：他们同意打电话与我们进一步讨论；同意让我们打电话给他们，进一步讨论；他们不感兴趣，但将帮助我们向感兴趣的人推荐。现在我们得到了什么？认识了一个我们几乎没有可能认识的人，得到一名潜在的客户并被推荐给别的潜在客户。

十三、本单位原有客户名单渠道

作为汽车销售顾问，刚进入一家汽车 4S 店工作时，可以向单位要求获得与已经离开销售岗位的前任销售顾问的客户联系的授权。由于种种原因，有一些客户可能被忽略了，如果他们最近没有发生购买行为，也许只是因为没有人向他们提出请求。检查一下过去客户的名单，我们可能将获得将来的生意，或者获得他们推荐的生意。

单元 2　汽车销售顾问开发客户的方法举例详解——电话拜访客户的方法与技巧

一、汽车销售顾问电话拜访客户的准备工作

第一，打电话前要通过系列准备工作，充分建立个人的自信心。

第二，在打电话前准备通话名单，可以使我们有的放矢地找到客户。

第三，在打电话前，准备好记录用的笔记本、笔、资料夹等办公用具。整理并分类公司及相关产品的资料，收集并记忆与客户相关的资料信息。

第四，站在客户角度向自己提问，并回答，就自己想要掌握的客户信息，如何获取，提前考虑措施。

二、汽车销售顾问电话拜访客户的流程

汽车销售顾问电话拜访客户流程如图 2-1-5 所示。

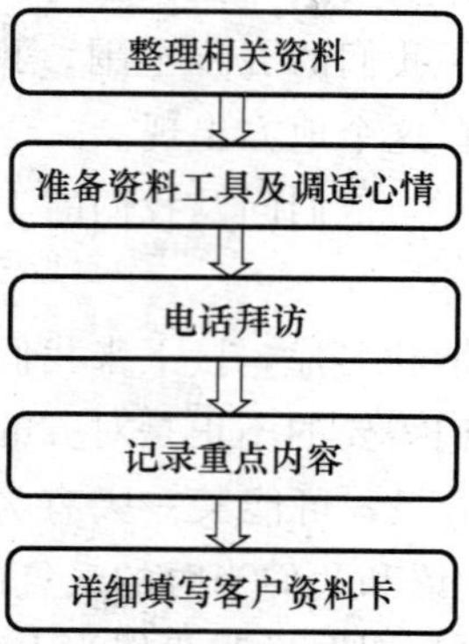

图 2-1-5　汽车销售顾问电话拜访客户流程

三、汽车销售顾问电话拜访客户的技巧

（一）尽可能多地打电话

高质量地联系最有可能大量购买汽车的准客户，因此要尽可能多地打电话。

（二）电话要简短

电话应该持续大约 3 分钟，而且应该专注于介绍本单位的汽车，大概了解一下对方的需求，以便我们给出一个很好的理由让对方愿意花费宝贵的时间和我们交谈，最重要的是别忘了约定与对方见面。

（三）在通话中保持愉快的心情和悦耳的语调

电话拜访时，对方看不见我们的表情及态度，但可根据我们的声音做出第一印象的判断。所以，保持愉快心情才能有悦耳的音调，同时也可使对方降低排斥感。

（四）多使用适当的问候用语

适当的问候语能拉近彼此的距离感，使对方认为我们是朋友，而非只是电话拜访

员。若已知对方职称或头衔时，应直接称呼对方职称或头衔，会使对方有被重视感。访问结束时，应表达感谢之意，对占用对方时间表示歉意。

（五）安排合理的拜访时机

电话拜访客户，要安排在合适的时间进行，在电话拜访时应对所拜访客户的行业有初步 的认知，比如该行业何时忙，何时可电话拜访，依据不同的行业调整电话拜访时间。在一周的开始，通常每一家公司都会很忙，且上班族最不喜欢的也是这一天。所以，不要太早做电话拜访，以免花了许多时间却得不到理想的成绩的情况发生。

（六）做好各种不利情况的心理调适

电话拜访客户，可能会遇到各种不利情况，如总机不愿转接；对方挂断电话；受访者语气不好；受访者滔滔不绝地讲个不停；受访者不肯开金口；专门的负责人不在等，要在各种情 况下调节自己的心情，保持良好的状态，继续下一个目标客户。

【案例链接】

乔·吉拉德电话营销失败案例

有一次，乔·吉拉德与一位客户现场商谈购车事宜，一切进展顺利，眼看就要成交，但对方突然决定不买了，这让乔·吉拉德百思不得其解。到了晚上，乔·吉拉德仍为这件事感到困扰，他实在忍不住就给对方打了电话。

乔·吉拉德：“您好，今天我向您推荐的那辆车，眼看您就要签订了，为什么却突然走了呢?”

客户：“喂，乔·吉拉德，你知道现在几点了吗?”

乔·吉拉德：“真抱歉，我知道是晚上11点钟了，但我检讨了一整天，实在想不出自己到底错在哪里。因此冒昧地打电话来请教您。”

客户：“真的?”

乔·吉拉德：“肺腑之言。”

客户：“很好！你在用心听我说话吗?”

乔·吉拉德：“非常用心。”

客户：“可是，今天你并没有用心听我说话。就在签字前，我提到我的儿子即将进入密歇要大学就读，我还跟你说到他的运动成绩和将来的抱负，我以他为荣，可你根本没有听我说这些话!”

听得出，对方余怒未消。但乔·吉拉德对这件事毫无印象，因为当时他确实没有注意听。

客户：“你根本不在乎我在说什么，而我也不愿意从一个不尊重我的人手里买东西!”

这次销售让乔·吉拉德懂得了尊重客户的重要性。从此，他牢记这次的教训，发自内心地去尊重他的每一位客户，结果取得了意想不到的收获。

（资料来源：http：//www.docin.com/p-1655790202.html）

【能力拓展】

案例分析

2016年9月，汽车销售顾问小王接到庞先生的电话，并约他下午来展厅看车。在展厅看车时，小王了解到庞先生是一家房地产公司的司机，想为公司老板林总选一款家用、坐着舒适的车型，价位在50万～60万元。于是小王向庞先生推荐了豪华版限量版加装按摩座椅的配置，庞先生比较满意。事后，两人约好改天开着试乘试驾车辆上门拜访林总。

之后两天，小王和庞先生约上门拜访时间，但明显感觉对方在推脱。第三天小王实在忍不住，拿了一份礼品上门拜访庞先生。到他公司的时候正好是中午，天气特别热，小王穿着厚厚的工作服，热得满头大汗，碰巧在公司门口遇见了庞先生。小王没有提让林总看车的事情，只说是公司新到一批礼品，给他领了一份送过来了。庞先生看到小王满头大汗很感动，连忙说："小王你放心，这个车子我会帮你推荐的。"

果然，过了两天庞先生主动和小王约好上门拜访林总的时间。但由于当时试乘试驾车辆没有加装按摩座椅，林总并没有表明自己的态度。一个小时后，小王给庞先生打电话，庞先生说他已经和林总说过加装按摩座椅的车辆要舒适得多，林总表示有时间来展厅看一下。

过了三四天，庞先生带林总来到展厅。林总对按摩座椅的车辆很感兴趣，还对庞先生说再过几天就提车。

第二天，小王和庞先生电话确认提车时间时，庞先生又推脱出差，上门拜访也有意回避。于是小王主动和庞先生说了给他回扣的事，庞先生这才透露不提车的主要原因是听说同样配置的车型，有家4S店比小王4S店便宜两万元。小王感觉很不可思议，于是给4S店领导打电话确认消息是否属实。领导说要约庞先生明天见面谈，庞先生同意了。

但到了第二天，庞先生又打电话说不要精品车了，想要裸车，有人给他装潢，是他老板的朋友，老板现在也知道这辆车的价格了。小王邀请他来展厅他拒绝，小王想上门拜访订车他也不同意，提回扣的事也很逃避。

之后，小王上门拜访几次还是见不到庞先生。小王也试图找林总，但每次都被挡住。小王觉得应该和庞先生保持一点距离，免得他为难。三天后，也就是月末的最后一天，早上小王给庞先生发了条信息，希望他能帮忙冲量。下午庞先生打电话过来要提车。

在和庞先生交涉期间，小王总共上门拜访六次，整个售车过程十分艰难。

（资料来源：http：//www.51wendang.com/doc/5bb637eba358704d8325c4f9）

思考与讨论：本案例对汽车销售顾问开发客户有哪些启示？

分析提示：在本案例中，在和庞先生交涉期间，小王总共上门拜访六次，才完成了艰难的售车任务，可以看出开发潜在客户的难度之大。本案例对汽车销售顾问开发客户有如下启示：

（1）感情营销在整个客户开发的过程中非常重要。打动客户的心，才能获得客户的信任，从而提升成交率。

（2）完成汽车客户开发任务离不开坚持不懈的努力和百折不挠的精神。

实训项目

一、项目名称

汽车客户开发实训

二、项目目标

1. 知识目标

（1）掌握汽车客户开发方法与渠道多元化。

（2）了解汽车客户开发业务处理标准。

2. 技能目标

（1）熟练掌握汽车销售顾问商务礼仪。

（2）能够独立地进行汽车客户开发任务。

三、项目要求

1. 师生衣着整齐规范。

2. 学生在实训过程中应严格遵守堂纪律。

3. 学生分组演练时，应配合默契，严禁浑水摸鱼、依赖他人现象。

4. 学生应爱护实训器材，严禁破坏实训器材。

四、项目准备

1. 场地准备

本实训在汽车商务实训中心进行。

2. 人员安排

实训学生每 4 人为 1 组，按角色分为组长 1 名，销售顾问 1 名，客户 2 名。

每组对应的车型和客户开发渠道各不相同。

3. 器材准备

展厅基本布置、销售资料夹、《客户资料卡》、计算机、着装镜、笔、记录本、车辆参数表、车辆报价单、车辆试乘试驾单、车辆销售合同、整车等。

4. 实训前训练

（1）教师指导。模拟工作岗位情景，指导学生按事先确定好的渠道开发客户。

（2）学生自我训练。在教师的指导下，让学生以小组为单位进行自我训练，并在各组自我训练后，组内进行互助交流学习或竞赛。

五、项目实施

1. 准备客户开发所需物品。

2. 依据每组对应的不同渠道方式，联系到客户。

3. 寒暄。

4. 与客户进一步沟通，抓住客户的需求。

5. 把握时机，促成交易。

6. 每组上交实训报告。

六、项目评价

1. 教师设计评分表。

2. 组长（事先培训过）为评分员，现场给每一组的实训演练打分，取平均分。

3. 教师点评。

4. 师生共同评比出名次，并给前三名颁奖。

任务二　汽车销售展厅接待

【学习目标】

知识目标

1. 了解汽车销售前的准备工作。

2. 重点掌握汽车销售展厅的接待流程。

技能目标

1. 能够在实践中做好汽车销售前的准备工作。

2. 能够在实践中较好地完成汽车销售展厅的接待任务。

【情境导入】

一天，某轿车公司销售顾问小张值班时，有位客户在展厅里看了一款轿车之后，向小张问了两个问题。

这个客户很关心安全问题，他问小张："这款车的ABS是哪里生产的?"

这个问题很普通，在汽车销售公司日常的销售过程当中，客户提这个问题的频率也比较高。而小张一下子不知道该怎么回答，因为他不知道这辆车所装配的ABS到底是国产的还是进口的，只好问旁边的销售顾问，结果没有得以满意的答复。小张为了把这辆车卖给客户，他就回答说："可能是进口的。"

这个客户又问："这款车现在没货，那什么时候才会有呢?"

这个问题也是日常销售当中客户问得最多的一个问题。因为汽车销售公司不可能把每一款汽车、每一种颜色都备齐了。小张又着急了，他说："你等一下，我去问一下我们领导。"刚巧，领导当时也不在，小张没有办法，最后说："大概需要半个月吧。"

客户提了两个问题，一个是不清楚，另一个是大概，这位客户有点不高兴。客户说："我的时间这么紧张，你却告诉我可能大概，你让我怎么决定，我还是到别处去看看吧。"小张活生生地把一个很好的意向客户丢掉了。

（资料来源：https：//tieba.baidu.com/p/4375923966）

分析

这名销售顾问在实战中缺乏专业知识、销售技巧和自信，面对客户毫无准备。因此，销售顾问在展厅接待客户前一定要做好充足的准备。

单元1　销售前的工作准备

一、个人准备

（一）个人仪容仪表

销售顾问留给顾客的第一印象十分重要。一个蓬头垢面的销售顾问，不论他所销售的商品多么诱人，也难以给顾客带来好感。卡耐基说："合宜得体的打扮最能反映出销售顾问的本质，所以着装方面，一定要精心谨慎。任何场合都穿着得体，正如任何问题都晓得正确答案一样，这才会让人服气。"具体要求如下：

（1）穿着指定的制服，保持整洁、合身。

（2）佩戴胸牌，样式统一，干净整洁。

（3）整理好头发，无头屑，头发不遮盖脸面和衣服，不染色。

（4）保持手和指甲的清洁，修剪整齐。

（5）皮鞋擦拭干净明亮，袜子颜色与衣服的颜色协调。

（6）男士不佩戴饰物，女士的饰物应小巧精致。

（7）女士化妆需自然、淡雅、整洁、协调，避免浓妆淡抹。

（8）同事之间互相检查，在更衣室设有查看着装是否标准的镜子，便于销售顾问自我检查。

（9）避免让人不快的气味，包括体味、汗味、口臭。

（二）销售工具准备

销售工具夹是每个销售顾问和顾客商谈时都应该随身携带的销售工具。销售顾问要配备统一的销售工具夹，每人一份，具体包括：

（1）办公用品——计算器、销售记录本、个人名片等。

（2）销售表单——报价单、购车合同、分期付款文件、保险文件、一条龙服务文件、精品价格文件、试乘试驾协议、售后服务相关文件等。

（3）产品资料——车型目录、竞品车型对比资料、精品资料、库存车辆信息、车辆相关资料剪辑等。

二、早例会

早例会是当天工作的正式开始，早例会一定要全员参加，在展厅内进行，时间不超过 15 分钟。早例会包括的内容如下：

（1）厂家政策的宣达。

（2）鼓励销售顾问的士气。

（3）着重于支持与辅导。

（4）对前一日业绩优秀人员进行表彰。

（5）检查指正销售顾问的服装、仪容。

（6）明确当天销售顾问的目标与任务。

（7）库存状况沟通。

三、车辆准备

车辆准备包括的内容如下：

（1）展车清洁及摆放。

(2) 随车及周边物品整理。

(3) 利用《展车标准检查表》核查。

四、接待准备工作

(一) 展厅相关资料准备

车辆管理登记本、停车管理卡、4S店平面图、展车配置铭牌等与展厅相关的资料，在 接待客户前，要进行仔细检查，确保展厅资料准备齐全。

(二) 个人销售工具准备

办公用品，如计算器、笔、咨询笔记本、打火机、名片等；销售表单，如来店客户调查表、报价单、销售合同/订单、按揭文件、保险文件、一条龙服务文件等；商品资料，如车型目录、软文剪辑、竞车对比、精品资料等。

(三) 提升服务品质用具准备

客户欢迎卡以及免费饮料均要事先准备妥当。

(四) 销售顾问排班准备

销售经理要提前设定销售顾问的排班顺序。接待台设立接待人员，接待人员在接待台站立等待。值班销售顾问在展厅接待来店客户，第一顺位销售负责巡视展厅，并检查展车，确保展车清洁及功能正常，并随时注意展厅外是否有客户到来。第一顺位销售一旦接待客户，第二顺位销售立即准备随时接待下一位客户。

【案例链接】

一张小卡片的销售秘籍

汽车销售顾问小王平时在接待客户前，手上一般都会准备一张小卡片，并随时准备将客户信息立刻记录下来，客户走之后，再将内容整理到客户资料卡上。

有一次，有一个客户一个人来看车，当时他匆忙了解了一下君威，拿了一份目录并留了一个电话就走了，从看车到离去不到三分钟。从他的言行举止中，小王断定他是一个很好的潜在客户，于是就将他的特征、开的车型、车牌号码都记录下来。

三个月后的一天，这位客户突然来看车。小王老远看见就觉得很面熟，于是急忙打开客户登记表，想起了他是三个月前来看君威车的黄先生。小王立刻上前迎接，叫了一声："黄先生！"黄先生很惊奇地笑了一下，问小王怎么知道他姓黄。小王就把他三个月前看车的经过陈述了一遍，又大大地赞美了他一番。黄先生非常开心，说："你真是一个用心的售车员！买车我一定找你。"试乘试驾君威后，黄先生非常满意，没过几天就订车了。

(资料来源：http：//www.doc88.com/p-397940758254.html)

单元 2　汽车销售展厅接待流程

客户来店接待，特别是初次接待，一般时间在 30 分钟左右。在此期间，销售顾问要达成两个目的：一个是让客户的紧张心理状态放松；另一个是引导客户进入下一环节。从来店接待目的达成的角度，我们总结了来店客户初次接待流程，如图 2-2-1 所示。在来店客户接待这一环节，在自由交谈过程中可能发生的需求分析、产品介绍等内容，从来店接待这一环节中剖离开来，到具体的环节中介绍。而在自由交谈环节着重介绍初期询价和竞品比较两个内容。

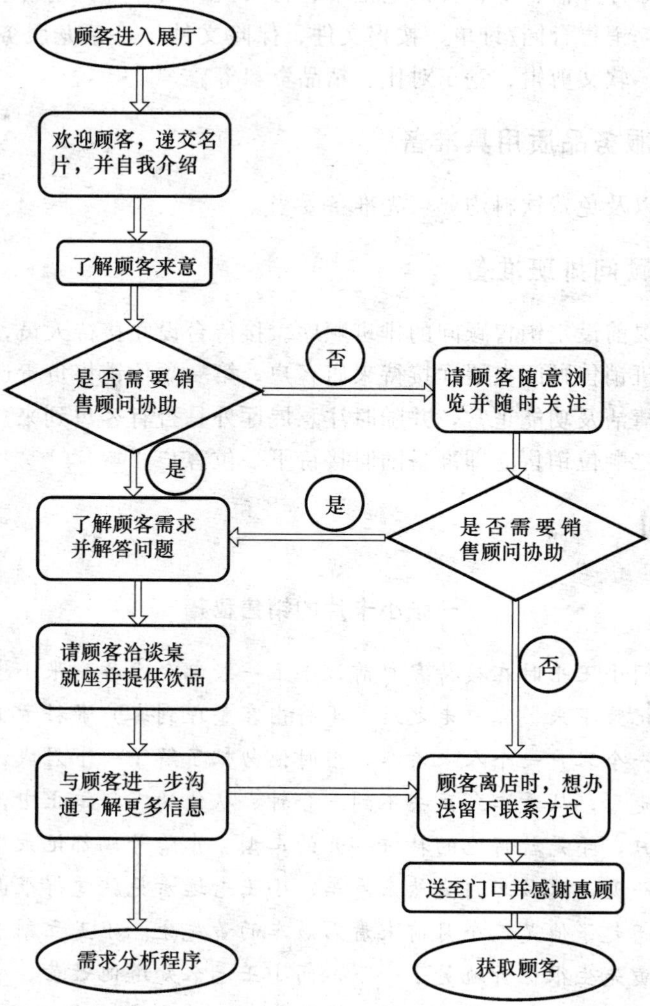

图 2-2-1　展厅接待流程

一、客户进门

(一) 迎接客户

随时注意有没有客户进入展厅。销售顾问应随身携带名片和笔记本，以便随时记下客户的信息。

客户一进门口，展厅销售顾问要面带微笑，双眼注视客户，稍稍鞠躬并说“欢迎光临”。不要给客户造成心理上的紧张和压力。若是两人以上同行，则不可忽视对其他人的照顾。客户经过任何工作人员旁边时，工作人员即使忙于其他工作，也应面带微笑点头致意。

值班的销售顾问要马上微笑前迎，并说：“先生（女士）您好，来看车吗?”一边递上名片一边自我介绍说：“我是销售顾问××，您先看着，如果有事我就在您的附近，随叫随到。”接着销售顾问应该离开客户。

若客户不需要协助，那就让客户轻松自在地活动，但仍应随时注意观察客户的动态，比如客户在看什么、客户关心什么、客户在意什么，及时地调整自己的销售方案；若发现客户有疑问或出现需要服务的迹象时，要立即上前服务，最好将客户引入到洽谈区坐下。

若同时有两三批人来看车，要及时请求支援，不可以让任何人受到冷落。

若儿童随行，则接待人员或其他销售顾问应负责招待。若儿童愿意到儿童游乐区玩，则引导他们前往，并保证儿童的安全。

我们可以用下列方法来表现出欢迎顾客：微笑，并保持眼光接触，争取让客户主动交谈；与客户同来的每一个人都打招呼，奉上茶水、咖啡、点心、糖果等；业务上表现得尽可能专业；不以貌取人；自然放松，和蔼可亲。

注意：细节之处不可忽视，如宜人的环境布置、温馨的展位布置、播放背景音乐等。

客户进门时，销售顾问基本的动作是走上前，迎接，配合微笑以及规范的话术。这里主要涉及以下三个方面。

1. 递名片

递名片时，要遵守递名片相关的礼仪，销售顾问要边递名片，边解释自己的名字，并告 知对方可以称呼自己什么。在解释自己的名字时，要尽量做到对名字中的每一个字都给予说明。

2. 封闭式问题：三个选择

选择题是封闭式问题的一种，与之对应的是开放式问题，即问答题。通过调查得知，人们内心更愿意做选择题，所以在客户进门时，要使客户心理放松，先要了解客户的心理活动，然后将客户想要的接待方式转换成选择题，提供给客户。比如，“您是自己随便看看，还是我给您重点介绍一下?”或者“您到休息区，喝点茶水，我给您一些资料?”

3. 确定关系

在进门接待时要明确与客户的关系。例如，“只要走进我们的展厅，您就是我们的客户，说明我们有缘分。我的工作职责就是争取您满意，买不买车没关系，希望您在我们展厅有一个满意的体验。”在客户进门时，销售概述的作用是强大的。但是，并非所有的人一次就能完整地说完整个接待语句，想要在真正的客户面前顺利地表达自己的意思，可以先对着镜子练习，非常熟练了才可以直接对客户说。

（二）让客户的心理处于舒适状态

1. 客户进入展厅时的常见表现

经过大量统计，客户第一次走进展厅后通常有以下三种表现：

（1）自己先随便看看，有问题时，让销售顾问随时进行讲解；

（2）销售顾问陪同自己边走边看边讲解；

（3）找资料，看资料，甚至谈判。

2. 客户进入展厅时的心理状态

（1）客户的想法

客户进门前的心情是愉快而紧张的。愉快的感觉源于他要购买的商品一定是他所需要的，客户来店的目的非常明确，就是到我们展厅里来客观全面地了解我们产品的所有信息，包括性能、价格、配置、对比等。造成客户心理紧张的因素较多，尤其是在购买价值很高的贵重商品的时候。首先是他要面对一个陌生的环境；其次他面对的是一个陌生的人，双方谈论的还是一个陌生的话题；最后是客户不知道即将发生一些什么事，不知道销售顾问会如何接待他，怕露怯，怕被销售顾问忽悠了，而且最怕被那种强力的推销员给黏上，以至于做出事后会后悔的决定。这种紧张心理会使客户在心理上有防范，或者说不安全感。客户的心理表现有如下几种：

①希望在自己走进展厅时，销售顾问至少要招呼一声。

②希望能在专卖店得到自己所希望得到的服务，而不是被强拉着听车辆介绍。

③不希望在展厅参观车辆时，销售顾问老是在自己身旁走来走去，如果自己有问题自己会问的。

④自己进来半天了，也没人给讲讲。

与客户紧张心理对应的状态就是心理舒适区。心理舒适区就是让人心理上觉得舒适、愉快的外界环境氛围。在心理舒适区里，我们会感到自在、放松、舒适；相反，超出了舒适区的范围，我们则感觉到紧张、不安、焦虑。而对于销售来说，当客户处于心理舒适区时，销售更容易成功。因此，销售顾问在客户进门后的首要任务，就是放松客户的戒备心理，打消客户的焦虑和担心，了解客户的想法，使之进入舒适的心理舒适区，从而提高销售成功的概率。客户心理的三个区域如图 2-2-2 所示。

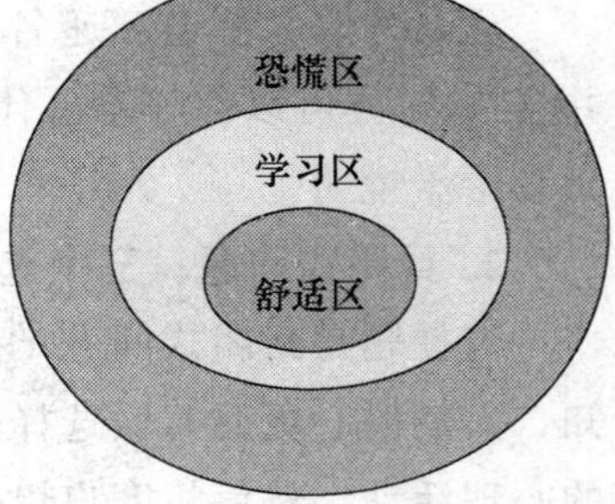

图 2-2-2　客户心理的三个区域

（2）客户心理分析

①客户希望什么？

客户希望在自己需要的时候能够得到及时的帮助。客户在看车的时候不希望被打扰，而在需要帮助的时候又希望能够立刻得到帮助。这看上去似乎很矛盾，让销售员不知所措。其实，恰到好处的服务是可以通过训练和观察获得的，这就要求销售顾问要观察客户，而不是不管客户。

②客户不希望什么？

当客户进入展厅观摩自己感兴趣的车时，他不希望旁边有人打扰他，特别不希望销售顾问在旁边喋喋不休。在日常销售工作中经常会遇到这样的情况，客户一个人，也可能是两个人或三个人结伴而来，他们站在自己感兴趣的车前，一边看一边品头论足。有些销售顾问见状就马上走过去接待他们，而正谈得津津有味的客户一旦看到销售顾问走过来便马上拔腿走人。这些客户对车不感兴趣吗？其实不是。是他不想买车吗？也不是。那他为什么看到销售顾问走过来就赶紧离开了呢？原因是客户在进行自我保护。因为客户自认为自己是弱势群体，对汽车了解不多，担心汽车销售顾问对自己进行误导，要事先熟悉汽车展品，熟悉展厅环境，所以用一种拒人于千里之外的态度镇静内心，显示自己的强大。

（3）汽车销售顾问的合理做法

既然客户在处于心理舒适区的状态时，更容易消费，那么，客户进入展厅时，汽车销售顾问的主要工作就是想办法让客户放松，使其心态处于舒适区。那么，究竟该如何引导客户进入心理舒适区呢？

①礼貌待客，观察分析

主动迎接，双手递上名片，配合微笑，是放松客户紧张心理的首要任务。汽车销售顾问见到客户后，要以礼相待，但不要急忙上前对汽车做详细介绍，而是要通过观察客户的穿着、行为、语言等来判断客户的类型，是主导型的、分析型的，还是社交型的，以此确定客户的意向级别和意图。

②缓解客户的紧张心理状态

汽车销售顾问与客户接触，应主动缩短与客户之间的距离，恰到好处地了解客户来店的真实动机，以尽快取得客户的信任为目的。否则，客户不会与我们洽谈，更谈不上买我们的车了。怎样才能缩短与客户之间的距离，了解客户来店的真实动机，尽快取得客户对汽车销售顾问的信任呢？从客户心理学的角度来看，一般情况下客户进入展厅时大都得到满足甚至被骗、挨宰。由于这种期待和担心常常交织在一起，故表现为本能上的自我保护——对立意识，行动上常常是一种怀疑或者逃避的态度。堂而皇之的理由是他不认识我们，他对我们没有好感。客户尤其害怕进入实质阶段，特别是在付款的时候，担心这个是否属实、那个有没有想到等。

为了打消客户的这些疑虑，汽车销售顾问要想方设法“营造”一个舒适、温馨的客户购车环境，并在和客户的整个接触过程中针对不同的情况注意使用以下方法来消除客户的疑虑：

第一，认同客户的观点，承认他讲得有道理。

第二，不诋毁同行或竞争对手。

第三，尽量展示出我们的专业能力。

第四，努力表现出我们的素质与修养。

第五，通过灵活地运用方法和技巧，让客户情绪放松，逐渐取消对立情绪。

第六，适时向客户了解购买动机和真实的需求。

第七，以客户为中心，从客户的角度来帮助其解决疑难问题等。

举例："您好，我是××4S店的销售顾问刘备，您可以叫我小刘，这是我的名片。请问您怎么称呼?""哦，王先生，您走进我们车行那就是我的客户，我将尽力为您提供满意的服务。您看是您自己先看一下呢？还是我边走边给您介绍？或者去我们休息区，先喝口水，我给您拿些资料了解一下？您看是?"

在前述销售顾问诚恳、善意的语言环境中，客户的选择只能是随便看看、听讲解、去休息区这样三个选择之中的一个。

第一，随便看看。

如果客户选择自己随便看看，任由他在展厅自由活动，让客户知道销售顾问在旁边随时恭候。不要跟在客户的后面，回到自己的正常工作位置，用目光来观察客户的特征。

第二，听讲解。

如果客户选择边看边听讲解，说明他内心对销售顾问已经有了一定的安全感，而且防范 下降，此时就直接进入自由交谈的环节了。

第三，去休息区。

如果客户选择去休息区，那么陪同客户去休息区。首先请客户入座，告知客户会为他准备饮品和资料，请他稍等；征求客户的同意入座，保持适当的身体距离；关注客户的同伴；适当开始与客户寒暄交谈。此时客户可能已经通过各种渠道了解到许多关于车辆的信息，也可能已经去过几家4S店比较过了，但是由于初次来我们所在的展厅，心理仍旧是戒备状态。这时，要进一步放松客户的心理戒备状态，一方面是分散客户的注意力，如请客户选择自己喜欢的饮料；另一方面是跟客户寒暄，拉近与客户的关系。

二、客户看车时

（一）从业务角度来观察

如果是熟悉车辆的客户，他的动作一般是比较快地拉车门，或者动手试图打开后盖等；如果不熟悉车辆，那么他的动作可能是贴近车窗，观察车辆的内部，或者仔细观看车辆的配置表，也有可能会主动寻找是否有销售顾问在他身边。客户表现出越熟悉车辆，采购的可能性就越大，越不熟悉车辆，越需要给予细致的讲解和足够的沟通。

销售顾问要观察客户围着汽车看什么，是看车头，还是看驾驶座旁的仪表盘。只有了解客户所关心、所重视的东西，才能在脑子里准备好应对策略。客户都喜欢货比三家，也许他来这里之前，已经去过其他的店了。他这个时候进来，可能只是进行一些细节上的比较。销售顾问观察到这种现象之后，就可以有的放矢地准备营销策略了。

当发现客户发出下列信号时，销售顾问要及时上前，争取获得眼神的接触，然后主动开口，与客户进行沟通。

客户需要销售顾问的信号有：抬头，左右环顾，寻找销售顾问；动手开启车门；贴近观察车内；专注车型配置表。

销售顾问开口的第一句话，应铺垫与客户初期的关系，奠定客户所观察的车价值并展示 销售顾问的经验。例如："我觉得您肯定是行家，您进来有 8 分钟了，有 6 分钟都在看这辆车，这辆车是我们展厅配置最全的一辆了。所以我觉得您肯定懂车，而且您肯定也是业务上需要这样的多功能商务车吧?"这是实质性接触客户最关键的一句话，会为以后与客户的关系奠定基础。客户与销售顾问就是这样从接触到认识、到熟悉、到相信、到信任、到信赖的过程。以后发展是否顺利，就取决于此。

（二）从专业角度来观察

销售顾问观察客户的行为，了解客户喜欢什么、关心什么，这不仅可以很快地直接进入主题，而且客户会认为我们十分专业，从而赢得客户的信任。对于一般客户来说，汽车被认为是一个很复杂的产品，由很多部件构成，涉及多的专业知识。他买车只是为了使用，可能对保养、维修常识一窍不通。此时客户与我们接触后发现我们是这方面的专家，从心理上讲，客户就信服我们一大半了，客户认为我们对他是有用的，以后的服务交给我们是可以放心的。"我在你这儿买的车，我就找你"，很多客户都是这样的心理状态。

【案例链接】

汽车展厅接待客户不同情况分析

第一种情况：当确认客户来店的目的是想看看某款车，并且只是想自己一个人看看时，汽车销售顾问应感谢客户的光临，递上我们的名片以便提供进一步的帮助。让客户自己随意浏览参观，销售顾问行注目礼，随时准备与客户交流。适当时递上茶，并说："先生（女士）请用茶。"尽可能让客户留下联系资料，但不可强求。

第二种情况：当确认客户来店是想看看某款车并需要帮助时，汽车销售顾问应问清楚客户需要解决什么问题，用我们自己的话再重复一遍客户所说的内容，请客户确认我们对他来访目的的理解是否正确。适当时机递上茶，并说："先生（女士）请用茶。"别忘了向客户递上我们的名片。

第三种情况：如果客户有疑问时可询问："先生（女士）您好，不知道您喜欢哪一款车?"或"有什么问题吗?"如果客户愿意继续往下交谈，在已获得客户意向程度的基础上，可以借此机会再向他提一些问题，以便能更好地了解他的购买动机。此时我们可以把客户带到"咨询"的环节中去。除此之外，销售顾问之间要默契配合。

第四种情况：当确认客户来店是看中某款车型，而且购买意向较强，但展厅没有时我们有如下两种处理方式。

情况一，现在没有车，但需预定时间提供时，我们可以说："非常感谢您特地跑这一趟，但是很不巧，这辆车在上个星期五（或另外其他的时间）就已经被卖出去了。我们知道这款车卖得很好，但您先别急，我们重新向厂家订的这款车已经在回来的路上了，如果您现在就付款订车，一周内提车是有保障的，您看……是否……"

情况二，因故短期内无此款车可供时，先请客户坐下，递上茶，用相关的汽车样本资料或同等级的汽车影像资料等为客户作商品说明。也可以用自己或同事车况良好的车辆做现身说法的介绍，效果会更好。

此外，在征得客户同意后，带领客户到附近有同类车的地方去看车，或者查明有车的时间，和客户另约时间看车。在约定日前一天要再和客户确认看车时间。

在上述接待客户的过程中，尽管客户的情况不同，处理方法不一样，但以下三点对于每一位销售顾问来说都是必须共同遵守的：一是重视来店的每一位客户；二是运用心理学知识，巧妙地解开客户心中的"结"；三是发挥团队的力量，相互配合，协同作战。

重视来店的每一位客户，是指一视同仁，不能有好恶之分，不能以貌取人。

运用心理学知识，巧妙地解开客户心中的"结"，是指运用心理学上的技巧去影响客户最初的观点。

客户在下决心购买之前，一定会货比三家。客户最初的观点的形成最容易受"先入为主"的影响。遇到这样的客户，当客户拿竞争对手的车型、销售政策等来打压汽车销售顾问的时候，千万不要与客户对着干，不要诋毁别人的产品，特别是在没有弄清楚事实真相的前提下，更不要擅自做主仓促应战，随意承诺汽车销售顾问做不到的事情。汽车销售顾问可以这样说："哦，您说的那款车，确实不错，品牌也好，质量也不差。可就是……唉，它那个地方如果这样设计就好了，就更安全……要不，我给您介绍一下我们这款车的安全特点，您可以比较一下……"因为绝大多数购车的客户都是非常在意安全问题的，汽车销售顾问从安全的角度去影响客户，往往效果会不错。

互相配合，协同作战，是指专营店的销售顾问不能以单兵作战的形式进行销售，而要以团队的形式，尽早、尽快地将客户带进"舒适区"里去，以缩短距离，取得信任。

（资料来源：http：//www.doc88.com/p-9072692266378.html）

三、自由商洽时

通过前期的初步沟通，客户同销售顾问进入自由交谈的环节，这个环节有时与销售过 程中的需求分析、产品介绍是紧密衔接的，关于需求分析和产品介绍的内容，我们将到相应 的任务中讲解。本节将针对客户初期的犹豫问价、竞品比较两种情况进行讲解。

（一）犹豫问价

客户在接触产品的初期，无论是自发地出于对产品的需要，还是销售顾问主动接近而进行的产品展示，客户都会不由自主地问："多少钱？"因此客户初期询价的动作是常见的、正常的。这里我们要分析客户初期询价的动机。初期询价的背后动机往往是大脑的惯性思维而非理性思考，绝大多数情况的初期询价都是惯性使然。任何人在看到一个新产品，或者接触一个新东西时的平常反应就是：这个产品卖多少钱呢？客户的目的很简单，此时他不是为了购买而问价，而是一种习惯性问价。习惯性问价背后没有特别明确的目的，只是一种内心的价值参数，用价格做参考确定一个价值范围。此时客户问价是没有什么策略的，是内心比较性地寻找价值的阶段，是简单地搜索产品的价值信息。常见的典型问话如下："这个型号的车卖多少钱呢?""这款配置的车卖多少钱?""所有配置都加上要多少钱呢?"销售顾问此时应该采取"制约"的沟通策略，尤其是在客户询价的初期。例如："听您问的话，就知道您不是一般人，您问的这个型号不多见了，价格挺贵的!"接下来可以通过价格优势来拆分，以控制整个谈话思路。

（二）竞品比较

客户在下决心购买之前，一定会货比三家。客户最初的观点的形成最容易受"先入为主"的影响。客户与汽车销售顾问在熟悉后的交谈中，一般会涉及竞争产品，即与其他品牌车的比较。

潜在客户一般在到展厅前会预先设想购车的预算，并在这个预算范畴内选择几个不同的品牌作为候选。比如，他的预算是 15 万元，那么他会在 12 万～18 万元之间挑选五个品牌的车。先到这些品牌的专卖店大概看一看，再将候选品牌缩减为两三个，然后才更加仔细认真地到展厅来看。

如果客户首次来店，一般会就不同车型、不同性能征求销售顾问的看法。如果客户在来店的 30 分钟左右的交谈中，没有提到任何竞争车型，那么多数情况是在这次接触中，销售顾问没有完全赢得潜在客户的信任。而这样，销售顾问也失去了车型选择方面建议的机会。因此，鼓励客户就各种他可能选择的车型与我们讨论，甚至我们可以主动提及竞争品牌车型。

当客户对竞争产品的独特领先的性能非常熟悉时，拿竞争对手的车型、销售政策等来打压汽车销售顾问的时候，千万不要与客户对着干，不要诋毁别人的产品，特别是在没有弄清楚事实真相的前提下，更不要擅自做主仓促应战，随意承诺汽车销售顾问做不到的事情。销售顾问可以采用沟通技巧来控制话题向自己的车的优势转移。

【案例链接】

汽车营销竞品比较案例

当客户进行竞品比较时，汽车销售顾问可以这样说："哦，您说的那款车，确实不错，品牌也好，质量也不差。可就是……唉，它那个地方如果这样设计就好了，就更安全……要不，我给你介绍一下我们这款车的安全特点，您可以比较一下……"因为绝大多数购车的客户都是非常在意安全问题的，汽车销售顾问从安全的角度去影响客户，往往效果会不错。

假如我们是一位美国车的销售顾问，我们可以这样说："您提到的日本车普遍比较经济。对于经济性的认识是由车价和油耗两个方面构成的。从目前来看，车价都在一个价位中，油耗问题其实是一种权衡的比较结果。如果一个车较轻，那么必然会在运行中比较省油。所以您可以去比较卡罗拉与景程的整车重量，较轻通常会比较省油，同时钢板也就比较薄，在高速公路上行驶就会发飘，从而导致安全保证水平的下降。如果不在高速公路上行驶，平时60～70千米的时速，节油性能就彼此差不多了。所以，关键看您在意什么?"通过这样的方式，将客户对油耗的关心有效地转移到他对自己安全的关心上。话反过来也是一样的，如果我们是日本车的销售顾问，我们完全可以将美国车的宽敞、安全转移为消费者对油价的敏感上。因此，不用考虑我们到底销售的是什么车型，关键看我们是否能够挖掘自己车辆独到的特点，将对手的优势转移为我方的优势，也就是综合性应用沟通基本功的功力。除了熟悉和掌握自己销售的汽车品牌的优势以外，还需要详细掌握主要竞争产品的技术数据。比如每百千米油耗的准确数据、竞争对手车型的钢板厚度、长宽高尺寸数据。当我们可以清晰地讲明详细数据时，客户才认可我们有说服力，才信服我们说的话。

（资料来源：http：//www.docin.com/p-427547519.html）

四、客户离开时

在与客户的第一次交谈结束时，客户准备离开时，汽车销售顾问要表示感谢客户的光临，此时应注意并做到以下三个方面。

（一）尽可能留下客户的联系方式

客户离店前，尽可能地留下客户的信息和联系方式或确认以下信息是否收集：姓名；地址电话；预算、车型；购车原因；购车用途；购车时间；决策者；以往用车；客户职业。

（二）送别客户

帮助、提醒客户清点随身携带的物品和单据；送客户至展厅门外，感谢客户惠顾并道别，热情欢迎再次来店；微笑目送客户离去，直到客户走出视线范围；若客户开车离去，陪同客户到停车场，感谢客户惠顾并道别，并站立在客户车辆后视镜范围内，让客户体验到销售顾问在目送他。值班保安人员提醒客户道路状况，指引方向；若在交通路口，则引导到主要道路上。

（三）客户资料整理

客户离开后，要及时将客户资料整理记录到《来店（电）客户登记表》《意向客户级别状况表》《销售活动日报表》《意向客户管理卡》中，以方便后续操作。《来店（电）客户登记表》如表2-2-1所示，展厅接待注意事项如表2-2-2所示。

表 2-2-1　《来店（电）客户登记表》

初洽时间：　　年　　月　　日

编号	客户姓名	联系方式	拟购车型	意向级别	寻访方式	来店时间	离去时间	经过情形	媒介	销售员

注：(1) 拟购车型：来店看车预购车型；(2) 意向级别：来店看车当场接洽判定级别（H：7 日内；A：1 月内；B：1～3 个月；C：3 个月以上）；(3) 寻访方式：来店/电；(4) 经过情形：由值班业务代表当日接洽状况简述；(5) 媒介：媒体广告，亲友介绍，自己寻找。

表 2-2-2　展厅接待注意事项

环节	对应项目	具体程序
1	准备工作	注意仪表着装（穿着指定的制服，保持整洁、合身） (1) 佩戴胸牌，样式统一，干净平整； (2) 整理好头发，无头屑，不遮盖脸面和衣服，不染色； (3) 保持手和指甲的清洁，修剪整齐； (4) 皮鞋擦拭干净明亮，袜子颜色与衣服和肤色协调； (5) 男士不佩戴饰物，女士的饰物应小巧精致； (6) 女士化妆需自然、淡雅、整齐协调，避免浓妆艳抹； (7) 避免让人不快的气味，包括体味、汗味、口臭
2	客户若开车来	(1) 客户到来时迎至展厅外（至少在门口）迎接，主动为客户引导安排车位，停放车辆，第一顺位值班人员引导客户引入展厅； (2) 观察客户动作、车辆外形及新旧、车辆内部状况，以了解该客户的特性及可能的需求，考虑适合的接待方式； (3) 下雨天，主动拿伞出门迎接客户
3	客户进入展厅时	(1) 点头、微笑、目视并保持眼神接触，所有员工遇到客户时都应以充满活力、明朗、欢快的声音，向客户打招呼、致意； (2) 热情招呼客户带来的每一个人，第二顺位者主动协助招呼客户的同行人员； (3) 介绍自己并递上名片，在迎接后立即询问客户客户是否可以为他效劳，以便弄清楚客户光临的目的。此时，值班人员马上前迎问候："先生（小姐）你好，有什么能为您服务吗?" 并自我介绍递上名片，若客户不需要协助，则让客户轻松地自由活动，若客户有疑问或需要服务的时候，则要立即上前服务； (4) 创造与客户交谈的机会，适时灵活地随声附和客户； (5) 与客户初步交谈时说话要热情，充分表达对企业及产品的信心； (6) 若是两人以上同行则不可忽视对其他人的招呼应对。若同时有两三组人来看车，要请求支援，不可有任何人受到冷落。若有儿童随行，其他业务代表应负责招待，若儿童愿意到儿童游乐区，则引导他们前往

续 表

环节	对应项目	具体程序
4	客户自行参观车辆时	（1）主动迎上前，问候客户，递上名片进行简单介绍，让客户知道销售顾问在旁边随时候教； （2）请客户自己随意参观浏览，离开并保持一定距离，让客户在目光范围内随时关注客户的需求
5	客户需要帮助时	（1）客户表示想问问题，销售顾问要主动上前询问； （2）用亲切的态度和客户交谈，正确回答客户问题； （3）通过提问（开放式）了解客户对车辆的要求，不要用专业词汇询问，要有信心和热情，适当介绍公司及产品
6	客户入座时	当顾客表示想问问题时，销售顾问可主动邀请顾客就近入座。座位朝向顾客可观赏感兴趣的车辆。此时销售顾问向顾客提供可选择的免费饮料（3种以上）。征求顾客同意后入座于顾客右侧，保持适当的身体距离；顾客若有同伴前来，应关注顾客的同伴（不要忽略“影响者”）
7	客户离开时	（1）客户要离开时，要和客户约定下次见面的时间、地点等事项，并提醒客户携带的物品； （2）放下手中的其他事务，陪同客户到停车场，感谢客户惠顾并道别； （3）陪同客户到车位，为客户打开车门，引导车辆出入； （4）真诚地感谢客户关照，热情地欢迎再次来店； （5）微笑，向离去客户挥手致意，并目送客户离开
8	客户离去后	（1）整理客户信息，填写A卡及《来店（电）客户登记表》； （2）联系客户致谢； （3）设定明确目标，实施计划、实施时间、实施对象； （4）对每一位客户进行锲而不舍的追踪，直到达成交易

【能力拓展】

案例分析

黄女士决定买一辆车而且还想买一辆好车。最初她定下的目标是一辆日产车，因为她听说日产车质量较好。

在跑了大半个城市，看了很多售车点并进行反复比较后，她又走进了她家附近一个新开的上海通用汽车特约销售点。接待她是一个姓段的汽车销售顾问。一声亲切的“您好!”，接着是规范的请坐、递茶，让黄女士感觉相当热情。

仔细听完黄女士的想法和要求后，段先生陪她参观并仔细地介绍了不同型号别克轿车的性能，有时还上车进行示范请黄女士体验。对于黄女士提出的各种问题，小段都耐心、形象、深入浅出地给予回答，并根据黄女士的情况与她商讨最佳购车方案。黄女士特别注意到，在去停车场看车、试车的路上，天上正下着雨，段先生熟练地撑起雨伞为黄女士挡雨却让自己淋在雨里。

在这一看车、试车的过程中，黄女士不仅加深了对别克轿车的了解，还知道了别克轿车的服务理念及单层次直接销售的好处，她很快就改变了想法，决定买一辆别克车。

约定提车的那一天正好是中秋节。黄女士按时前来，但她又提出了新的问题：“她自己从来没有上过马路，况且又是新车，不知如何是好。”小段想了想说：“我给您开回去。”由于是中秋节，又临近下班时间，路上特别堵。短短的一段路上竟走了近两个小时。到黄女士家时已经是晚上六点半了。在车上黄女士问：“这也是他们别克销售服务中心规定的吗?”小段说：“我们的销售服务没有规定必须这么做，但我们的宗旨是要客户满意。”黄女士在聊天当中得知小段还要赶往家中吃饭，被小段的热情和敬业深深打动了。

（资料来源：http：//www.doc88.com/p-201946719367.html）

思考与讨论：本案例对汽车销售顾问展厅接待客户有哪些启示？

分析提示：汽车销售顾问小段热情、耐心、礼貌、爱岗敬业、亲力亲为的服务精神打动了黄女士，对汽车品牌的选择直接从日产转换到别克，可以看出：汽车销售顾问完美的展厅接待礼仪和引导作用在整个汽车销售过程中的作用至关重要。

实训项目

一、项目名称

汽车展厅接待流程实训

二、项目目标

1. 知识目标

掌握汽车展厅销售接待客户流程规范。

2. 技能目标

（1）熟练掌握汽车销售顾问商务礼仪；

（2）能够独立进行汽车展厅客户接待工作。

三、项目要求

（1）师生衣着整齐规范。

（2）学生在实训过程中应严格遵守堂纪律。

（3）学生分组演练时，应配合默契，严禁浑水摸鱼、依赖他人现象。

（4）学生应爱护实训器材，严禁破坏实训器材。

四、项目准备

1. 场地准备

本实训在汽车商务实训中心进行。

2. 人员安排

实训学生每 5 人为 1 组，按角色分为组长 1 名，前台接待 1 名，销售顾问 1 名，客户 2 名。每组对应的车型和客户需求各不相同。

3. 器材准备

展厅基本布置、销售资料夹、计算机、着装镜、笔、记录本、车辆参数表、车辆报价单、车辆试乘试驾单、车辆销售合同、整车等。

4. 实训前训练

（1）教师指导。模拟工作岗位情景，指导学生按事先确定好的渠道开发客户。

（2）学生自我训练。在教师的指导下，让学生以小组为单位进行自我训练，并在各组自我训练后，组内进行互助交流学习或竞赛。

五、项目实施

（1）接待前准备物品的描述；

（2）出门热情迎接客户到来；

（3）进入展厅的寒暄；

（4）尽可能让客户先参观；

（5）观察客户的需求服务，及时趋前招呼；

（6）引领客户到洽谈桌上坐下，与客户进一步沟通；

（7）本小组成员间角色互换，开始新一轮实训过程；

（8）每组上交实训报告。

六、项目评价

（1）教师设计评分表；

（2）组长（事先培训过）为评分员，现场给每一组的实训演练打分，取平均分；

（3）教师点评；

（4）师生共同评比出名次，并给前三名颁奖。

任务三　客户需求分析

【学习目标】

知识目标

1. 了解汽车客户需求分析的目的和内容、需求分析的理论基础。
2. 掌握将汽车客户的隐性需求转化为显性需求的方法。
3. 重点掌握向汽车客户提供咨询和客户需求分析的方法及技巧。

技能目标

1. 能够在实践中将汽车客户的隐性需求转化为显性需求。
2. 能够在实践中通过向汽车客户提供咨询的过程来挖掘客户真正的需求。

【情境导入】

(展厅内)

李先生："唉，这个座椅怎么硬邦邦的，不舒服啊？"销售顾问："李先生真不愧是老司机，一下子就问到点子上了。开车最讲究的是座椅要舒服，不然时间长了腰酸背疼的哪儿受得了啊，是吧？李太太您看您老公多会关心人呐，这细节都给您考虑到了，您可真幸福！"

(面向李先生)

"您现在坐在这儿觉得不舒服，是吧？"李先生："对啊。"销售顾问："这就对了。"李先生："怎么对了？"销售顾问："您是老司机，您肯定知道，这个座椅坐时间短了并不能看出差距来，只有时间长了，比如说开上个把小时，或一趟长途下来，腰不酸，背不疼，才能体现出舒服不舒服，您说是吧？"李先生："是啊。"销售顾问："那您说这个好车的座椅它怎么就那么舒服呢？怎么就座多长时间都不累呢？它是为什么呢？"李先生："是啊，为什么呢？"销售顾问："主要是看座椅的人机工程学设计得怎么样。"李先生："什么意思？"销售顾问："您现在这么坐着，就像去家具城挑沙发一样，这么一坐，跟您平时开车的时候姿势一样吗？"李先生："不一样啊。"销售顾问："对啊。您平时开车的时候一定是手放在方向盘上，右脚踩着油门，左脚放在离合器边上，上身微微挺直，抬头看着路况，是吧？"李先生："对啊，不都是这样吗？"销售顾问："开车时候那个姿势，和一般就这么坐着的时候重心分布不一样，是吧？所以啊，我们的座椅是根据您在开车的时候，那个重心分布的情况设计的，所以就在展厅里这么坐一下，肯定是感觉不舒服的。"李先生："嗯，这么说还有道理。"销售顾问："是吧？像一些美国车和日本车，座椅倒是挺软和，跟大沙发似的，没开过车的人就这么一坐，觉得挺舒服，可一旦开时间长了，就觉着别扭了。"李先生："嗯，你还别说，是这么回事。那你怎么证明你这个车就设计得好呢？"

(资料来源：http：//www.doc88.com/p-378141893620.html)

分析

客户需求分析，是汽车展厅销售流程中比较重要的环节。面对前来展厅的客户，我们关心的是，他们对汽车需求心理达到了什么程度，客户的心理需求状态及客户类型千差万别，因此要具体问题具体分析，针对不同的客户，应采用相应的处理方式。本案例中，汽车销售顾问就客户关心的问题——驾驶座椅舒适度，与客户展开了详尽的交谈，为客户答疑解惑，提供正确选择驾驶座椅的科学方法，真正满足了客户的需求。

单元1　汽车客户需求分析的目的和内容

一、汽车客户需求分析的目的

需求是促使客户达成购买的一个动机、一个原因。当需求越强烈、越迫切时，购买的可能性越大。比如，手机坏了，不能打电话了，这时就有了购买新手机的需求。再比如牙疼，如果仅仅有一点点不舒服，不见得就去看医生。但如果牙疼得都受不了了，既张不开嘴，也没办法吃饭了，这时就得放下任何事，先得去医院看牙了。

面对各种各样的汽车，多数客户处于知之甚少的状态，客户本身也不能明确总结出自己对车辆的真正需求。需求分析的目的，就是发现客户的需求、强化客户的需求，并满足客户的需求。

对客户进行需求分析是现代营销与传统营销的区别所在，现代汽车销售是以客户需求为中心的顾问式销售。传统上看来，销售顾问就是卖东西，与客户的立场是相对的。但是销售汽车时，销售顾问应该站在客户的角度，去帮客户买东西，而不是仅仅卖东西。坚持做需求分析，销售顾问会发现，自己跟客户的谈话内容将不再以产品为中心，而会以客户的需求为中心，就是“您喜欢什么样的车，您对这个车有什么样的要求，您更看重哪一点，您还有哪些不知道的地方”等。这其实就是顾问式销售的典型应用。顾问式销售就是在不知不觉中让客户感觉到销售顾问是站在自己的立场上，去发现问题，去思考，并解决问题，即根据客户需求去推荐或者选择适合客户的车型。买车对多数客户来讲，都是一件大事，希望能有专家顾问来帮助自己参谋，因此顾问式销售通过沟通，和客户一起分析客户的需求，可以很轻松地使销售顾问取得客户的信任，从而提升销售的成功率。

二、汽车销售顾问对客户需求的积极影响

在产品销售的过程中，销售顾问只能影响而不能决定客户的需求，但销售顾问对客户需求的积极影响有如下两个方面：

第一，可以提升客户对产品的需求强度；

第二，可以在短时间内改变客户对于产品的主观认识，增强产品价值感，从而提高客户对产品的需求强度。

三、汽车客户需求分析的内容

需求分析的内容如下：

第一，通过客户表述的显性需求深度挖掘客户的隐性需求；

第二，通过对购买动机的分析，为客户设定购买标准；

第三，掌握开放式提问和封闭式提问的使用；

第四，通过提问和倾听完成对客户车辆购买的需求分析。具体应包括：客户来意、购车原因、购车用途、购车预算、购买车型、购买角色、购买重点、客户类型、客户开车经历、车市了解程度、购车时间、使用地点、购车人、用车人、决策人、付款人、第几次来店、信息渠道、职业、其他需求等。客户需求分析程序如图 2-3-1 所示。

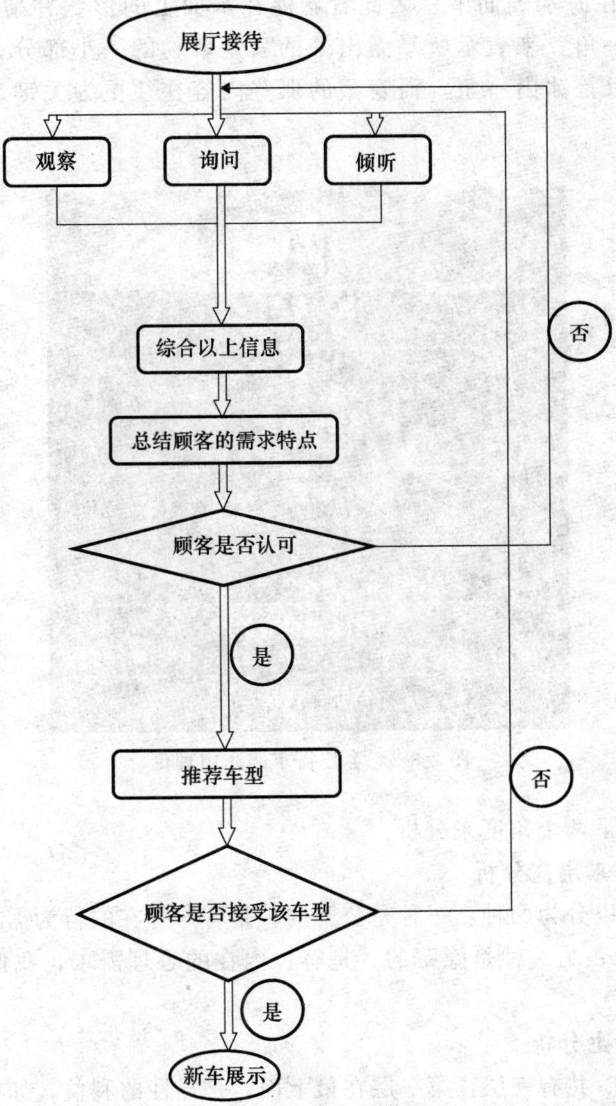

图 2-3-1 客户需求分析程序

单元 2 需求分析的理论基础和工具

一、冰山理论

（一）显性需求和隐性需求

当客户在采购的过程中，都很清楚自己的需求吗？实践告诉我们，不能。客户的需求如冰山一样，如图 2-3-2 所示，冰山多为纯水结冰形成，自由漂浮的冰山约有 90%的体积沉在海水表面下。因此看着浮在水面上的形状并猜不出水下的形状。因此常用“冰山一角”来表示所暴露出来的只是事物的一小部分，客户所表现出的需求往往也仅仅只是冰山一角，而隐藏的那些内容往往更为关键。这也被称为需求的冰山理论。

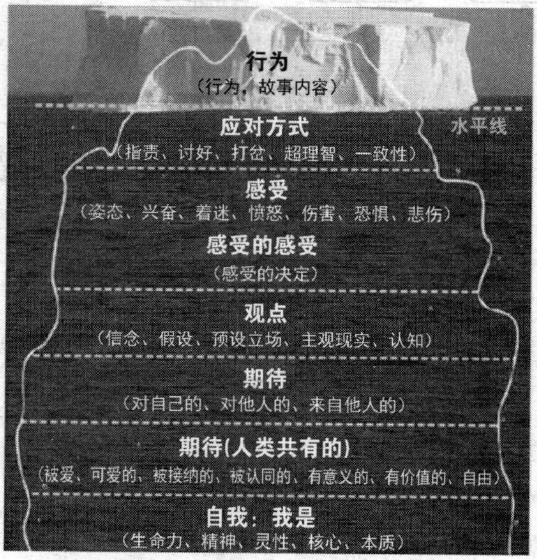

图 2-3-2 客户需求的冰山理论

我们可以从以下两个角度来分析：

1. 从马斯洛需求层次分析

客户的需求可以分为两种：一种是公开的，是客户外在的行为需求，我们称之为显性需 求或明确需求；另一种是隐藏的，是客户内在的心理需求，我们称之为隐性需求或隐含需求。

2. 从客户利益上分析

需求的“冰山”共有三层：第一层在最上面，是显性的利益，如产品、价格、质量等，这是大多数人所能看到的购买原因。但实际上，这只是“冰山的一角”。第二层是中间层，是隐藏的利益，包括关系、维护和交往等。第三层是冰山的最深处，是深藏的利益，也是真 正影响成交的因素，包括情感、感受和信任等。

客户需求分析的关键：透过客户的显性需求，明确隐性需求。明确需求常常表现为客户表达的具体的愿望、行动的企图。例如："我们想要买一批新的机器。"隐含需求常常可以从客户表现出来的对现状的不满、困难、难点等方面来挖掘。例如："这个机器运转速度太慢了。"

（二）将隐性需求转化为显性需求的方法

客户在购买一件东西的时候，心里必然存在着一个天平：左边是目前存在的不满、困难、难点，右边是改变现状需要付出的成本。只有客户认为忍受这些不满、难点、困难，需要付出的大于改变它需要付出的成本，客户的隐含需求才会变为明确的需求，才会有明确的愿望、行动的企图。在小订单销售当中，牵扯到的金额较小，客户一个人就能够做决定，即便是决策失误，损失也是非常小的，客户的购买受感情因素的影响是非常大的。这时候，销售顾问只要揭示出足够的隐含需求，并提出解决方案，成功率就会大大提高。但在大订单销售中，由于销售金额大，决策时间长，牵扯到的人员也很多，如果决策失误，后果是非常严重的，可能导致一个人的失业。因此需求的表达是以理性的方式表达出来的。销售顾问如果只是去揭示隐含需求，并提出解决方案，对销售成功没有任何好处。销售顾问需要做的工作是：把存在的不满、困难、难点通过某种方式不断变大，直到客户认为其大于改变现状需要付出的成本，即把隐含需求转变为明确需求。

将隐含需求开发成明确需求的两种技巧如下：

1. 暗示问题

所谓暗示问题，就是通过提问，对客户形成心理暗示。例如，我们暗示客户"这个问题现在很严重了，不是您认为的是个小问题，必须得马上去解决了，不解决要给您带来很大的麻烦的"。

2. 需求效益问题

所谓需求效益问题，就是说当前问题解决了以后，能够为客户带来很多其他的利益，可 能是客户自己想不到的。通过这两种问题的组合，销售顾问将隐含需求开发成明确需求，即让客户自己说出来"我要这个东西"或者"这个问题马上解决了，你给我介绍介绍，你给我推荐推荐"。

【案例链接】

北京现代悦动车型客户需求分析成功案例

（一对小夫妻客户的接待过程）

销售顾问："自己买车质量可是关键。而且重要的是要适合自己的需求，在城里开手动挡 的就是麻烦，自动挡的就方便多了，开起来省心，好操控。李先生您说呢？"

（难点问题——异议，担心）

男客户：“自动挡的车是省事，但就是有点费油。而且维修保养也比手动挡的车费用高吧？”

（赞扬客户并暗示问题）

销售顾问：“您真不愧是老司机，问得真专业，一下子就问到点子上了。对于老手来讲，自动挡的车是比手动挡的车油耗高一些。但对于新手来讲，由于操作不熟练，掌握不好换挡时机，其实手动挡更费油，而且容易造成对变速箱的冲击。反正我学车那会儿师傅就老说我毁车。要是自家的车肯定舍不得。”

男客户：“这倒是，驾驶习惯很重要。手动挡的车掌握不好是容易毁车，而且也费油。我学 车那会儿教练也总说，教练车就是坏得快。”

（需求效益问题）

销售顾问：“自动挡就省事多了，特别适合在城里开。而且李先生这么体贴人，一定更关 心太太的驾驶感受，买车代步不就是图个方便省事吗？现在路况这么复杂，太太开得顺手，上班心情好，工作就更出色，也省得您担心不是？”

男客户：“对对对，那当然。买车主要是她开，一定得方便操控。我就是觉得自动挡的技 术比较复杂，维护起来麻烦。”

销售顾问：“哦，这个您可以放心。现在的技术都很成熟了，自动变速箱基本都是免维护的，顶多过几年看情况换一次油，不费事。而且您看，（说着打开文件夹，拿出宣传单）现代的自动变速箱采用了先进的 VFS 技术，能够根据油门的情况控制内部的工作压力，进一 步提高了传动效率和燃油经济性。”

男客户：“嗯，确实不错。”（和女客户对视点头表示满意）

销售顾问：“对于咱们家用车来讲，动力够用就好，但是性价比一定要高，这样才划算。而且对于像您这样的白领人士，车子一定要够时尚，才能配得上您的品位。”

男、女客户点头：“对，是。我们也是觉得北京现代的牌子比较时尚，所以过来看看。但 是不知道哪种车型更适合，你就给我们介绍一下吧。”

销售顾问：“好的。根据您的情况，我给您推荐一款自动豪华的悦动吧，刚刚上市的，也是我们店里卖得最好的。它采用的是最新调校的升发动机，高效省油，应付日常使用足够了。关键是增加了许多人性化的配置，像一键式防夹电动窗、自动防盗落锁，特别实用，性价比相当高。这台展车就是，要不您这边请，我一边演示一边给您介绍。”

（销售顾问用眼光征询意见，合上文件夹）

（男、女客户对视，表示同意，起身跟随销售顾问向展车走去）

二、需求分析的工具

进行需求分析时，聆听和提问是最有效的两个工具，二者的具体应用技巧体现在下面介绍的需求分析的技巧和方法中。

单元 3　客户需求分析和提供咨询的方法及技巧

咨询中应收集的主要信息如表 2-3-1 所示。

表 2-3-1　收集客户信息项目

信息	目的	细项
顾客的个人情况	了解顾客的情况有助于营销企业了解顾客的实际需求，他们对经销商的感觉以及他们处于决定的哪个环节	生活方式；预算/经济状况；决策者做决定过程
过去使用车的经验	如果顾客过去有车，了解他们过去使用车的经验，有助于理解顾客再买车究竟想要什么，不想要什么	过去的车；购车原因；对经销商的态度
对新车的要求	询问顾客的需求和购买动机有助于营销人员帮助他们选择出正确的车型。之后，我们可以针对顾客的需求了解具体车型的主要特征和利益，以便更好地为这些顾客服务	特征/对选装项的要求；购买动机

一、提出问题

客户需求分析和对客户提供咨询的实质就是买卖双方进行沟通，包括提问、倾听、核查理解信息、回答问题并提出解决方案等几个阶段。要定性顾客的愿望和需求，销售顾问必须在接待的谈话过程中，通过提问收集完整的信息。

（一）收集客户完整信息

在需求分析阶段，通过“5W＋2H”的问题，得到客户需求的基本信息。

“5W＋2H”问题分别是指：

Who——请问这车将来谁开？

When——请问您是近期购买还是打算再看看？

Where——请问您主要在城区内使用还是经常跑长途？

Why——您买车的用途是什么？

What——您最关注车辆的哪些方面？

How much——您的购车预算是多少？

How to pay—您准备采用哪种付款方式？

通过合理提问技巧了解客户购车的动机。汽车销售顾问提出的问题包括开放式问题和封闭式问题，二者的提问方式不同，收到的效果也不同，如表 2-3-2 所示。

表 2-3-2　开放式问题与封闭式问题对照表

开放式问题	1. 用“谁、什么、何时、何地、为什么、如何”等字句来进行提问； 2. 不用“是”“否”来回答	目的：收集信息
封闭式问题	用“是”“否”来回答	目的：确认信息

一般情况下，通过提问，可以发现客户在购车时主要存在几大动机偏好：安全、性能、创新、舒适、经济、认同等。

安全：主动安全和被动安全。

性能：车辆在实际驾驶中的表现。

创新：技术革新、尖端设备。

舒适：驾驶与乘坐舒适性、行驶平顺性、隔音性、便利性。

经济：性价比、最优惠价格、维修便利。

认同：自我与个性的表现、别人的看法与评价。

【案例链接】

客户需求分析不成功案例

某天，一对夫妇来到了某品牌汽车的4S店，在与销售顾问寒暄后，双方进入了销售的环节。

销售顾问：“（将这对夫妇带到车库，用手指着停在车库内的各款轿车向客户介绍）这是59800元的标准型，这是69800元的舒适型和实用型。”

客户：“59800元和69800元这两款车有什么不同?”

销售顾问：“59800元这款车没有方向助力、ABS、电动后视镜等。”

客户：“装一个方向助力要花多少钱?”

销售顾问：“××××元。”

客户：“如果我定下来款怎么付?”

销售顾问：“可以分期付款也可以银行按揭。”

客户：“按揭一个月要付多少?”

销售顾问：“如果按揭的话，先付40%，余下的分三年付清，每个月只要付××××元。如果你们的经济情况可以一次性付款的话，买69800元的合算。如果采用分期付款的贷款方式，就没有必要买69800元的，而应该买59800元的。”

（资料来源：http：//www.doc88.com/p-1803005733064.html）

（二）提问的顺序

第一，过去的情景——了解客户过去用车和生活状态的信息。例如：“您过去开过什么车?”

第二，现在的想法——了解客户现在对用车和生活状态的具体想法。例如：“您现在希望驾驶一台什么样的车?”“您在车辆选择时比较看重的是造型、安全、配置……”“在您关注的车型中，让您记忆深刻的有哪些?”

第三，需求的确认——了解自己对客户所提问题的理解程度。例如：“您刚才说更喜欢欧系车，我可不可以理解为您更看重它的安全性。”

第四，提高自己——顺便了解客户对自己理解能力的评价。例如：“顺便请教您，您觉得我理解了您提出的问题吗？我今后还应做什么改进?”

(三) 提问的技巧

提问的技巧如表 2-3-3 所示。

表 2-3-3　提问的技巧

问题类型	提问方式
一般性问题（指过去和现在）	开放式问题
辨别性问题（指现在将来辨别动机）	开放式提问
连接性问题（指将来连接购买动机）	开放式提问、封闭式提问

二、对客户的回答进行分析

销售其实是一环扣一环的。需求分析，其实就是引导客户，确认选车标准的过程。通过向客户询问客户将来用车的场合，预测客户的性格特征，然后帮助客户确认选车标准。需求分析的结果是从客户的回答中得来的，但是从客户的回答中，我们要利用有限的信息，全面地分析客户的需求。

需求分析时必问的三个问题，分别是：第一，车子谁开；第二，以前开过什么车；第三，还看过什么车。通过这三个基本问题，我们可以从里面学到很多东西。

第一个问题：车子谁开？如果是女性开，那舒适性和易操控性肯定是要考虑的；如果是一个比较时尚的人开，外形肯定是要考虑的。根据客户不同的用车场合，介绍车不同的要点。

第二个问题：询问客户以前开过的车，可以引导客户对我们的车的兴趣，而客户以前开过的车是引发对我们的车的兴趣的前提，还可以引发出许多其他可向客户提问的问题。例如，客户以前开的是一辆凯越，那我们就可以这样来引导：凯越这车还不错，安全性各方面都还不错。然后就要等客户发言。但是注意，销售顾问千万不要攻击凯越，不然会起到不良的效果，尽管我们可能会了解凯越的一些缺点，那也要由客户自己把这些缺点说出来。

第三个问题是之前看过什么车，借此问题了解客户的真正需求，例如，他在看标致 307，我们就可以问了，例如我们可以问为什么去看那款车呢，主要看中的是它的什么性能呢，客户当然会回答我们，这时我们千万不要攻击竞争对手的缺点，要让客户说出竞争对手的缺点。

三、倾听并做记录

倾听的作用如表 2-3-4 所示。

表 2-3-4　倾听的作用

倾听的作用	状　态
创造良好的气氛	给顾客表述的机会，创造良好的气氛，使对方感到有价值、愉快
捕获信息	跟顾客谈话也是一样，如果我们不注意捕获信息，就会充耳不闻
处理信息	顾客跟我们谈判时话语很多、很复杂，甚至语无伦次，杂乱无章，但只要我们能认真听，就能听出他的表达重点，理解他的意思，并对此做出正确反应

（一）学会做一名倾听者

要为顾客做出正确的需求分析，不但要会问，而且要会“听”。有时候“听”比“问”还要重要。“听”有两种类型：被动的“听”和主动的“听”。被动的“听”是一种假象，既不尊重客户，也起不到“听”的效果；主动的“听”不仅可以使顾客得到受尊重的感受，还可以从顾客那里得到有用的信息，提高需求分析的质量。通过“听”，汽车销售顾问可以知道顾客想买什么样的车、有什么样的顾虑、有什么样的要求，然后，用汽车销售顾问的专业知识给顾客当好参谋。倾听的层次如表 2-3-5 所示。

表 2-3-5　倾听的层次

倾听的层次	状态
设身处地地听	参与到对方的思路中去，引起共鸣
专注地听	关注对方，适时地点头赞同
选择地听	对自己感兴趣的就听下去，对自己不感兴趣的就不听
虚应地听	只是为了应付，心不在焉
听而不闻	无反应，像未听到一样，对顾客态度冷漠

（二）倾听的方法

1. 注意与客户的距离

人与人之间的距离是很微妙的，有的客户对此很敏感。当我们的视线能够看到一个完整的人，上面能看到对方的头，下面能看到对方的脚，此时的距离是安全的。

2. 发出正确的信号——表明我们对说话的内容感兴趣

（1）与顾客保持稳定的目光接触。

（2）不插话，让顾客把要说的话说完。

让人把话说完整并且不插话，这表明我们很看重沟通的内容。

（3）保持并调动注意力

怎样保持并调动注意力？不妨把我们的顾客当成世界上最重要的人物，把他们的讲话看作是我们生平所听到的最重要的言语。

3. 站在对方的立场，仔细地倾听

站在顾客的立场，专注倾听顾客的需求、目标，适时地向顾客确认我们了解的是不是就是他想表达的，这种诚挚专注的态度能激起顾客讲出更多的内心想法。对顾客所说的话，不要表现出戒备的态度，当顾客所说的事情对我们的销售可能造成不利时，我们听到后不要立即驳斥，可以请顾客更详细地说明是什么事情让他有这种想法，顾客若只是听说，无法解释得很清楚时，也许在说明过程中他自己也会感觉出自己的看法不是很正确；若顾客说的证据确凿，我们可以先向顾客表示歉意，并答应他说明此事的原委。

4. 掌握顾客真正的想法和需求

顾客有自己的立场，他也许不会把真正的想法告诉我们，他也许会借用种种理由搪塞，或别有隐情，不便言明，因此，我们必须尽可能地听出顾客真正的想法。要想了解顾客真正的想法，不是一件容易的事，我们可以在听顾客谈话时自问以下问题："顾客说的是什么？它代表什么意思？他为什么这样说？他说的是一个建议吗？他说的是不是事实？他说的我能相信吗？他这样说的目的是什么？我能知道他的需求是什么吗？我能知道他的购买条件吗？"

5. 注意与客户交流的技巧

在倾听对方的谈话时，不管对方的观点是否正确，只要跟买车没有原则上的冲突，就没必要去否定他，跟他抬杠，汽车销售顾问可以说："对，您说的有道理。"客户站在他的角度上，自然认为自己说得对，汽车销售顾问即使心里不认同也不要否定客户，反而还要点头微笑。这样的话，客户就会感到销售顾问和蔼可亲。汽车销售顾问还要学会将"那是呀"三个字经常挂在嘴边。这三个字说出来客户心理上的感觉就会非常轻松，感觉到自己被认同。

（三）学会记录

汽车销售顾问不但要会听，而且要会记录。记录会给汽车销售顾问带来如下好处：

第一，表明我们在认真地听。

第二，让顾客感到自己受到重视。

第三，便于归纳客户的真实意思。

第四，可以发现客户的漏洞，为将来处理客户异议做准备。

第五，避免遗忘。

四、核查与理解

核查与理解就是汽车销售顾问在与客户沟通时要验明客户的真实意思表示及自己对问题理解的正确性，起到强调、印证的作用。我们可以采用以下四种方法：

（一）展开法

在表述当中把需求展开到每个配置上。比如客户说注重安全性，汽车销售顾问就要讲到主动安全、被动安全、防御、信息等方面的具体配置上，如安全气囊、ABS、EBD等。

（二）重复法

多次重复客户说过的话，一方面加深自己的印象，另一方面也起到核查的作用，表明自己在听，是尊重客户的一种重要体现。

（三）澄清法

客户说得太笼统，真实意思不明确时，比如"我想买一个酷的、超炫的、时尚的"等，汽车销售顾问要落实清楚。

(四) 总结法

汽车销售顾问用简单的专业语言将与顾客谈论的话题进行小结。例如：“刚才您提到的问题，我总结一下您主要关注座椅是否舒适、动力是否强大、安全性是否好三方面问题，是吧?”

五、提出解决问题的方案

汽车销售企业聘请汽车销售顾问的目的是什么？汽车购买者咨询汽车销售顾问的目的又是什么？答案是同一个：就是帮助客户解决问题。

(一) 分析思路

通过询问与倾听，把相应事项罗列出来（存在的问题、客户类型、目前车辆的使用、预算及购买计划）；分别对应产品或服务的点，这样更加有针对性。比如顾客说“我想要一款漂亮的车”，汽车销售顾问就要根据客户的基础信息（职业、爱好、旧车、意向车型、看过什么车、第几次来店、怎么知道我们的等）来进行仔细分析，找出客户到底想要什么。作为真正的专家，汽车销售顾问可以参考以下分析思路：

第一，按重要性排列客户需求、愿望及局限。

第二，确定关键需求，而关键需求的满足是销售成功的最大结果。

第三，准备论证，引导客户根据关键需求找到合适的车辆。

例如，“×××款车的后备厢比你的×××车长 7 米，或买×××款车每年可以为你节省 1240 元。”

(二) 提出问题解决方案

汽车销售顾问提出解决问题的方案如下：

1. 建议顾客理性选择

首先，是预算问题，应该先确定顾客经济能力所能承担的价格范围，然后选择其中性能价格比最高的车；其次，汽车销售顾问要根据车辆的用途和顾客个人喜好，推荐选择最适合顾客的车型；最后，排量大小要适中。

2. 建议顾客进行性能价格比较

通过车辆说明书的性能参数，可以确定车辆的性能，性价比是顾客确定投入的依据。汽车销售员一般要提供汽车的有关情况，供顾客选购时参考。

3. 建议顾客全盘考虑

选购适用的车型和装置时不必贪大求全，而是要根据顾客使用的实际需要，选购适用的车型和装置。既要认品牌又要讲车型，既要讲外形又要讲性能，进口车和国产车各有千秋，不能只注重排量、价格等。需求分析任务实施如表 2-3-6 所示。

表 2-3-6　需求分析任务实施

<table>
<tr><th>环节</th><th>对应项目</th><th colspan="2">具体程序</th></tr>
<tr><td>1</td><td>准备工作</td><td colspan="2">（1）汽车营销员必备的销售工具：公司介绍、汽车目录、地图、名片夹、计算器、笔记用具、最新价格表、空白合同申请表和拜访记录表等专业销售表格。
（2）研究所销售的产品：产品的构成、产品的特点与功能、专业数据</td></tr>
<tr><td>2</td><td>客户开始表达需求</td><td colspan="2">（1）眼神接触，身体前倾，热情倾听，表示对客户的关心与尊重。
（2）使用开放式提问，主动进行引导，让客户畅所欲言。
（3）留心倾听客户的讲话，了解客户真正的意见，在适当的时机作简单的回应，不断鼓励客户发表意见，客户说完后再讲述自己的意见。
（4）征得客户同意，详细记录客户谈话的要点。
（5）未确认客户需求时，不可滔滔不绝地介绍</td></tr>
<tr><td rowspan="3">3</td><td rowspan="3">各种客户应对方式</td><td>客户希望看车，但不知道对哪种车真正有兴趣</td><td>（1）请客户提供基本信息，以确定其购车动机。为了鼓励客户自愿提供信息，可采用开放式问题：“为什么考虑要买一部新车?”“对车感兴趣的是什么?”等。
（2）让客户完全随意地回答问题，尽量不要让客户有压迫感。
（3）仔细倾听客户所说的话，和客户保持目光接触，点头，对客户表示赞同，可用“是的”“我了解”“您说得很有道理”“还有呢”等语句。
（4）复述或表达所听到的，认同客户的看法，表示了解他的需求。
（5）请客户确认我们的理解，以便他相信我们已了解他的最重要的需求。
（6）回答客户可能提出的任何问题，如果我们不能回答客户的问题，我们就要主动表示要为其获得有关信息。
（7）根据客户提供的购车动机，为其推荐 1～2 种我们认为他可能感兴趣的车型。
（8）给客户提供一本他感兴趣的车辆的目录。
（9）提出可以带客户去看他所感兴趣的车。
注：不要勉强客户进入“产品介绍”或“协商”步骤</td></tr>
<tr><td>客户希望看看某一档次的车型</td><td>（1）给客户提供一本他感兴趣的车型的目录。
（2）请客户告知其生活方式或所希望的汽车功能，以便决定向其推荐哪种档次的汽车。
（3）请客户告知他是否已决定购买哪种档次的车，以帮助确定其所感兴趣的具体车型。
（4）仔细倾听客户所说的话，和客户保持目光接触，点头，对客户表示赞同，可用“是的”“我了解”“您说的是”“你说得很有道理”“还有呢”等语句。
（5）复述或表达所到的，认同客户的看法，表示了解他的需求。
（6）根据客户的信息，向客户推荐某一特定档次的车，如果客户已选定所需的档次或档次已按上述方法确定，则问客户以前是否已经看过这种车，以免浪费他的时间。问客户是否去过同类车型的专营点，以便确定他的购车经验。
注：不要勉强客户去考虑他并不感兴趣的车型</td></tr>
<tr><td>客户希望知道某一具体车型的价钱</td><td>（1）询问客户是否已经看过其所要的车，是在本店还是其他店。
（2）询问客户是否需要去看他所要的车。
（3）请他确认所希望的车型和档次。
如果客户说“是”，则带客户去看车。
如果客户说“不”，则按统一要求报价。</td></tr>
</table>

【能力拓展】

案例分析

一个阳光明媚的下午，在一汽大众授权的经销商的展厅内，来的顾客并不多，三三两两，有的在看着样车，有的在办公桌前与销售员商谈着，还有的在前台仔细阅读着一份车款、车型、新特色等的介绍手册。此时两位男士和一位女士走进了展厅。

王某在一汽大众4S店工作两个多月，销售业绩一般，一共销售出6部捷达车。作为一名刚从大学毕业、社会工作经验不多的小伙子，这个业绩属于比较初级的水平。看着走进展厅的这两男一女，他开始了基本的判断：一位中年男士虽不是西装革履，但穿着都比较讲究。一位年轻人，20岁左右，很兴奋的神态。那位女士，化着淡妆，穿着套装，看上去很有气质。从距离上看，这位女士同中年男士似乎关系不一般。王某初步判断，这是一个不错的潜在顾客，他看到他们停留在了最新款的捷达的前面。他急忙走了过去。

王某："各位好！怎么样，这么好的天，来看看车？"

中年男士："对呀，这款是新到的吧。"

王某："是的，最近走得不错，而且新改进的，它的发动机动力充足，还配有安全气囊、ABS防抱死系统、自动一体化的变速箱，有最新功能……"

那位中年男士打断了仍然滔滔不绝的王某："好好，谢谢，我们就是简单地看看。先这样，我们改日再来。"

王某："要不，我给你们安排一次试驾，体验一下真正的驾乘感受。"

王某知道，顾客通常会有这种要离开的反应，但是，在销售培训时，讲师强调过不要轻易放弃顾客，要争取留住顾客，因此，他想多一点努力。但是中年男士说："不用了，谢谢，我们改日再来。"

在展厅，这样的场景太常见了，这样的对话太正常了，这样离开的顾客也太多了。王某犯了什么错误吗？他没有询问顾客具体的需求，而是按照自己的意愿向顾客介绍车辆，顾客自然对他没有好印象。王某自己也感到困惑，但得不到有经验的人给予指导，他自己也无法找到问题的答案。根本不可能知道这三个顾客真正的购买意向到底如何。我们不妨听听顾客离开展厅以后的对话。

中年男士叫张某，另外一个男士是他的儿子，那个女士叫刘某，是张某的妻子，张某是一家私人公司的老总，他们走出展厅后的对话如下：

儿子："妈，今天不是要给我买车吗？"

刘某："车是不错，但我不怎么懂，还是问你爸吧。"

张某："儿子，那个销售员叫什么？"

儿子："哦，他没有说自己叫什么。"

"我也听不明白捷达车有什么优点，要不这样吧，不远处还有一家，咱们去那里看看如何？"

（资料来源：http：//www.doc88.com/p-311747000361.html）

思考与讨论：本案例中的汽车销售顾问小王为什么会失败？为什么顾客没说几句话就走了？

分析提示：整车销售环节的顾客接待和需求分析是良好销售的开端，作为销售顾问，当顾客进门时首先要做的就是自我介绍，亮明身份，告知顾客他是购车顾问，热情地对顾客进行引导，根据顾客的需要一一进行介绍，案例中的小王明显不熟悉顾客接待流程，没有受到专业的销售培训；没有探求顾客的真实需求，急于求成；没有了解顾客的真实想法，所以失败了。

实训项目

一、项目名称

汽车客户需求分析实训

二、项目目标

1. 知识目标

(1) 掌握客户需求分析流程。

(2) 熟悉掌握客户需求分析技巧。

2. 技能目标

(1) 熟练掌握汽车销售顾问商务礼仪。

(2) 能够独立完成客户需求分析任务。

三、项目要求

(1) 师生衣着整齐规范。

(2) 学生在实训过程中应严格遵守堂纪律。

(3) 学生分组演练时，应配合默契，严禁浑水摸鱼、依赖他人现象。

(4) 学生应爱护实训器材，严禁破坏实训器材。

四、项目准备

1. 场地准备

本实训在汽车商务实训中心进行。

2. 人员安排

实训学生每 5 人为 1 组，按角色分为组长 1 名，前台接待 1 名，销售顾问 1 名，客户 2 名。每组对应的车型和客户需求各不相同。

3. 器材准备

展厅基本布置、销售资料夹、计算机、着装镜、笔、记录本、车辆参数表、车辆报价单、车辆试乘试驾单、车辆销售合同、整车等。

4. 实训前训练

(1) 教师指导。模拟工作岗位情景，指导学生按事先确定好的渠道开发客户。

(2) 学生自我训练。在教师的指导下，让学生以小组为单位进行自我训练，并在各组自我训练后，组内进行互助交流学习或竞赛。

五、项目实施

(1) 接待前准备物品的描述。

(2) 热情引领客户到洽谈桌上坐下，使客户心理处于舒适区。

(3) 询问、聆听客户需求。

(4) 深层挖掘客户需求。

(5) 总结客户需求。

(6) 向客户推荐合适的车型。

(7) 把握时机，促进成交。

(8) 每组上交实训报告。

六、项目评价

(1) 教师设计评分表。

(2) 组长（事先培训过）为评分员，现场给每一组的实训演练打分，取平均分。

(3) 教师点评。

(4) 师生共同评比出名次，并给前三名颁奖。

任务四　车辆展示与介绍

【学习目标】

知识目标

1. 了解车辆展示要点。
2. 掌握车辆介绍的原则和方法。
3. 熟悉车辆展示标准流程。
4. 重点掌握六方位绕车介绍。

技能目标

1. 能够完成展车设置。
2. 能够抓住展示要点进行标准的六方位绕车介绍。
3. 能够在车辆介绍中灵活运用一定的方法和技巧促进成交易。

【情境导入】

某日，一对夫妇走进某品牌的汽车专卖店，他们经过其他几款车后径直奔向某一辆黑色轿车前。接待他们的销售人员立刻意识到他们的价值，于是热情地、滔滔不绝地用比较专业的术语向他们介绍了本款车的结构和性能。其介绍车时想起哪里介绍到哪里，并且没有指出本车给使用者带来什么样的好处，而此时的顾客只是点头，不时地说："是吗？谢谢。"在销售人员介绍车身时，顾客突然提出："本款汽车是全铝车身吗？全铝车身有什么好处？"顾客提出的这个问题有点突然，而且销售人员是第一次听到全铝车身的概念，于是乱了阵脚，支支吾吾地说："我为您查一查。"见此情形，夫妇对接待他的销售人员说："谢谢你，改天我们再来。"这两位客户边走边谈论着，女客户说："刚才的销售人员说了些啥呀，怎么不如先前看的那家专卖店的销售人员说得明白呢？感觉这家销售店不如那家的销售店正规，以后维修保养也是问题。"男顾客说："我也听得不是特别懂，并且想在这家店验证一下先前那家店的销售人员说得是否对，没想到这家店的销售人员根本就不知道，算了。虽然这家店便宜一点，但买车这样的价格高的产品，不能单纯看价格便宜300元，还是去先前那家去买吧。"于是这对夫妇兴冲冲地去原来的专卖店去买车了。

分析

新车的展示总是"真实的时刻"。在短短的几分钟内销售人员要抓住机会，唤起顾客对本品牌的热诚，对产品质量的信任，对颇具竞争力的特征和一流的装备的兴趣，对新车的期待和对销售人员及专卖店的好感。因此，在这个阶段中，最重要的是严格按照销售过程标准去做和注意展示要点。

单元1　车辆展示准备工作

一、展厅车辆布局与配置

为方便顾客的参观与操作，销售人员应把以下方面作为要点来执行。

1. 注意车辆的颜色搭配

展示区域的车辆不能只有一种颜色，几种颜色搭配的效果会更好一些。

2. 注意车辆的型号搭配

同一个品牌的车，可能有不同的系列，车型从小到大，不同型号与配置都应搭配展示。

3. 注意车辆的摆放角度

让顾客感觉错落有致，而不是凌乱无序。

4. 注意重点车型的摆放位置

要把重点车型放在合适醒目的位置。属于旗舰的车型，一定要突出它的位置。可以把一些特别需要展示的车辆停在一个展台上，其他的车都围着它，犹如众星捧月，甚至可以打出一些聚焦的灯光。

5. 注意凸显产品特色

这是体现产品差异化，提高竞争力，使顾客加深印象的重要手段。

6. 规范摆放车辆的布局

展厅车辆布局如图 2-4-1 所示。

图 2-4-1　展厅车辆布局

二、展示车辆的细节标准

1. 轮毂上的品牌

要注意车轮的轮毂，车的品牌在轮毂上会有。当车停稳以后，轮毂上的品牌按标准要求应该与地面呈水平状态。

2. 导水槽

轮胎上的导水槽里面也要清洁，因为车是从外面开到展厅里面来的，难免会在导水槽里面卡住一些石子等东西，这些东西都应拿掉，还要洗干净。

3. 座位的距离

前排的座位应调整到适当的距离，而且前排两个座位从侧面看必须是一致的，不能够一个前，一个后。不能够一个靠背倾斜的角度大一点，一个靠背倾斜的角度小一些，而且座位与方向盘也要有一个适当的距离，以方便客户的进出。

4. 新车的塑料套

新车在出厂的时候，方向盘上面都会有一个塑料套，还有一些倒车镜、遮阳板都是用塑料袋给套起来的，这些也应拿掉。

5. 后视镜

后视镜必须调整好，让客户坐在里边很自然地就能看到两边和后面。

6. 方向盘

要把方向盘调到最高，如果方向盘太低，客户坐进去后会感觉局促，从而会认为这辆车的空间太小。

7. 仪表盘上面的石英钟

要注意将仪表盘上面的石英钟按北京时间对准。

8. 空调的出风口

要试一下空调的出风口，保证空调打开后有风。

9. 汽车上的开关

汽车上的开关不是左边按下去是开，右边按下去是关，而是中间的位置是关，所以必须把开关放到平衡中间的位置。

10. 收音机

一般收音机有5～6个台，都应把它们调出来，同时必须保证有一个当地的交通台和一个当地的文艺台，这是一个严格的考核指标。

11. 右声道

汽车门上面的喇叭分左边和右边的，喇叭的音响是可以调整的，两边的声道应调成平衡，这个是必须检查的。

12. 音量

音量要设定得适宜。我们可以事先准备一些音乐光盘，并在专门地方保管。当客户要试音响的时候，根据客户的喜好播放相应的音乐，最好选择能体现音响音质的CD。

13. 安全带

将各个车座上的安全带整理好，特别是后排座的安全带。后排座有的时候会有三根安全带，中间有一根，旁边有两根。有时候安全带都散在座位上，这是不允许的，必须把它折好以后用一个橡皮筋扎起来，塞到后座和座位中间的缝里面，留一半在外面。

14. 脚垫

一般展车里面都会放一些脚垫，是怕客户鞋子上有灰。每一个4S店都会事先制作好脚垫，摆放的时候应注意标志的方向，同时要注意脚垫脏了以后应及时更换。

15. 后备厢

展示的后备厢打开以后不应有太多物品，放置时要合理安排物品位置，同时注意各物品要端正摆放，警示牌应放在后备厢的正中间。

16. 电瓶

要保证电瓶有电。展车放置时间长了以后电瓶会亏电，所以必须经常检查。

17. 轮胎美容

轮胎洗干净后，还要美容一下。轮胎的下面应使用垫板。很多专业的汽车公司都把自己专营汽车的标志印在垫板上，这样会给客户一个整体的良好感觉。

【案例链接】

某日产4S店圣诞节展厅车型布置建议

1. 整体布置建议

(1) 建议展厅内展车旁边都配有较为新颖的USP宣传物料，如制作一个指向标展示各大卖点，如3D地贴模拟立体场景对比各竞争品牌离地间隙等。

(2) 展车引擎盖和后车盖处、展车驾驶席车窗及前挡风玻璃处制作相应的卖点贴纸。

(3) 天籁和奇骏等重点车型重点布置。

2. 亮点说明

店门正对方向用桁架搭出一个新车专区，将新世代天籁的各大特点及性能，用指向标的形式呈现出来，增加了时尚感，提升了进店客户关注度，加强了视觉冲击。建议制作类似有冲击感的物料提升店面的整体形象。

展车引擎盖和后车盖处贴有卖点介绍的车贴，直观明了地方便客户阅读。建议使用类似的磁性车贴，易贴、美观，且能重复使用。

展车驾驶席车窗前挡风玻璃处贴有透明卖点贴，使展车看起来比较干净整洁。建议采用户外写真透明膜，使用黑字，既不影响美观，也不易有残留物。

天籁专区展示建议：

◎LED大电视播放：AR、天籁3D功能篇、NISSAN车世界、《小强实验室》；

◎天籁功能展示墙贴；

◎最新C-NCAP五星碰撞荣获最高分展示牌。

（资料来源：百度文库，https：//wenku. baidu. com/view/8ab3753081c758f5f71f6745. html）

单元2 车辆产品的介绍方法

一、六方位绕车介绍法

“六方位绕车介绍”（图2-4-2）法是起源于美国的一种常用的汽车销售推介方法。通过销售人员周到的服务和专业素养的展示，介绍车辆的主要配置，独特优势，使顾客感受到优质的购车体验，从而激发顾客的购买欲望。

1. 第一方位——左前方

汽车的左前方（图2-4-3）是顾客最感兴趣的地方，也是留给顾客第一印象的地方，在该处需要向顾客陈述的主要内容如下：

◎前车灯特性；

◎前挡风玻璃；

◎越野车的接近角；

◎品牌特征；
◎车身高度；
◎通风散热装置；
◎大型蝴蝶雨刷设备；
◎保险杠设计。

图 2-4-2　车辆六方位介绍

图 2-4-3　车身左前方

2. 第二方位——车侧方

此时正是销售人员争取顾客参与谈话的时刻（图 2-4-4），销售人员应该邀请顾客打开车门，触摸车窗，观察轮胎，观察顾客的反应并邀请顾客坐到乘客的位置。

该处需要向顾客陈述的主要内容如下：
◎车辆侧外观；
◎侧面的安全性；
◎底盘；
◎轴距与轮距；
◎轮胎与轮毂；
◎外后视镜；
◎侧面玻璃提供的视野情况等。

3. 第三方位——车后方

汽车销售人员陪着顾客一起站在汽车的正后方（图 2-4-5），距离轿车的背后约 60 cm处，全面介绍，仔细回答。这是一个过渡的位置，但是车的许多功能可以在这里介绍。

该处需要向顾客陈述的主要内容如下：
◎后门开启的方便性；
◎存放物体的体积大小；
◎汽车的扰流板（尾翼）；
◎越野车的离去角；
◎尾灯的设计；

◎尾气排放；
◎燃油系统；
◎备胎和工具的设计位置。

图 2-4-4　车的侧面

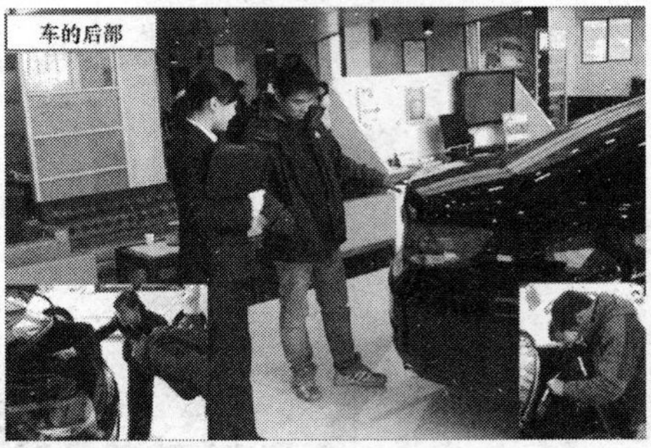

图 2-4-5　车的后部

从行李厢开始，依次介绍高位制动灯、后风窗加热装置、后组合尾灯、尾气排放、燃油系统。开启行李厢进行介绍，掀开备胎和工具箱外盖进行介绍。

4. 第四方位——车后座

主动打开车后座门，用手挡着车上梁，请客户坐入车后座，让客户感受后座的腿部空间、头部空间等，不要忽视与客户同行的同伴，让他们也坐进车内感受后排空间（图 2-4-6）。

车后座主要介绍内容如下：
◎精致宽敞的内部；
◎乘客舒适性；
◎后排乘客的安全措施。

5. 第五方位——驾驶座

汽车销售人员可以鼓励客户坐入车内，如果顾客坐到了驾驶员的位置（图 2-4-7），那么应该向顾客详细解释操作方法，如雨刷器的使用、如何挂挡等，让顾客摸一摸做工精致的仪表盘，感受良好的出入特性以及侧面玻璃提供的开阔视野，体验一下宽敞明亮的内乘空间。顾客就能将自身的需求与汽车的外在特性对接起来，再加上汽车销售人员的介绍和赞美，顾客一定心神摇曳。

此时最好让顾客进行实际操作，同时进行讲解和指导，介绍的内容如下：
◎座椅的多方向调控介绍；
◎方向盘的调控；
◎视野；
◎腿部空间的感觉；
◎气囊以及安全带；
◎制动系统的介绍；

◎操作方便性，音响、空调等；

◎车门的控制等。

图 2-4-6　车的后座

图 2-4-7　车的驾驶座

6. 第六方位——发动机舱

汽车销售人员站在车头前缘偏右侧（图 2-4-8），打开发动机盖，固定机盖支撑，依次向顾客介绍的主要内容如下：

◎发动机舱盖的吸能性、降噪性；

◎发动机布置形式；

◎防护底板；

◎发动机技术特点；

◎发动机信号控制系统。

图 2-4-8　发动机舱

合上发动机舱盖，引导顾客端详前脸的端庄造型，把顾客的目光吸引到品牌的标识上。所有的顾客都会关注发动机。因此，汽车销售人员应把发动机的基本参数包括发动机缸数、汽缸的排列形式、气门、排量、最高输出功率、最大扭矩等给顾客做详细的介绍。

介绍发动机的技术参数时需要比较强的技术性，因此在打开发动机舱盖的时候，最好征求一下顾客的意见，询问是否要介绍发动机。

在运用六方位绕车介绍法向顾客介绍汽车时，要熟悉在各个不同的位置应该阐述的、对应的汽车特征带给顾客的利益，灵活利用一些非正式的沟通信息，展示出汽车独到的设计和领先的技术，从而将汽车的特点与顾客的需求结合起来。

总之，六方位绕车介绍法是从车前方到发动机，刚好沿着整辆车绕了一圈，并且可以让汽车销售人员把车的配置状况做一个详细的说明和解释。这样的介绍方法很容易让顾客对车型产生深刻的印象。

二、产品性能介绍法

客户在考察一款车时，其重点关注的因素有品牌、外形、安全性、动力性、操控性、舒适性、经济性、性价比、售后服务和保值率等。汽车销售顾问可以从这些性能方面入手，当然使用的条件是：销售顾问与用户有更深的沟通，已掌握了用户的基本需求，有针对性地进行结合以上要素，有重点、有主次地介绍车型。

（一）具体介绍方法

1. 品牌

汽车品牌的历史与荣耀、该品牌的故事与口碑、该车型的历史演变、销量与评价。

2. 外形

知名的设计师或设计单位、外部造型的风格与特色、可选的颜色。

3. 安全性

（1）主动安全设备：ABS制动防抱死系统、CBC转向制动控制系统、EBA紧急制动力辅助控制系统、TCS牵引力控制系统、TPMS智能胎压监测系统及倒车影像系统等。

（2）被动安全设备：安全气囊、预张紧式安全带、车身钢板、吸能结构、防盗系统、防撞钢梁、溃缩式转向柱等。

4. 动力性

发动机的型号及技术、标准排量、最大功率、最大扭矩、最高车速、压缩比等。

5. 操控性

前后悬架结构形式、助力转向系统、制动系统、变速器、轴距与车长比例、轮胎、轮毂等。

6. 舒适性

全车长宽高的尺寸、前后排空间大小、后悬架结构形式、储物空间容积、座椅的特性、空调系统、车内空间的静谧性、车内娱乐设备、内饰的做工及颜色。

7. 经济性

油耗、保养及维修费用。

8. 性价比

售价、促销优惠活动、市场价格走势、与同级别车型价格的对比。

9. 售后服务

售后服务范围、服务质量、服务网点的分布、售后服务的收费标准。

10. 保值率

保值率数据、二手车价格、二手车市场行情。

（二）产品性能介绍的注意点

（1）销售顾问要针对用户所对产品独特的需求，进行专项的介绍。

（2）销售顾问要针对能促成客户购买所关注的性能部分，进行专题重点介绍。

（3）在涉及客户所提竞品特点时，销售顾问要进行专项对比，介绍该车型的性能。

【案例链接】

凯越六方位介绍

先生您好，这就是我为您介绍的别克新凯越，新凯越不仅在外观内饰上更加精致时尚，它的操控感也有了大大的提升，同时拥有同级别轿车中最多的人性化高科技配置，树立了国内中级家轿的新标杆，新凯越的产品优势主要体现在欧风时尚的外观设计、宽敞温馨的内部空间、人性化的高科技配置和无微不至的售后服务。现在我将详细地为您介绍这款车，新凯越的外观设计是由意大利顶级设计工作室皮尼法利纳担当的，充分融入了别克未来的设计元素，展现了大气动感的欧洲风格和精致简练的审美元素。

首先您请看车前方，新凯越的车头是采用阶梯式U形盾设计，在使整车看起来稳重大方的同时，又能有效地降低行驶时的风阻力，大大地提升驾驶时燃油使用的经济性，它的前中网采用的是3D立体直瀑式镀铬隔栅设计，这样的设计不仅是别克家族的高档尊贵设计元素的体现，也使这个车头看起来更加平顺大气。在隔栅的正中央镶嵌的就是别克的三色盾徽标志，红色代表着激情活力，白色代表着高科技，蓝色代表着宁静舒适。这也充分体现了别克的造车理念。在隔栅的两边是新凯越全新设计的立体分层晶钻前大灯，它将转向灯、远光灯、近光灯分层设计，这样的人性化设计使整个车灯看起来更具有层次感和立体感，而且使整个车灯的灯光亮度更高，穿透性更强，更为您的夜间行驶保驾护航。在大灯的下方就是新凯越全新设计的晶亮透明式雾灯，它具有很好的防水性，灯泡的亮度高，穿透性强，这样的设计为您在雨雾天气行车提升了更好的安全性，车前方我就先为您说这些。

您再随我看这边，我们新凯越在同级别车中使领先采用的LED外后视镜，您看后视镜侧面的LED转向灯非常耀眼夺目，美观大方，它的亮点就是寿命与整车相同，而且反应快，那么明亮的LED灯也会时刻提醒周围的人和汽车更加了解您的行车意图，增加行车的安全系数。它的底盘是经过澳大利亚V8调校的底盘，这也大大增加了车身的稳定性和操控性。悬挂采用的是前麦弗逊式独立悬挂，这样的悬挂一般都用于轿车的前轮，那么它的结构体积不大而且可以有效地扩大车内的乘坐空间。后悬挂采用的是双连杆式独立悬挂，它主要体现在过弯道时的稳定性及安全性，也更大程度上增大了后排座椅和行李厢的空间，这款车采用的是固特异轮胎，它的操控是非常好的，而且路感强，比较耐造、皮实，抓地力也是非常好的。新凯越在主动和被动安全上也有了很大幅度的提升，首先我先针对被动安全方面给您讲解，新凯越采用全封闭金属一体式承载式车身，配合车身的强化措施，它的B柱内衬厚度从原来的0.7 mm增加到1.2 mm，车身侧的防撞钢梁长度从342 mm增加到842 mm，特别增加了2 mm厚的通道加强筋结构，这样人性化的设计是符合欧洲4星级碰撞规则的，而且也更好地保护了车内驾乘人员的安全。在主动方面，新凯越采用先进的BOSCH5.3ABS四轮防抱死制动系统和EBD电子制动力系统，系统反应精确到位，每秒可以点刹15次，4轮制动力配合4轮碟刹会有效地缩短制动距离，比如下雨天的时候当您行驶在川流不息的马路上，前方发生紧急事故，这时您会紧急制动，由于路面湿滑非常容易发生事故，此时ABS和EBD在这紧急的时刻就会发挥作用。新凯越也配备了安全带提醒系统，当您的车速大于25 km，若前排乘客未系安全带系统就会亮灯警告，时刻提醒您的安全行车意识。它的油箱也比同级别车的容量大，可容纳60 L的汽油。

它的尾部设计也使采用阶梯式U形盾设计，和车前脸的设计是遥相呼应的，展现了别克未来的审美元素。它的高位刹车灯和后保险杠下方的车尾反光片，不仅使整个车尾看起来更加漂亮，更能为您的夜间行驶保驾护航。车尾部最靓丽的部分就是LED典雅尾灯，它是由18颗LED灯组成的“7”字形设计，质感出众，非常醒目。LED灯的优点是亮度高、穿透性强、寿命长、反应快。它的亮点就是比普通灯泡快0.3秒起，比如您的后方车辆以每小时100 km的时速前进，LED灯会为您的后方车辆提供8.3 m的制动距离，这样就会最大限度地避免事故的发生，它的四感应倒车雷达也是一个非常人性化的设计，保障您的倒车安全。新凯越还配有一个容纳405 L的超大后备厢，您即便是外出旅行也不会因为物件太多而烦恼，而且后备厢的最大卖点就是在内测配备一个逃生拉环，这个是遇到紧急情况的时候使用的。

先生您这边请，新凯越长4515 mm，宽1725 mm，高1445 mm，2600 mm的轴距也使新凯越在同级别车中遥遥领先，宽敞舒适的驾乘空间让整个车内更加温馨，您可以坐在后座感受一下，它的座椅也是非常舒适的，梯形头枕搭配上质地柔软的座椅，即使是长途旅行也不会让您感觉到疲惫。新凯越的侧门还配备儿童门锁，这也是非常具有人性化的一个设计。

咱们再看一下它的驾驶室，座椅采用的是打孔真皮座椅，皮质比普通真皮座椅更加出众豪华，一般在高档车上才使用的，而且透气性好，不易产生褶皱，长时间的乘坐也会感觉很舒适，这也是新凯越的又一卖点。它的主驾驶坐是手动6向调节，您可以坐到主驾驶上，我为您演示一下（然后从上到下，从左到右依次介绍）。

新凯越的发动机舱采用了全新调校的TWIN-TEC1.6 L直列四缸发动机，最大卖点是噪音小，故障率低、省油、发动机燃烧充分，而且发动机在3600转时可以爆发出146 N·m的最大扭矩，无论您是在日常使用还是激情驾驭时都会满足您的需求，新凯越还有一个非常人性化的设计，就是加厚隔音板，它能有效地隔绝发动机的噪音，为您提供一个安静舒适的驾乘空间，另外新凯越还配备了发动机防盗系统和电池防耗保护装置等，综上所述，相信这是一款具有世界水准的中级家轿，全国120万用户的选择一定能得到您的青睐与认可。先生，我先为您介绍到这里，您看您还有什么不了解或是不明白的吗？“没有”，那我们新凯越还有很多试驾活动，我帮您安排一下试驾您看可以吗？

（资料来源：百度文库，https：//wenku. baidu. com/view/c30d477c168884868762d61f. html? from=search）

单元3　车辆介绍的技巧

汽车销售顾问只掌握基本的产品介绍方法是不够的，还需要学会运用一些常见的介绍技巧。因为客户喜欢车或者购买车并不是因为车本身，而是因为这款车能解决客户遇到的某些重大问题与难题，能够满足客户的某种需求，带来某种利益。优秀的销售顾问不仅要对产品非常熟悉，还要懂得如何激发客户对产品的兴趣和好奇心，最终取得客户的好感和信任。以下是三种常见的技巧。

一、FAB产品介绍法

有的销售人员问过这样的问题：“我们在向客户做介绍时，感觉付出了很大的努力，可是客户听了就是不为所动，不知道是什么原因?”

这可能是因为缺少方法和技巧，为了解决这个问题，本书介绍一种有效的方法——特优利法，简称 FAB 法。

(一) FAB 法的含义

FAB 法，又称特优利陈述法，是销售产品时常用的一种展示产品的方法。FAB 是三个英文单词开头字母的组合，F 代表特征或配置（Feature)，A 代表优点或作用(Advantage)，B 代表好处或利益（Benefit)。

特征（F)，即产品的固有属性，是产品的某种事实、数据或者信息。

优点（A)，即由产品特性所带来的产品优势，即产品的某种特征带给客户的好处，或者是在使用产品时，这些特征是如何为客户服务的。

好处（B)，即客户通过使用产品所得到的好处，这些好处源自产品的特性和优点。产品介绍使用 FAB 法，是指针对潜在客户的需求，有指向性地介绍产品的某种特征以及与之匹配的优点。我们通过 FAB 这种方法，把产品的亮点展示给客户。

(二) FAB 法的应用

FAB 法应用时要按照特定的顺序，即从 F→A→B 的顺序来陈述，具体来讲就是先介绍配置，接下来说明它的作用，提示它给客户带来的好处。具体示例如图 2-4-9 所示。

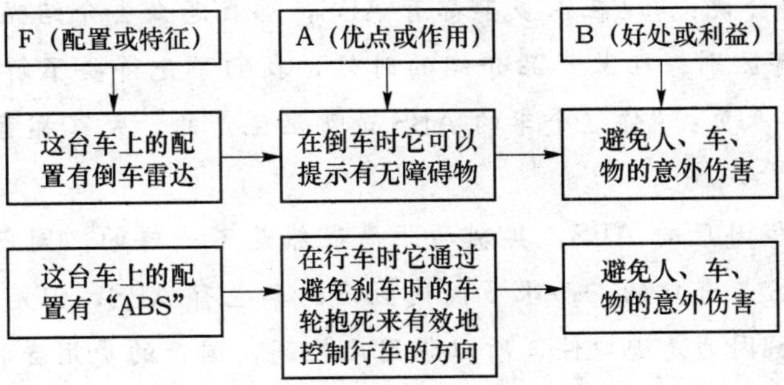

图 2-4-9　FAB 法的应用

关于 FAB 法应用的补充说明如下：

第一，FAB 法是从理解客户的常见问题开始的，并且在试图解决问题的前提下来介绍自己的产品或者服务，让消费者感知到企业提供的这个产品或者服务如同特意为客户量身打造的一样，所有的特征和优点都是所客户关心的。

第二，使用 FAB 法时，可以加上有冲击力度的介绍语言。

第三，FAB 法应用时，要具备将复杂的技术转化为符合客户利益的话语的销售技能。

适用于 FAB 法介绍的配置较多，如 CD、DVD、GPS、EBD、EBA、倒车雷达、儿童锁、安全气囊、防盗报警系统等。

【案例链接】

FAB 法的应用案例

一、ABS 的好处

比方说这台车带有 ABS，我们把这个 ABS 用 FAB 的方法给大家做一个介绍。首先 ABS 是这台车的配置，有了 ABS 以后，它可以有效地控制车行驶的方向。我们在一些汽车的样本资料里可以看到这样的图片，就是有两辆车走两条道，其中有一辆车前面有一个障碍物，那辆车绕个弯儿过去了，第二张图片是另外一辆车直接撞上了那个障碍物。这两张图片要说的意思是一辆车有 ABS，另外一辆车没有，所以它不能够控制车行驶的方向，直接撞上了那个障碍物。如果这个障碍物是人的话，那就产生了人员的伤亡；如果是物的话，那财产就受到了损失。

那么 ABS 是怎么工作的呢？当我们发现前面有障碍物踩刹车时，没有 ABS 的一下子就把轮子抱死了，车子完全是靠着惯性向前冲的，方向没法控制；而有了 ABS 以后，刹车抱住那个车轴一秒钟有的是 16 次、17 次，不停地抱紧松开。这样，车轮可以控制前进的方向。这样给客户带来的利益是双方的。一是不会给对方造成损失；二是自己的车也不会受损失。通过 FAB 法给客户介绍，就会让客户感觉到印象很深。

二、不同 ABS 的比较

有的销售人员会说："现在很多车都有 ABS，那我怎么去介绍呢？"这时应接着往下延伸。ABS 也有区别。在做产品介绍的时候，我们事先得要了解。我们前面讲过，有个客户去问销售人员："你这个车的 ABS 是哪里生产的，大家都有 ABS，哪个 ABS 更好呢？"

进口的 ABS 和国产的 ABS，其制动距离显然是不一样的。国内有一些车是合资的，但搭载的 ABS 是进口的，而很多国内生产的车也有 ABS，但是大多数是国产的。进口车搭载的 ABS 因为是进口件，所以费用比较高，国产的费用会稍微低一些，但这两个 ABS 的作用显然是不一样的。

有一个数据表明，进口的 ABS 在 120 km 的时速上踩刹车，车在滑行了 41 m 的距离后停下来。国产的 ABS 从 120 km 到 0 km 的刹车滑行了 46.5 m。两个相差了 5～6 m长的距离，这一点也要向客户说明。此时可以抓住时机问客户："请问，那会有什么样的后果啊？"

（资料来源：三亿文库，http：//3y.uu456.com/bp_37tkr4bu359f98i84nxf_1.html）

二、构图讲解法

当人们听到或看到某件事情时，往往会在潜意识里为这件事构造出一幅图画，然后根据这幅图画做出判断。在产品销售过程中，销售人员也可以利用这种构图的效果，达到有效刺激顾客购买欲望的目的。

（一）采用构图讲解法的好处

采用构图讲解法的好处如下：
①给顾客留下深刻印象；
②增加顾客的参与感；
③让顾客容易明白；
④吸引顾客注意力。

（二）构图讲解法应用的三个时机

构图讲解法应用的三个时机如下：
①功能叙述的时候；
②产品使用的时候；
③突出产品特点的时候。

（三）构图讲解法应用的重点

销售人员根据所销售的产品，提炼出一个销售主题，然后为这个主题构造一个应用的情景，最后将主题与情景搭配，连成一个故事。

通过这种方法，为顾客构造出一幅幸福、美满的图画，激起顾客对这幅美丽图画的向往，从而使顾客接受我们的产品介绍，并且购买我们的产品。

三、道具演示法

为了让解说更加逼真、生动，有时候可以利用一些道具来达到锦上添花的效果。例如：

销售顾问：“花冠车的发动机，采用了丰田公司最先进的 VVT-I 技术，不仅功率大，油耗低，而且非常安静，您看，用眼睛根本看不出它有振动。”说着，销售顾问拿出一支香烟，立在桌子上。

销售顾问：“我们启动发动机，将这支烟立在发动机上，绝对不会倒下，您相信吗？”

客户：“不能吧！这样都能行吗？”销售员启动发动机，然后将香烟立在发动机上。

客户惊呆了：“真的可以啊！真了不起，从来没有见过这么安静的发动机啊！”

上例中，销售顾问利用一支烟就能让客户对花冠车发动机的性能有深刻的印象——这就是道具演示法的独特性。

应用道具演说法进行产品解说，有以下几个注意事项：

第一，道具不一定要大，它可以是一把尺子、一支笔、一块手帕，最主要的是通过道具演示来唤起顾客的想象力，引起顾客的共鸣。

第二，操作时，语言、手势动作与道具的应用要配合协调，表情要自然逼真。

第三，道具演示法主要是在顾客无法确实体会产品特色的情况下应用，要根据所销售产品的特点，决定是否采用道具演示法，或应用什么样的演示道具。道具演示法不可滥用，应用得不好，还不如不用。

【能力拓展】

案例分析

丢失的客户

客户："除了刚才介绍的情况外，我想问一下这款车的行李厢有多大?"

销售顾问："您真是慧眼，这款车最值得炫耀的就是500 L的行李厢，除了菲亚特的西耶那轿车以外，家用车系列中没有一款超过这款车，包括本田的三厢飞度轿车号称空间设计最合理，也才500 L。"

客户："西耶那轿车的行李厢有多大?"

销售人员："525 L。"

客户："这不错，还有飞度轿车也达到了500 L。"

销售人员："您是否现在确定买这款车呢?"

客户："既然西耶那轿车有525 L，飞度轿车也有500 L，那我还是再考虑一下这三款轿车中哪一款更适合我。"

思考与讨论：为什么这个客户会丢失呢?

分析：我们在介绍产品时"不要太积极"，不是说可以用消极的态度对待客户，而是指在产品介绍中当客户没有提出要求时，不要卖弄自己专业知识的渊博。

实训项目

一、项目名称

车辆产品介绍情景模拟

二、项目目标

通过模拟演练，帮助学生更清楚地了解产品的特征，掌握产品示范要领，充分认识到示范与演示对产品介绍的作用。

三、项目要求

各小组准备具体的示范产品，做好示范前的准备工作，各小组选择两名同学扮演销售人员，为选定的产品做示范。

四、项目准备

任选一款车，做六方位绕车介绍的说明，与小组同学讨论，确定介绍话术。

所选车型	
车前方	
车侧方	
车后方	
车后座	
驾驶座	
发动机舱	

五、项目实施

组内同学分别扮演销售顾问和客户，运用六方位绕车法为客户介绍商品，从客户感兴趣的配置开始，关注客户的需求。

六、项目评价

请观察者谈一下看过产品介绍的感受，并提出改进意见，将以上产品的示范要点整理并记录下来。

任务五　试乘试驾

【学习目标】

知识目标

1. 了解试乘试驾准备。
2. 掌握试乘试驾前的产品介绍。
3. 熟悉试乘试驾客户确认。
4. 重点掌握试乘试驾话术。

技能目标

1. 能够熟练运用试乘试驾话术引导客户进行试乘试驾。
2. 能够在试乘试驾中提升顾客对车辆的良好感受促进交易。

【情境导入】

某日，客户王先生来到雪佛兰展厅了解迈锐宝车型，在销售顾问介绍完迈锐宝的卖点和优势之后，邀请王先生进入车内，讲解迈锐宝的内饰，王先生很喜欢看书，当销售顾问讲解到迈锐宝的深海蓝静音效果时，客户很心动，紧接着销售顾问邀请王先生试乘试驾，带着王先生进行了试乘起步加速、中速加速、颠簸路面以及急速刹车，并且在王先生试驾时，着重让他体验了车辆的操纵性以及静音效果，客户比较满意，回到展厅，客户当日订车。

分析

试乘试驾是让客户感性地了解车辆有关信息的最好机会，通过切身的体会和驾乘感受，客户可以加深对销售人员口头介绍的认同，强化其购买信心。在试乘试驾过程中，销售人员应让客户集中精神进行体验，并针对客户需求和购买动机进行解释说明，建立起信任感。

单元1　试乘试驾准备

一、资料准备

试乘试驾前需要准备的资料包括以下几种：

(1) 车辆行驶证、保险单。

(2)《试乘试驾协议书》。

(3)《试乘试驾调查表》。

二、试车车辆选择

选择一部已被客户基本确认、与客户的要求与愿望基本相近（如果不能完全符合的话）的试车车辆。车况保持最佳状况，车辆加贴试乘试驾标志，CD换碟盒中装有CD，车内有脚垫。其他要求参照管理手册中展车规范要求的相关内容执行。

（1）保持车内外清洁、各项功能正常和有足够的油料使用。

（2）试车车辆要保全险。

（3）客户必须持有国家规定的C级或C级（新照C1、C2、B1）以上的机动车驾驶证，才能亲自驾驶相应的试车车辆。

（4）根据试车要求登记《试乘试驾登记表》，依次安排试驾。

（5）准备并签订协议书。协议书具体内容由专营店自行编写，明确界定双方的权利和义务，以规避不应承担的经济、法律责任。

（6）准备好《试乘试驾评估表》，请顾客填写。

三、人员准备

进行试驾时需要进行的人员准备包括以下几个方面：

（1）试驾客户及陪同的销售顾问需准备好驾驶证。

（2）需要确认销售顾问和试驾客户是否拥有熟练的驾驶技术。

（3）销售顾问需要熟悉产品的性能和优势。

（4）销售顾问需要熟悉竞争对手的技术参数和性能对比。

四、路线和场地准备

规划试车路线，使客户有足够的时间来体验车的性能，熟悉并喜欢这部车。必须按照规定路线行驶，确保行车安全。事先安排好试驾路线，如果有可能的话，最好选择车流量较少的平坦路面，同时再选一些坑洼、爬坡路段等不同的路面，增加顾客的适应性，以舒适、安静为原则，时间控制在15分钟左右为好。

【案例链接】

某丰田4S店试乘试驾路线设计

某丰田4S店为了能更好地表现车辆特点，尽可能避开拥挤路段，设计试乘试驾路线，并设置了起步、加速、换手点、0～80加速、紧急制动、过弯、车载设备讲解、悬架测试、静谧性测试等地点，如图2-5-1所示。

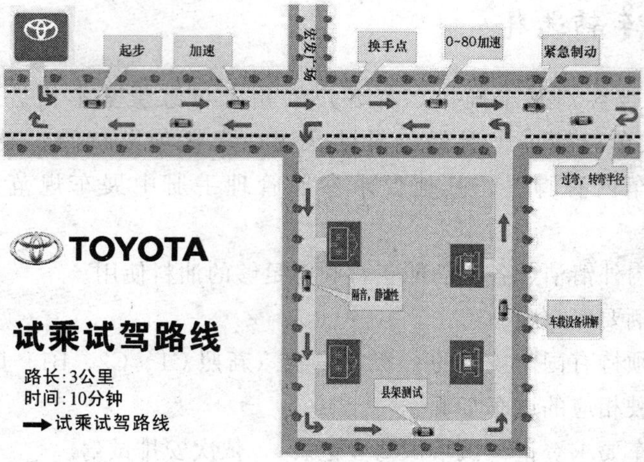

图 2-5-1　试乘试驾路线

（资料来源：百度图片，https：//image. baidu. com/search/detail？ct=503316480&z）

单元 2　试乘试驾的过程

一、试乘试驾前

（一）试乘试驾前需要进行的工作

（1）欢迎客户试乘试驾，完成客户信息登记工作。

（2）查看客户驾照，登记驾照相关信息，并将驾照复印件存档。

（3）向客户讲解试驾流程和相关规定，辅导客户签署《试乘试驾同意书》。

（4）介绍形式路线或场地。

（5）如果由其他工作人员陪同试驾，销售顾问应向客户介绍，以便在试驾过程中进行沟通和交流。

（6）试驾前为客户介绍产品的基本功能和特点。

（7）主动打开副驾驶车门，邀请客户上车并提示客户系好安全带。

（二）试乘试驾前的产品介绍

1. 客户的需求引导

试驾前，询问客户通过试驾最希望了解到哪些内容，以便确定车辆介绍的主要方向。许多客户都没有这些经验，因此说得比较笼统。那么，销售人员应该强调，在试驾过程中，会涉及哪些方面，事先提示就可以突出车辆的独到特性。

2. 开启发动机盖

将本车的发动机有别于其他发动机的特点简要介绍给客户，以吸引客户。

3. 上车前示范操作

上车前，示范操作高灵敏度的遥控式安全中控门锁，将车门解锁并将四门车窗和天窗降下与打开，展示其活动自如。如果是在冬天，则要事先调好适宜的车内温度。

4. 关注客户同行者

在试驾开始前，已经落座在车内的时候，如果试乘试驾人还有其他一起来的朋友，也可以将试驾路线地图发给他们。引发他们足够的好奇，并可以基本获得试乘试驾中话题的主导和控制权。

二、试乘试驾中

1. 销售顾问驾驶阶段

（1）辅导客户调整座椅，确认客户乘坐舒适。

（2）把握时机向客户介绍产品的性能和配置。

（3）为客户示范安全驾驶。

2. 驾驶换手

在安全路段或场地位置停车换位，将车熄火，取下钥匙，拉起手刹车，下车与客户换位。

3. 客户驾驶

（1）行车前的操作

销售人员要对客户提示以下内容：

①调整座椅，调整反光镜（内外），调整方向盘位置；

②提醒客户系好安全带，提示客户安全驾驶的注意事项；

③注意指示转向灯开关的位置、指示雨刷器开关的位置、手刹的位置、换挡的位置、大灯开关的位置；

④介绍我们要试驾的路线，提示相关安全要点；

⑤在客户驾驶前，简要提醒客户所要体验的重要内容，以强化客户的感受。

（2）销售人员的工作重点

①指路。指路是销售人员的责任。在试乘试驾过程中，主动提示要走的路线、交通状况、各种不同车辆对交通状况的不同适应程度等。在既定的路线上可能会出现一些突发的交通状况，销售人员要提高对路面情况的注意力和警惕性，不断提示客户要多留心。

②提示客户感受。在指路的过程中提示客户去体会对操控的感觉、行驶中的力量、发动机的声音，并注意反光镜的位置、HUD（抬头显示器）和天窗；提示客户在安全行驶的情况下，注意操作音响、空调，并观察速度表、发动机转速表、ABS 显示灯、气囊显示灯等。

提示客户对座椅、方向盘、视线、头部空间、光线、HUD、温度、音响、操控方便性以及车辆灵活性等方面的感受。在试乘试驾过程中一切都以感受为主。

要确保不断用话题主导整个试乘试驾过程，尽量不给客户留下挑剔的时间和机会。可以通过提示行驶安全，提示感官上的体验来控制话题。与客户交谈，应以简捷的话语交谈为原则，避免客户驾车分心，确保行车安全。

试乘试驾时，通过车况与路况演示让顾客了解演示路段和演示重点，如表 2-5-1 所示。

表 2-5-1　试乘试驾演示重点

演示路段	演示重点
发动与怠速	介绍等需发动后才可使用的功能（如空调）；体验怠速静肃性
起步时	请客户体验发动机的加速性、噪声、功率/扭矩的输出、变速器的换挡平顺性
直线巡航	体验室内隔音、音响效果、悬挂系统的平稳性
减速时	体验制动时的稳定性及控制性
再加速时（依车速选择有力的挡位）	体验传动系统灵敏度、变速器换挡的平顺性及灵活性和发动机提速噪声
高速巡航	体验发动机噪声、轮胎噪声、起伏路面的舒适性、方向盘控制力
上坡时	发动机扭矩输出、轮胎抓地性
转弯时	前挡风玻璃环视角度、前座椅的包覆性、方向的准确性（悬挂系统与轮胎抓地力）
行经弯道时	转弯时车辆操控性及油门控制灵敏性
空旷路段	示范行驶中使用方向盘上的音响、空调、电话等控制键的便利与安全性

三、试乘试驾后

在客户进行试乘试驾后，销售顾问应做到以下几点：

（1）称赞客户驾驶技巧，提醒客户携带好自己的物品，以免遗忘在车内。

（2）引领客户至洽谈区，提供免费茶水饮料。

（3）了解客户感受并填写《试乘试驾客户满意度调查表》。

（4）对于客户在试驾过程中的个性化问题进行重点解释，以推动进入报价阶段。

四、试乘试驾话术

（一）汽车销售顾问可以利用如下语言引导客户进行试乘试驾

（1）“刚才我给您介绍的这些，您觉得还满意吧！其实我说得再好也不如您亲自体验一下，您说是吗？”

（2）“其实买款称心如意的车主要看 5 个方面：外观、动力操控、舒适、安全、超值型，而一款车动力和安全对您说是最重要，而这两方面一定是要试乘试驾才能体现出来的，您说对吗？”（他肯定会说是的），然后我们紧接着说：“您看，我们已经为您准备好了车，就在外面，我们一起去享受一下试驾的乐趣！”（边说边往门口走）

(3)“车子的很多性能要在开的过程才能体验，您想，毕竟买车是件大事，自己开过才能真正放心啊，对吧!”

(4)“展厅里面空气不容易流通，直接在展厅发动会影响人的健康，这样吧，我帮您在外面准备一台车，这样您不但可以听一下发动机的声音，还能了解一下实际驾驶的感受，您看这张图，我们通常有两条线路，您喜欢哪条呢?”

(二) 试乘试驾中商品介绍话术

1. 试乘试驾前

销售顾问：“先生(女士)您好，下面由我来带您试驾刚才展厅看过的××车，在试驾前麻烦您填写一张试乘试驾表，请您出示一下驾驶执照好吗?”(请客户仔细阅读试乘试驾协议)

2. 客户到达时

销售顾问：“先生(女士)，这是××公司的××车，是国内最畅销的高档轿车之一，很多企业单位都把它作为接待贵宾用车，彰显企业实力，提升企业形象。”(用遥控钥匙开启车门)简要介绍这款车的防盗系统，引导客户坐入驾驶座，并协助客户调节合适的座椅姿势和方向盘角度。询问客户是否感觉到位，提醒客户系好安全带。销售顾问关好车门坐入前排乘客座椅。

3. 客户试乘试驾时

销售顾问：“先生(女士)，您现在可以发动车辆，开始体验这款车的澎湃动力和宁静舒适。(主要让客户体验在实践过程中的行驶平稳，V6发动机的提速以及宁静。根据需要打开空调机音响，体验舒适性及高级音响的音效)您在驾驶过程中可以充分领略它的强劲动力，而且在加速过程中它的噪音是非常低的，高速行驶的平稳性也是其他车辆无可比拟的。这款车的视野也非常好，安全性达到五星级安全标准。”

4. 试乘试驾结束

销售顾问：“先生(女士)您好，试驾过程我们的××车感觉怎样?”(引领客户再次回展厅，做一些沟通)

(试乘试驾结束后，重点了解客户的感受，并带领客户回到展车旁，在车辆外形、尺寸、内部空间等优势点上给客户进一步的冲击)“我想这部车非常符合您的需求，如果您对这部车感觉满意，我们可以马上为您办理手续。”(询问客户的付款方式，适时推荐贷款业务)

5. 客户离开展厅时

销售顾问：“先生(女士)，感谢您的光临，期待您再次来到××品牌4S店。”(送客户至展厅外，并目送离去，挥手致意)

【案例链接】

在澳大利亚试乘试驾宝马车

以下是一位客户在澳大利亚悉尼的一家宝马车行，按照时间约定参与试乘试驾宝马320i的全部细节。

(1) 在展厅接待我的销售人员复印了我的驾驶执照。

(2) 征求我的意见，是不是有经常行驶的路线。我告知，没有特别的行驶路线。然后他邀请我到车中驾驶位落座。

(3) 我坐好后，销售人员提示我调整车内外后视镜、座椅位置、方向盘位置，并提示我加油踏板、刹车踏板的位置，询问我最熟悉什么车型。我告知，比较熟悉福特飞鹰。然后，他提示我比较两种车的不同，方向灯操作杆、雨刷操作杆的位置不同，这个环节不到 10 分钟。

(4) 他拿出一张纸，说这是我们今天要行驶的路线图。总行程共 40 千米。其中高速公路段有 25 千米，其他的都是城市路况。这条行驶路线中主要会强调三个转弯：第一个转弯的角度是 160°；第二个角度是 145°；第三个角度比较急，是 105°。我们行驶到这三个位置时，他会再次提示我。现在的座位舒服吗？方向盘操作感觉合适吗？他大约介绍了 5 分钟的路线以及关键点，强调了驾乘的感受、对抓地性的体会，以及转弯时的速度，然后我们启程。

(5) 点燃发动机后，他提示我仔细听声音，提示我挂挡以及方向盘的力度等。速度此时逐渐提升到每小时 40 千米，我们行驶在城市路况上。

(6) 不到 10 分钟，我们就驶入了一条高速公路，他提示我加速。此时，车速已经在每小时 130 千米了，他还提示，我可以再多给一点油。我顿时体会到在这个速度上继续加速的感受，来自座椅的推背感觉非常明显。接着，他提示我下一个出口，我们要出去，并提示我注意出口的速度。

(7) 车在出口时的速度大约在每小时 80 千米，没有特别减速，他也没有提示，顺利出高速公路进入城市路况。速度降下来后，他提示我们刚才那个出口的转弯角度就是 160°，征求我的意见，是否体会到 4 个轮子的位置。我诚恳告知，感觉不错，没有任何飘逸和甩尾，而且抓地性非常稳。接着他提示我下一个转弯，要小心速度，下一个就是 145°的弯。

(8) 我特意在这个弯的前方稍微提速，从每小时 60 千米提到每小时 75 千米，更加明显地感受到车辆的稳定性。

(9) 此时，我们交谈的主题是宝马车驾乘的各种感受。他分享了其他试乘试驾客户的转弯体验和感想。差不多 10 分钟后，他提示我，下一个弯比较急，让我小心。

(10) 果然，下一个弯非常急。我还是比较冒险，仍然维持车速在每小时 62 千米，这次的体验就更加明显。车辆稳定，按照我的方向盘的控制顺利通过弯道。

(11) 在他的指示下，我们顺利返回车行。一路上，讨论了宝马的动力加速、操控稳定以及车内音响等。

(12) 车辆停好后，他征求我的整体感受，我说了一些体会。他边听边记录。他有一个夹子，上面有一张纸，他一直在纸上写着什么。

(13) 他征求我的意见：喜欢什么烟丝？是否还有兴趣体验 520？或者也可以安排 730 给我试乘试驾。而且，还征求我的意见，是否可以邀请你的家人一起来试乘试驾？我告知，暂时不用安排，我要与家人协商一下，下周再通知他。然后，我表示要离开。

(14) 临走，他给了我一张纸，我仔细一看，上面都是在试乘试驾期间我说的话，对车辆表达的肯定的话语。原来他有一式三联的试乘试驾过程记录表，最上面的一张给了我，他留了一张，我看到他将另外一张粘贴到展厅的一个白板上。这时我才发现，那个白板上有许多试乘试驾者的感受体验，都是各种肯定、积极、惊奇的感受。此时，我不急着走了，到白板前认真阅读。

(资料来源：新浪微博，http：//weibo. com/u/2632599473? refer _ flag=1001030102 _ &is _ all=1)

【能力拓展】

案例分析

静态介绍的重要性

一家人来参加试乘试驾活动，丈夫坐在前面开车，他太太抱着孩子坐在后面，副驾驶位坐的是销售人员。车开到路口遇红灯，他一脚踩下刹车，那个车本来刹车就硬，结果他太太抱着的孩子的脑袋磕在了前面的“头枕”上，孩子“哇”地哭了起来。夫妻俩本来是高高兴兴的，结果为这事在车上就吵了起来，弄得很不愉快。

思考与讨论：案例中一家人参加试乘试驾发生的不愉快如何避免？

分析提示：在试乘试驾时，销售人员在上路之前一定要做一个静态的介绍。客户坐上车以后，让他先别急于上路，先试一试油门的感觉、刹车的感觉、挡位的感觉。

实训项目

一、项目名称

试乘试驾中的商品介绍情景模拟

二、项目目标

通过模拟演练，帮助学生更清楚地了解试乘试驾中产品介绍的要领，并能针对客户需求和购买动机进行解释说明。

三、项目要求

各小组准备具体的示范产品，做好示范前的准备工作，各小组选择两名同学分别扮演销售人员和客户，模拟试乘试驾中的商品介绍。

四、项目准备

了解试乘试驾的要求，任选一款车，练习试乘试驾中的商品介绍说明，与小组同学讨论，确定介绍话术。

五、项目实施

组内同学分别扮演销售顾问和客户，遵照试乘试驾话术，模拟试乘试驾中的商品介绍。

六、项目评价

请观察者谈一下看过产品介绍的感受，并提出改进意见，将以上商品介绍的示范要点整理并记录下来。

任务六　客户异议处理

【学习目标】

知识目标

1. 了解客户异议产生的原因。
2. 掌握客户异议处理的步骤。
3. 熟悉客户异议的特点。
4. 重点掌握客户异议处理的技巧。

技能目标

1. 能够在销售过程中准确把握处理客户异议的时机。
2. 能够在销售过程中灵活运用处理客户异议的方法和技巧，针对不同类型的客户异议进行准确的处理。

【情境导入】

某日客户李先生在广汽丰田某4S店试驾了CAMRY，对车子总体评价不错，但客户李先生提出："CAMRY重量较轻，恐怕不安全。"销售顾问小江："您是担心CAMRY的重量轻，怕不安全吧？安全这个问题是很多客户关心的！这款车的重量确实比其他品牌同档次的车要轻一些，但正是这个优势使得它的油耗更低，轻不轻不是最关键的，最关键的是车辆的安全性，请让我为您详细解释一下，您看好吗？"客户点头，销售顾问小江："第一，现在市面上有些车型依靠厚重的钢板来提高安全性，不仅技术含量低，而且油耗非常高，大大增加您的用车成本，在欧美市场早就被淘汰了。我们的CAMRY之所以轻，是因为它采用了很多高科技材料和最先进的GOA车身设计技术；第二，CAMRY自面世以来，全球累计销量超过1000万辆，在国际上一直很畅销，这说明全世界各国的人都认可了CAMRY的安全性，并且得到了长时间的品质验证。这是我们的配置表，这是权威机构对我们这款车的安全测试结果，安全性达到了最高，您可以看一下。"

分析

客户异议贯穿于销售过程的始终，销售人员在寻找客户到达成交易的整个过程中，不可避免地会遇到客户的各种异议。销售过程实质上就是处理异议的过程。客户的异议得到妥善地处理，销售才能进入下一个阶段，否则，销售工作就会被迫中断。是否具有丰富而娴熟的处理异议的技巧，往往是销售人员能否成功的关键。

单元1　客户的异议

客户的异议，就是客户对销售人员或其销售活动所做出的怀疑或反面意见的一种反应，是客户对产品、销售顾问、销售方式、交易条件发出的怀疑、抱怨，提出的否定或反对意见。简单地说，被客户用来拒绝购买的理由就是客户的异议，例如，“对不起，我没兴趣”“价格太贵了”“售后服务能保证吗”等。

一、客户异议的特点

客户的异议具有两面性：

首先，客户的异议是成交的障碍。如果销售顾问不能很好地处理客户的异议，就会直接影响购买行为。

其次，客户的异议也为成交提供了成功的机会。如果销售顾问对客户的异议处理得当，客户得到了满意的答复，其对产品及交易条件有了充分的了解和认同，就有可能产生购买意向。

因此，了解客户异议的类型，掌握处理客户异议的方法，是达成交易的关键。

【案例链接】

一位“吃过亏”的客户的回答

一位销售人员正在电话里同客户进行交谈。客户虽然很有礼貌，但声音显得很强硬。“不，谢谢你啦！我现在不需要购买新汽车，如果需要的话，我自己会找汽车经销商的。记得一年前，我经不起一个销售人员的百般劝说，就向他买了一辆小汽车，可是还没用多长时间，那辆汽车就坏了。老实对你说吧，吃亏上当只是一次，我再也不会听你们那套销售经了。”

（资料来源：豆丁网，http：//www.docin.com/p-455433752.html？docfrom＝rrela）

二、客户异议的类型

一般来说，顾客的异议主要表现为真实的异议和虚假的异议两大类。

（一）真实的异议

客户由于目前暂时没有需要或对汽车不太满意或抱有偏见而表达出来的“异议”，主要表现在：价格太高、质量问题、竞品方面、售后服务担心、交易条件、对汽车公司不满、对销售人员不满等。

1. 价格太高

销售人员最常面对的同时也是最害怕的客户异议是价格问题。销售人员首先要有心理准备，客户会强调产品价格高，而不会对销售人员讲价格太便宜。

因此，面对客户提出价格太高的异议时，销售人员首先应明白，这种异议是一种绝大多数购买者所共有的自然反应。在商业思维中，销售人员要明白客户的标准反应模式就是拒绝。

2. 质量问题

一方面是从新闻媒体、社会传闻得到的有关质量方面的信息；另一方面是从竞争对手那里获得的贬义信息，以及对销售人员所做的有关汽车质量的解释或说明有意见，特别是对那种“夸夸其谈”抱有怀疑态度。

3. 竞品方面

竞品，顾名思义就是竞争品牌或竞争对手的品牌。产品在销售过程中，必然会遇到竞争，怎么能在竞争中赢得客户，就需要做竞品分析。当客户提到竞品方面的异议时，销售人员的处理，既有禁忌，也有方法，具体来说就是“三不三要”。

(1) 不主动提及——销售人员尽量不要主动提及竞争品牌，尤其是有竞争力的对手。

(2) 不消极回避——客户主动询问时，销售人员要积极应对，不能消极回避话题。

(3) 不诋毁攻击——尊重竞争对手，绝不无凭无据对其诋毁、攻击。

(4) 要探明虚实：客户对竞争车型的了解情况及印象如何？客户选车购车最关注的是什么？

(5) 要明褒暗贬，可运用 ACE 法。

(6) 要点到即止，一是对竞争车型的缺陷与劣势不要过分渲染，暗示到位即可；二是不能纠缠于竞争对手的话题，达到明褒暗贬的目的即可，要适时地将话题转移到自己的产品上来。

4. 担心售后服务

很多客户都害怕售后服务不周到，买之前什么都说好，买了以后有了问题谁也不管，到处踢皮球，更谈不上服务态度了。也有的客户认为特约服务站网点不够多，维修不方便，也有的客户担心或怀疑我们的技术能力是否能够为他解决问题而提出的担心售后服务的异议。

5. 交易条件

交易的条件也是一种客户经常提出的异议。如付款方式、交车时间、交车地点、赠送的物品、折扣、让利幅度、免费保养的次数、车辆的装潢、美容等。

6. 对汽车公司的不满

客户的异议还会涉及对销售人员所在公司的不满。客户对汽车公司的异议可能来自别的竞争对手的宣传、朋友的抱怨、媒体的负面报道等。也有的客户可能对汽车公司或汽车品牌的了解不够多而留下不好的印象。

7. 对销售人员不满

在客户见到销售人员第一面时，可能由于销售人员的衣冠不整、态度不好、三心二意、敷衍了事、技术生疏、夸夸其谈、轻视客户、怠慢甚至不尊重客户、不按时交车、随便承诺等而产生不满。总之，销售人员不能取得客户的信任就会给客户产生不好的印象，从而将不购买的理由转移到销售人员身上。

（二）虚假的异议

虚假的异议有如下两种：

1. 客户用借口、敷衍的方式来应付销售人员

目的就是不想和销售人员进行实质上的洽谈，不是真心实意地介入到销售活动中来。

2. 客户可能提出很多异议，但这些异议并不是他们真正在乎的地方

①这车价格太贵了；

②这车外观不够时尚；

③提出非常过分的要求；

④属于客户的隐性异议，通常表现在不愿意说；

⑤坚持自己的错误观点等。

这些情况虽然听起来是异议，却不是客户真正的异议。这类客户大多数是有购车的愿望，但是由于车的价格超过了自己的预算，或对所要购买的车型信心不足，还需要再比较比较，或还有其他什么原因（包括个人隐私的原因）暂时不能买车。当然也有那种非常想圆汽车梦但又无力购买、纯粹是赶来“过过瘾”的人。

三、客户异议产生的原因

在销售过程中，客户异议的成因是多种多样的。既有必然因素，又有偶然因素；既有可控因素，又有不可控因素。

（一）客户方面的原因

1. 客户的自我保护

人有本能的自我保护，每个人都会对陌生人心存警戒，摆出排斥的态度，以自我保护。

2. 客户缺乏足够的购买力

购买力是指客户在一定时期内，具有购买商品的货币支付能力。

3. 客户的成见

有时客户会对产品、品牌、企业有固有的片面看法。通常这都是一些不符合逻辑、带有强烈感情色彩的反对意见。

4. 客户的决策权有限

在实际的销售过程中，销售顾问会听到这样的说法：“对不起，这个我说了不算”“我们再商量一下”。这可能说明客户的决策权不足。

5. 客户的情绪

人的行为有时会受到情绪的影响。当客户心情欠佳时，很有可能提出异议，甚至恶意反对，肆意埋怨。此时，销售顾问需要理智和冷静，缓和气氛，以柔克刚。

（二）产品方面的原因

产品是推销活动的客体，只有当客户产生了某种需求，而产品能够满足自己的这种需要，同时产品也符合自己的心意，客户才会乐意接受、购买产品。在汽车整车销售过程中，由于汽车产品自身的问题致使客户产生异议的原因也有很多。

1. 汽车产品的性能

当客户对汽车产品的性能存在疑虑、不满，就会产生异议。当然，有些异议确实是产品本身的问题，有些却是客户对产品在认识上的误区或成见，有些则是客户想获得优惠的借口，销售顾问要耐心听取，去伪存真，对症下药，设法消除异议。

2. 汽车产品的价格

美国的一项调查显示：有75.1%的销售人员在销售过程中遇到有价格异议的客户。要解决价格异议，销售顾问必须掌握丰富的产品、市场知识和一定的销售技巧。

3. 汽车产品的销售服务

在日益激烈的汽车市场竞争中，客户对销售服务的要求越来越高。销售服务的好坏直接影响到客户的购买行为。产品的销售服务包括售前服务、售中服务和售后服务。对汽车企业来讲，销售服务是现在乃至将来市场竞争中最有效的手段。销售顾问应尽其所能，为客户提供一流的、全方位的服务，以赢得客户。

(三) 销售顾问方面的原因

客户的异议也可能来自销售顾问。销售顾问的服务不周，推销礼仪不当；销售顾问的产品知识欠缺，产品展示失败；销售顾问的语言表达能力欠缺，使用了过多的专业用语；销售顾问不恰当的沟通等都会使客户产生异议。因此，销售顾问的能力和素质高低，直接影响到销售的成功与否，销售顾问要注意重视自身修养，提高业务能力及水平。

我们的销售人员要不断自我检查是否存在以下问题：

◎自身的行为举止和态度是否让客户反感。

◎夸夸其谈，客户怀疑不真实。

◎过多地使用专业术语，客户无法理解，碍于面子又不好深究。

◎说得太多，听得太少，以至于没有搞清楚客户真实的购买需求。

◎与客户发生争论、抬杠。

◎对客户没有给予应有的尊重。

◎实施调查不正确，引用了不准确的调查资料。

◎故作姿态，让客户难堪。

单元2 客户异议处理技巧

客户异议无论何时产生，都是客户拒绝产品的理由。销售顾问必须妥善处理客户的异议，才有望取得销售的成功。

一、处理客户异议的原则

（一）理解客户异议

销售人员在听到客户异议时，要首先站在客户的立场上来考虑。这样的换位思考方式有两大好处：一是销售人员可以体会客户的真正想法，从而采取客户更容易接受的方式处理异议；二是销售人员能更公正地解决问题，客户就会信任销售人员，从而增进双方的理解，沟通感情，缩小与客户的心理差距，达到成交的目的。

（二）善待客户异议

当客户提出异议时，销售人员要情绪轻松，面带微笑，不管客户的意见多么尖锐，语言多么刻薄，都要耐心听取，并表现出极大的关心和兴趣，不可动怒或有忽视的表情，更不可打断客户的谈话，否则会引起客户反感，甚至产生新的异议。

（三）尊重客户异议

销售人员不能认为客户是在挑剔，应把它看成是对自己工作的促进。尊重客户，尊重客户异议，在听取客户异议时，要频频点头，表示理解；在回答客户异议时，先要虚心接受，然后再阐明自己的观点。要讲究语言艺术，千万不可伤害客户的自尊心，切忌说“不对，你错了”。

（四）永不与客户争论异议

争论意味着销售人员要进行辩解，在没有足够的事实说服客户之前，过分的辩解会引起客户的反感，客户会认为销售人员没有诚意。争论也意味着吵架，这会伤害客户的感情。或许销售人员在争论中获胜，但却永远地失去了这位客户。正如赢了一次战斗却输了一场战争一样，得不偿失。

二、客户异议的处理步骤

（一）认真听取客户提出的异议

它是分析客户异议、形成与客户之间良好的人际关系、提高企业声望、改进产品的前提。

在回答客户异议之前，销售人员一定要仔细、彻底地分析客户异议背后真正的原因。

（二）转化客户的异议

当客户提出异议时，一方面销售人员要表示接受客户的异议，另一方面又要运用销售技巧劝说客户放弃其异议。具体来说，销售人员在完成该项工作时，应注意以下几点：

第一，虚心地接受，而不要强词夺理，拼命掩饰自己产品的缺点和不足，否则易引起客户的反感和厌恶情绪。

第二，无论在什么情况下，都要避免与客户发生争吵或冒犯客户。

第三，在回答客户的异议时，要尽量简单扼要。

（三）适时回答客户的异议

1. 提前回答

提前回答是指在客户提出异议之前就回答。一个经验丰富的销售人员往往能预测到客户有可能会提出哪些意见，并在销售过程中及时察觉。这是销售人员应抢在客户前先把问题提出来，并自己进行解答。

提前回答有以下几个优点：

第一，可以先发制人，避免纠正客户或反驳客户而带来的不快，提高销售的成功率。

第二，使客户感到销售人员考虑问题非常周到，确实是站在客户的立场上为客户的利益着想，从而对销售人员产生好感，营造出友好、和谐的销售氛围。

第三，使客户感到销售人员非常坦率，并没有刻意隐瞒缺点。

第四，主动提出并婉转地加以解决，则会大事化小、小事化了。

第五，可以节省时间，提高销售的效率。

如当一位销售人员在介绍产品功能时，发现客户的脸上显现出不满的表情。根据以往的经验，销售人员判断客户可能认为产品功能不全。这时销售人员可及时地将客户可能提出的异议说出来："我们的产品功能确实不太多，但所有基本功能保证都是齐全的。"

2. 立即回答

立即回答是指对客户的异议立即予以答复。对比较重要并且容易解决的问题，销售人员应立即予以回答。一方面，显示销售人员重视客户，并能立即消除客户的忧虑；另一方面，若任客户提出意见而不予回答，客户的异议增多，对产品的不满会越来越多，以致很难扭转。因此，销售人员在销售洽谈过程中应有选择地及时解决一些问题，避免留下后患。

3. 稍后回答

稍后回答主要出于以下几种原因：

（1）销售人员认为客户提出的异议比较复杂故稍后再作回答。

（2）销售人员无法回答客户的意见，暂时放下。

（3）销售人员认为随着销售业务的进一步深入，客户提出的异议将不答自解，故暂时不予回答。

（4）销售人员认为若立即回答客户的异议会影响销售工作的顺利进行。

（5）销售人员认为客户的问题无关紧要。

4. 不予回答

不予回答是指对客户提出的异议置之不理，不予回答。对于客户由于心情欠佳等原因提出的一些异议，或与购买决策无关的异议等，销售人员可以不予回答。

（四）收集、整理和保存各种异议

收集、整理和保存各种异议是非常重要的。客户的许多意见往往是非常中肯的，确实指出了产品的缺陷和应改进的地方，使企业改进产品有了一定的方向。此外，客户的某些想法有可能激发企业的创新灵感，从而开发出满足客户需要的新产品。销售人员对于客户提出的各种异议不应采取“左耳进，右耳出”的态度，可在销售工作告一段落后加以收集、整理和保存。

三、客户异议的处理方法和技巧

（一）直接否定法

直接否定法是指销售顾问根据有关事实和理由直接否定客户异议的方法。

1. 优点

(1) 可以增强客户的购买信心。

(2) 迅速排除异议，直接促成交易。

2. 注意的问题

(1) 销售顾问要注意保持友好温和的态度。

(2) 反驳客户异议要有根据。

(3) 该方法不适用于敏感型、固执己见的客户。

例如，当客户对产品、企业、服务提出质疑或是客户引用资料不正确时，可以采用直接否定法。

客户：“我听说你们的售后服务做得不好，每次维修都慢吞吞的！”

销售顾问：“您说的一定是个案，有这种情况发生，我们感到很遗憾。我们企业的经营理念就是服务第一！××调查机构的售后服务满意度调查结果显示，我们品牌的售后满意度是同行业第一的。”

（二）间接否定法

间接否定法是处理客户异议应用最广泛的一种方法。销售顾问首先表示对客户异议的理解，或是简单重复，使客户心理得到平衡，然后再使用转折，用事实和理由来否定客户异议。

1. 优点

(1) 有利于保持良好的人际关系和推销气氛。

(2) 态度委婉，语气诚恳，容易使客户接受。

2. 注意的问题

(1) 注意使用不同的转折语气和转折方式。

(2) 注意表达真诚和尊重。

例如，“先生，您的说法很有道理，并且我还认为……”“您有这样的想法，一点也没有错，当我第一次听到时，我的想法和您的一样，可是如果我们做了进一步了解时……”

（三）补偿法

补偿法是指销售顾问利用客户异议以外的其他优点来补偿和抵消客户异议的一种方法。任何一种产品或服务都不可能十全十美，总是存在着缺点和不足。汽车产品也是如此。每一款汽车产品基于市场定位、产品定价和制造成本考虑，会增加或舍弃某些配置，这就是产品差异。没有这种差异，也就没有丰富多彩的汽车市场，也就没有客户多层次需求的满足。对于客户针对产品的某些不足而提出异议时，销售顾问可以巧妙地运用产品的其他优点来补偿、抵消产品的特点，引导客户从产品的优势方面来考虑问题，让客户取得心理的平衡。

1. 优点

（1）承认产品的不足，可以赢得客户的赞许与信任。

（2）着重提出产品的优点，重点推销，让客户相信产品的长处大于短处。

2. 注意的问题

在销售过程中，对于客户的异议要认真分析，不是什么样的客户异议都可以使用补偿法的。补偿法主要应用于处理各种有效的客户异议。

例如，客户对汽车工艺提出异议时，可以采用补偿法。

客户："这款车的工艺好像不太好。"

销售顾问："这款车属于普及型。如果将涂装和内饰提高一个档次，价格可能要贵20%以上，况且，涂装和内饰并不影响车辆的行驶性能。"

（四）询问法

询问法就是指在客户提出异议后，先通过询问的方式，把握客户的真正异议点，然后再化解客户的异议。

询问法有如下几个方面的优点：

（1）引导客户说出心中的疑虑，找出客户异议的真是根源，对症下药。

（2）与客户共同解决问题，有利于建立良好的推销气氛。

（3）在使用询问法处理客户异议时，销售顾问的提问要适可而止，并注意尊重客户，销售顾问要明确，我们追问客户的异议，只是为了弄清楚客户拒绝购买的原因，而不是逼迫客户购买。

例如，当客户提出再考虑考虑时，可以采用询问法。

客户："让我再考虑一下吧！"

销售顾问："王先生，不知道您还要考虑什么问题？如果您还有疑虑，可以说出来，我们共同讨论解决。"

（五）忽视法

忽视法就是当客户提出的一些反对意见，并不是真正想要获得解决时，销售顾问可以忽视、回避或转移话题，以保持良好的洽谈气氛。

例如客户提出如下异议时，可以采用忽视法。

客户：“你们这款车怎么不请刘德华代言啊，如果你们找他的话，我立刻就买了。”

销售顾问：“先生，你说得很有道理。”

【案例链接】

客户异议的处理

销售顾问：“好了，介绍了这么多，您看，您喜欢这款车吗？或者还有其他我遗忘了的问题没有介绍吗？”

客户：“哦，我还是喜欢这款车的，不错。但是，我要与太太商量一下。买车之前还是让她了解一下比较好。”

销售顾问：“当然了，让家人一同来看车是一件好事。我也是，在买任何东西前都得经过太太确认，否则就麻烦了。您太太现在在哪里？”

客户：“她在上班。”

销售顾问：“您可以给她一个电话吗？或者我们可以将车现在就开过去，给她一个惊喜。”

客户：“够呛，她是一名客户经理，可能正在拜访客户呢，要不我们先谈谈价格，晚上她下班也许会过来。”

销售顾问：“我的意思是先让她有机会看车，或者试驾，当您决定要买了以后，我们可以协商一个好的价格。”

客户：“那还是我们晚上一起来看吧。”

销售顾问：“先生，其实我有三个原因希望你们可以一起试驾：第一，刚才您试驾的时间比较短，可能对车的体会不深；第二，如果与您的太太一起试驾，两个人的体会比较全面一些；第三，您已经说了，您喜欢这个车，只有您才知道您太太会喜欢什么车。”

客户：“哦，是这样，这个全新的车我还不熟悉，让我自己开还有一点担心。”

销售顾问：“没有关系，只要开上手，就熟悉了，况且即使是新车，我们也有保险，不用担心。即使最后您不喜欢这个车，也没有关系，就当交一个朋友。”

客户：“好吧，那么我就不明白，你为什么现在不能给我一个底价呢？”

销售顾问：“我觉得我们在您太太不在的情况下谈有一些不妥，除非您决定购车不需要她的态度，不然，一起谈多好，你们一回来，我们就开始讨论对您来说合适的价格问题，好吗？另外，我也要根据您的情况与经理协商一下，看是不是有什么好的分期付款计划。”

客户：“也许你说的对吧！”

销售顾问：“您能否帮我一个忙，填写一下这个表格，一来我现在就请示经理，你们回来的时候就容易一些了；二来，我们也做一个调研，为了以后更好地为客户服务，提升我们经销商的竞争力。”

客户：“当然，没有问题。”

（资料来源：诺哈网，http://nuoha.com/book/194543/00030.html）

【能力拓展】

案例分析

这辆车的价格太贵了

一位客户在购买 1.4T 的车型时提出：“这辆车的价格太贵了，排量比 1.6T 的小，价格却几乎比 1.6T 的贵了 2 万元。”

销售顾问回答道：“先生您说得很对，这款发动机的价格确实比较高。但是它的功能也是其他产品不能相比的，采用目前先进的燃油直喷系统和涡轮增压技术，最大功率为 96 kW，超越了 2.0 L 发动机，而 220 Nm 的最大扭矩输出，可以在1750～3500 r/min 的转速范围保持持续输出，表现十分突出，不仅提升了车辆的动力性能，而且也进一步提高了整车燃油经济性。这么好的动力性还很省油，所以，一分价钱一分货，它的性价比还是很高的。”

思考与讨论：此客户对车辆价格有异议时，销售顾问是如何处理的？

分析提示：在这个案例中，销售人员就是使用了间接否定的方法向客户介绍产品，并成功消除了客户因为不了解产品性能而产生的异议。

实训项目

一、项目名称

客户异议情景模拟

二、项目目标

（1）通过模拟演练，帮助学生准确把握处理客户异议的时机。

（2）能够在销售过程中灵活运用处理客户异议的方法和技巧。

（3）能够针对不同类型的客户异议进行准确处理。

三、项目要求

从下列客户异议中选择一种进行客户异议处理练习，自行设计话术，两人一组分别扮演销售顾问与客户，进行客户异议处理练习，注意与客户的互动。

（1）这车太贵了。

（2）外形不够时尚。

（3）其他品牌的车有优惠，这款车没有优惠。

（4）我考虑考虑。

（5）我还是等等吧，过一段时间可能降价呢！

（6）前一段时间新闻报道说你们的车召回了，我还是要考虑考虑看。

四、项目准备

熟练掌握客户异议处理的方法和技巧，针对客户异议，准备应对话术。

五、项目实施

组内同学分别扮演销售顾问和客户，运用客户异议处理的方法、技巧和话术，解决客户异议，努力促使客户产生购买行为。

六、项目评价

请观察者谈一下看过产品介绍的感受，并提出改进意见，将以上产品的示范要点整理并记录下来。

任务七　报价成交

【学习目标】

知识目标

1. 了解汽车销售顾问的常见心理障碍问题。
2. 熟悉迎合客户购买的心理策略。
3. 掌握识别客户发出的购买信号。
4. 重点掌握报价成交的原则和内容。

技能目标

1. 能够克服个人的心理障碍，更好地完成业绩。
2. 能够分析出客户的心理状态，准确做出策略。
3. 能够完成报价成交流程。

【情境导入】

一位曾经试乘试驾过的客户再一次到店找到汽车销售顾问刘芳宇，表示如果能获得更多的优惠，可以考虑购买那款车辆。现在刘芳宇已经逐渐成熟起来，克服掉汽车销售顾问中普遍存在的那种渴望成交，但又怕遭到客户拒绝的心理，能够充分了解客户的需求和心理，及时发现客户的购买信号，适时建议客户购买，并通过合理运用多种实用成交的技巧解决价格问题，促进成交。但是她也知道，由于在实际汽车销售过程中买卖双方的“对立”关系使得客户对于汽车销售人员总是存在着防范心理，客户往往担心多花钱，担心上当受骗，担心得不到销售人员事先的承诺等，再加上客户少花钱、多办事的消费心理，使得买卖双方在成交前斗智斗勇，充满玄机。

分析：

销售顾问如何克服“渴望成交，担心拒绝”的心理障碍，具备主动提出签约的勇气。能够及时识别客户发出的购买信号，适时建议购买的能力。并通过合理运用报价成交的技巧，解决报价中常见的问题，完成报价成交工作，既能保证公司的应得利益，又能满足客户心理需求。

单元一　心理状况分析

一、汽车销售顾问的常见心理障碍

报价成交工作是现代汽车营销过程中一个关键的环节，也是一个敏感的环节，如果做不好，前面所有的工作都将前功尽弃。在汽车销售的完整过程中，这个环节也是客户拥有主动权的最后环节，客户会为了自己的利益做出“最后一搏”。买卖双方都知道这个环节的重要性，汽车销售顾问在这个环节中要胆大、心细、有理、有节，既要懂得客户“最后抵抗”的心理，又要维护汽车销售企业的利益；既要完成企业的销售任务，又要圆了客户的汽车梦。所以汽车销售顾问要了解、体会客户的心情，采用适当的方法促进成交。

但是，渴望成交，又怕遭到客户拒绝是汽车销售顾问的一种普遍心理。汽车销售顾问一定要有主动提出缔约成交的勇气。阻挠销售人员不敢主动地向客户提出购买建议的原因很多，但是最根本的问题是销售人员自信方面的心理障碍，常见的心理障碍如下：

(1) 担心在客户面前表现出急于成交的样子。

(2) 担心自己提出的购买建议被拒绝。

(3) 担心一旦失败，会遭到同行的奚落和领导的不满。

在达成交易或者达成协议的时候，一般销售人员最怕的情形有两种：一是怕听到客户说“我还没有定，我再考虑考虑”；二是怕客户说“你把材料留下来，等我看完了再和你联系”。

有些销售人员总是担心如果自己提出交易，容易被客户利用自己比较迫切的心理进行讨价还价，最终导致自己的利益受到损失，因此往往等待客户先提出交易。事实上，客户一般不会说出“什么时候交定金、签合同”。结果，原本可以达成交易的机会就在等待中白白失去了。另外，如果客户主动提出交易，实际上销售人员在交易中已经处于劣势。因为如果客户主动提出解决方案，那么销售人员与客户的谈判只好在客户提出的方案上进行，而客户提出的方案显然对客户是更有利的。

二、识别客户发出的购买信号

所谓购买信号，就是客户做购买决定时无意中流露出来的信号。客户的购买信号可以分为行为信号和语言信号两种。销售人员可根据以下特征判断成交时机是否成熟。

(一) 行为信号

1. 客户表情

(1) 嘴巴微张，嘴边肌肉松弛。

(2) 表现出满意或接受的表情。

(3) 随着销售人员的话，表情微妙变动。

2. 客户的动作

(1) 拿手上的汽车样本资料做笔记，拿出计算器计算，并开始热烈讨论。

(2) 对销售人员的说明开始点头。

(3) 客户突然间点了根烟，深呼吸一下，然后静下来思考。

3. 现场气氛

(1) 客户的反应变得积极。

(2) 对销售人员的态度比平常亲切。

(3) 对决定权以外的人表现出友好的态度。

（4）客户主动问话。

（5）销售人员拿出订购合同，客户也不说什么。

（二）语言信号

（1）开始认真地杀价。

（2）谈及具体的支付条件、赠送品、车身颜色、交车期。

（3）提出有关保修、售后、各种费用、保险等问题。

（4）询问第三者意见时。

【案例链接】

客户说“车降价了补差价”时怎么办？

面对客户异议这车三个月内降价，能否给予差价补偿？汽车销售顾问应该如何回答呢？

常见场景一：

客户：“如果这车三个月内降价，你们保证现金给我补差价吗？”

销售顾问：“这我们不能保证。”

诊断分析：这样的回答不能给客户信心，难以让客户下决心购买。

常见场景二：

客户：“如果这车三个月内降价，你们保证现金给我补差价吗？”

销售顾问：“打不打折是公司的事，我们也说不准。”

诊断分析：这种回答把不能保证不打折的责任推给公司，容易降价客户的购买欲望。

常见场景三：

客户：“如果这车三个月内降价，你们保证现金给我补差价吗？”

销售顾问：“您要这么说，谁敢把车卖给您啊。”

诊断分析：这样的回答表明了车子打折的可能性很大，客户往往会选择继续等待价格的下降。

销售策略：

随着汽车市场的竞争日趋激烈，困扰客户下定决心买车的最大障碍，就是担忧汽车是否还会降价。

销售人员在处理这个问题时，一定要明确地给予客户信心，可以从以下两个方面为客户提供保证：

（1）持续一段时间的价格稳定的证据。

（2）承诺三个月之内降价，将给予一定的差价补偿（要事先取得经销商的同意）。

妙语范例：

销售顾问回答一：“您的担忧我能理解，如果车子刚买不久就贬值了一截，谁的心里都不会舒服。不过您也知道，我们品牌的车子价格一直以来都比较坚挺，在过去的一年时间里，我们这款车子的价格只是微降了5%，比起那些一年降两三次价的车子来说简直是微乎其微。而且公司如果要降价都会提前三个月通知，目前我们也没有接到通知就说明近期肯定不会降价，您就放心买吧！”

销售顾问回答二：“您放心，经过去年的价格调整，目前这款车子的价格已经处于最低了，我听说随着原材料不断涨价，这款车的价格未来还有可能提高呢！所以，您是该出手时就出手，别错过了这个好时机啊！”

销售顾问回答三：“您放心，为了保证您的利益，让您买得更放心，我们公司专门制定了‘差价补偿’保障计划，如果您买了这辆车子三个月内降价，就可以获得实际购车价与降价后车价之间的差额返还。这样您就没有后顾之忧啦，现在就签合同吧！”

在面对这种情况的时候，销售顾问应该：

(1) 理解客户的顾虑和担忧。

(2) 给客户提供明确的保证。

(3) 主动引导客户缔结成交。

(资料来源：http：//shuoke. autohome. com. cn/article/559693. html)

单元二　促成最后交易

一、适时地建议客户购买

大多数客户在成交时会表现出犹豫不决的态度，所以汽车销售顾问应主动提出成交的建议。但是如果建议过早的话，可能会激起客户的抗拒心理。所以在销售过程中，销售人员自始至终都要非常关注了解客户的一举一动，尤其是客户发出成交信号后，那么在什么情况下提出建议？提出建议的最佳时机是什么时候呢？

(1) 确认客户已经完全理解双方所提方案中的所有内容，回应客户所有的担心和疑虑后。

(2) 通过把握客户的性格、想法、要求、条件等，通过气氛、客户的动作、表情等发现客户购买欲望达到最高峰的时候。

(3) 当客户心情非常愉快、轻松时，汽车销售顾问应适时提出建议成交。

二、迎合客户购买的心理策略

一个优秀的汽车销售人员，若想成功地完成销售，要采用一定的策略，以迎合客户的购买心理，而不是简单地询问客户是否愿意购买，可选择应用的策略有如下6种。

(一) 顺势法

例如贴近最近电视上热播的一个广告（如达喀尔越野车拉力赛、大型车展等），这是由于参加车型已牢牢地吸引和抓住了客户的心理，我们可以顺势而为，这就是顺势销售。

（二）激将法

在某种场合下，通过利益关系、供需关系、人情关系等，激发客户付定金购买，这也是一种迎合客户心理的营销策略。

（三）匮乏术

让客户感觉到这种车型很少，货源比较紧张，如果今天不订，则需要等上一段时间才会有，有一种“机不可失，时不再来”的感觉。在这种情况下客户怕一时失去才会下订单。

（四）馈赠术

现在有很多汽车销售公司都在使用这一方法，买车附送礼品，赠送车辆保险，赠送汽车配件、汽车装潢，免费上牌，增加免费保养的次数等。用这种方法促销就是馈赠术。

（五）折扣法

折扣法也是一种常用的方法，如今已有汽车销售公司把它沿用到维修服务上了，就是说客户来维修以后，可以按照专营店的优惠办法积分，分数累积到一定值，客户会得到一定的折扣或一定价值的礼品。

（六）展示法

通过参加各种大型、有影响力的汽车展会来促进营销。也有的专营店把汽车展示到了企业、院校、住宅等热点场所，反响较好。

三、报价中常见的问题

在成交报价时，汽车销售顾问应充分了解客户的心理感受，由于客户通常处于弱势的一方，他们常常会有以下的心理活动：“这里会欺骗我吗?”“这里的价格是我所满意的吗?”“能真实告知我购车的一切吗?”所以汽车销售顾问要向客户表明充分考虑了客户的需要，对所有确定需要及要求简明报价，争取客户接受车型及购买方式。

报价是一门学问。报价永远是随机应变的，但要遵守一个原则——利润最低保障的原则，如果低于利润的最低保障，不如不做。

四、报价成交的原则和内容

（一）报价成交的原则

1. 非谈不可才谈

非谈不可才谈是指把价格商谈放到最后，也就是在除了价格以外，客户已经对产品完全满意，只要价格谈妥，就可以马上成交的时候才与客户谈价。在销售过程中客户对价格问题是最敏感的，价格商谈也是最难的。如果在经过一番讨价还价之后，客户还对产品有不满之处而不能下决心购买，那所有的一切就都白费了。

2. 绝不谈价就打折，让价应有代价

不管销售顾问准备给客户多少折扣，都要尽量分计划退让，一般来说第一次的让价幅度可以比较大，以博得客户的好感和喜悦，若客户仍不满意，再做小幅度的让步，以明确态度，让步是有限的，已退无可退。同时，每一次的让步也要让客户付出代价。例如："如果您今天交定金的话，我再给您优惠……"

价格商谈是与客户谈判中一项重要的内容，一个优秀的谈判者要掌握正确的原则，积累实践经验，学会运用不同的方法策略，以促成价格谈判的成功。

（二）报价成交的内容

报价成交的内容包括五个方面。

1. 产品的报价

（1）按照厂家统一规定报价

目前我国汽车4S店汽车的销售报价通常都由汽车生产厂家统一指导，汽车销售商自我调整的空间不是很大，汽车销售价格的透明度相对较高。汽车销售顾问按照厂家统一的规定报价，既可以满足厂家的要求，又能显示出诚恳的态度。

（2）结合厂家规定优惠金额进行优惠报价

为了增加汽车经销商的灵活性，汽车生产厂家会给予经销商一定的价格优惠额度。同时客户对于汽车的标价也不会完全认可，他们一定会要求汽车销售顾问给予一定的价格优惠。这时汽车销售顾问应该满足客户的要求，以满足客户的心理需求。

（3）根据客户需求说明自己的权限及申请的范围

对于汽车销售顾问首次给予的价格优惠，客户一般不会立即接受，他们会提出更多的要求。为了维护公司的利益，汽车销售顾问应该适当拒绝。但是这种拒绝不能过于直接，否则会损害客户的心理自尊。合理的做法是表明理解客户的需求，但是说明自己的权力有限，爱莫能助，争取得到客户的理解。如果客户一再坚持，则可以表示向上级申请，表示最后的让步。

2. 报价单的制作

为了显示公司规范的工作流程，提高客户的信任度，增加价格的透明度，汽车销售顾问应为客户制作报价单并向客户明示。报价单除向客户表示感谢外应注意以下几点：

（1）制作的报价单要将所有可能商谈的内容进行整理。

（2）让客户了解所有消费项目和金额，说明购车的费用及购置税、验车等项目明细。

（3）让客户了解所有手续办理周期。

（4）明确车辆交付时间及交付内容。

（5）详尽计算各项费用并轻松耐心地回答客户关心的问题。

3. 报价的技巧

（1）三明治报价法

销售人员在向顾客说明价格的过程中一定要注意，不能仅仅说明车辆的零售价，而要在报价的同时，说明车辆带给顾客的利益和产品的价值。这在汽车销售中称为"三明治报价法"（图2-7-1）。

（2）比较法

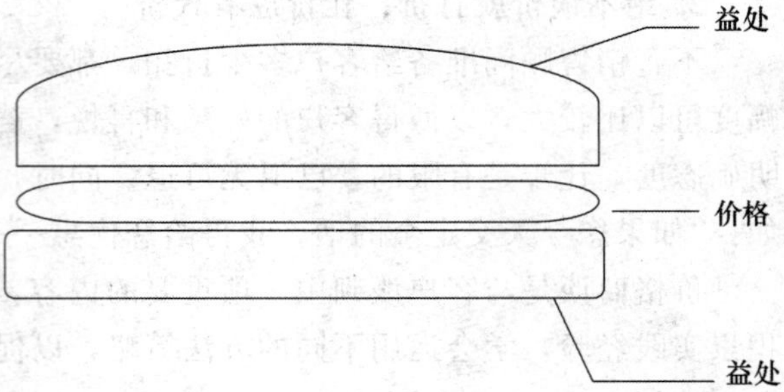

图 2-7-1　三明治报价法

顾客购买产品一般都会采取货比三家的方式。这个时候销售人员就要用自己产品的优势与同行的产品相比较，突出自己的产品在设计、性能、声誉、服务等方面的优势。也就是用转移法化解顾客的价格异议。

另外，销售人员在运用比较法的时候，要站在公正、客观的立场上，一定不能恶意诋毁竞争对手。通过贬低对方来抬高自己的方式只会让顾客产生反感，结果也会令销售人员失去更多的销售机会。

（3）价格分割法

如某销售人员把产品的价格按产品的使用时间或计量单位分至最小，可以隐藏价格的昂贵，这实际上是把价格化整为零。这种方法的突出特点是细分之后并没有改变顾客的实际支出，但可以给顾客一种所买不贵的感觉。

（4）优惠报价法

报价时可以将价格和达成协议的优惠条件联系起来。如因客户性质、购买数量、需求急缓、交易时间、交货地点、支付方式等不同，报不同的价格。例如，“这款车原价要 129800 元，最近我们店庆在搞促销，如果现在预订只需要 120000 元就可以了，今天可是最后一天，明天就恢复原价了。”

总之，报价策略都是让对方感觉到物有所值，证明价格的合理性。

4. 缔约成交的信号

成交信号是指顾客在接受推销过程中有意无意地通过表情、体态、语言及行为等流露出来的各种成交意向。我们可以把它理解为成交暗示。顾客表现出来的成交信号主要有语言信号、行为信号、表情信号和事态信号等。

（1）语言信号

语言信号是指在顾客与销售顾问交谈的过程中，通过顾客语言表现出来的成交信号。以下几种情况属于成交的语言信号：

①客户经过反复比较挑选后，话题集中在某款车型时。

②客户对销售顾问的介绍表示积极的肯定和赞扬时。

③客户询问交易方式、交货时间和付款条件时。

④客户就交易条件与竞品交易条件比较时。

⑤客户提出与购买相关的假设性问题时。

⑥客户询问售后服务、维修、保养等事项时。

（2）行为信号

行为信号是指在销售顾问向顾客的推销过程中，通过顾客的某些行为表观出来的成交信号，例如：

①客户十分关注销售顾问的动作、谈话，不住点头。

②客户反复、认真翻阅汽车彩页广告等资料。

③反复来展厅。

④认真查看汽车有无瑕疵。

⑤姿态由前倾到后仰，身体和语言都很放松。

（3）表情信号

例如，微笑、下意识地点头表示同意销售顾问的意见，对推销的商品表示关注等。

（4）事态信号

事态信号是在销售顾问向顾客推销的过程中，就形势的发展和变化表现出来的成交信号。

顾客的语言、行为、表情以及事态变化等表明了顾客的想法。因此，销售顾问应及时地发现、理解、利用顾客所表现出来的成交信号，提出成交要求，促成交易。

5. 成交的技巧

（1）直接请求促成法

直接请求促成法是指销售人员得到客户的购买信号后，直接提出购买建议的方法。这种方法可以大大缩短达成交易的时间，从而尽快签约。其实“直接法”并不意味着简单地提出交易，而是在直接提出建议之前，汽车销售人员已经做了大量的准备工作。

直接请求促成法并不全部适用每一次汽车销售。汽车销售顾问应考虑当时洽谈的场合和情形、所销售的汽车产品以及与客户的关系等多种因素，综合考虑以后才能决定是否使用这种方法，否则可能因为操之过急而失去成交机会。

直接请求促成法在以下几种情况下运用，效果会更好。

①销售人员比较熟悉的老客户或保有客户，或与新的意向客户已经建立了互信关系。

②客户在听完汽车销售顾问的产品介绍后，没有异议，甚至对销售人员的介绍表示十分的赞同。

③客户对某一车辆已有好感，购车意向比较明显，但不愿主动提出成交建议。

④销售人员在处理完了客户的重大异议之后或成功帮助客户解决了某项困难时。

⑤当汽车销售顾问拿着购车合同试探，而客户没有明显的拒绝反应时。

（2）假设客户购买法

这种方法是汽车销售顾问在假定客户已经接受销售建议，同意购买的基础上，通过提出一些具体的成交问题，直接要求客户购买商品的方法。例如，汽车销售顾问说道：“看来您对这台车的各个方面都比较了解，也比较喜欢。您若购买是喜欢红色的，还是白色的?”如果客户回答：“我喜欢白色的。”这时汽车销售顾问就可以根据实际情况将客户自然地引到压力销售上去。例如，汽车销售顾问：“您真的很有眼光，这款车就是白色的好卖，差不多快脱销了，您看我尽快给您安排新车交车前检查好吗?”

假设法的好处就是可以将销售洽谈直接引入实质阶段，可以节省销售时间，可以把客户的购买信号转变为购买行为。

假设法通常在下面几种情况下使用：

①已经取得信任的保有客户、新的意向型客户、依赖型客户、性格随和的客户。

②明确发出购买信号的客户。

③对现有车型很感兴趣，并且没有提出什么异议的客户。

④虽然提出过很多异议，但是都已经解决了的客户。

（3）二选一法

汽车销售顾问可以通过“您用现金还是分期付款？”“您是选手动挡还是自动挡？”等方式提问，帮助客户下决心。这样既可以促进成交，又可以让客户感到他的意见得到充分尊重。

运用这种方法时需要注意，汽车销售顾问所提供的选择事项应让客户从中做出一项肯定的回答，而不要给客户一种拒绝的机会。向客户提出选择时，应尽量避免提出太多的方案，最多不要超过三个。

（4）诱导法

诱导法就是利用现有的机会诱导客户，给客户一种“机不可失，时不再来”的感觉，帮助客户下决心。例如，“我们公司现在正在搞促销活动，×月×日之前买车，我公司可以赠送倒车雷达”，“如果您现在买车，正好赶上下星期的节假日，您可以带着家人一起出去游玩”等。

（5）小恩小惠促进法

在公司规定和授权的范围内，可以给客户一些折让。例如：“如果您今天就做出决定的话，我争取送您一副脚垫或增加免费保养的次数或服务价格优惠等。”

（6）利益总结法

客户往往不能完整地知道购买某款车带给他的全部好处。汽车销售顾问可以从专家、参谋的角度，帮助客户归纳总结，并通过列举的方式展示出来，让客户增加购买这款车的必要性。例如，“这款车的驾驶座椅有记忆功能，它能始终让您保持最舒适的驾驶状态，无须反复调整”等。

（7）供应压力法

供应压力法就是以车型（颜色、数量）供应紧缺的理由提示客户成交。例如：“这款车自上市以来卖得很紧俏，尤其是白色的，通常要等待两个星期才能提到现车，趁着我们这里现在有现货，我希望您尽快定下来。”

（8）赞美法

该方法比较适合那些自诩为内行、专家，十分自负或情绪不佳的客户，让他从内心里接受销售顾问的赞扬，促使其成交。例如，“看来您对这款车还真是了解，对于车的优点您比我了解的都多，今天从您这里我学会了不少的知识。既然您这么喜欢这款车，今天就定下来吧。”

（三）报价成交的执行技巧

1. 强调产品及服务带给客户的利益

销售顾问可采用整体报价策略，不仅是购买时的价格，还包括技术、服务、形象等带来的附加值，尤其是产品售价不占优势，而服务水平较高时更应体现整体报价的优势，如表 2-7-1 所示。

表 2-7-1　整体报价优势

整体报价内容	自己的报价	竞争产品报价
技术（产品）	=	=
价格角度	+贵	−贵
服务	采用的技巧包括对报价基础进行经济评估（服务+形象）	
形象		

2. 说明价值与价格的关系

价格是价值的货币表现，客户所付出的绝不仅是买车时的价格，而是汽车整个寿命周期内的全部费用支出。客户全部支出＝购买价＋使用过程中的维修费＋使用过程中的成本费用＋道路费用＋保险费用－再售价值。所以要向客户强调的是价值，向客户说明价值比价格更重要。更突出产品为客户带来的利益，突出产品自身的价值，强调价值给客户带来的好处，而不是价格。让客户感觉他得到的要高于价格，使客户内心建立价值与价格的平衡。尤其是当销售的汽车档次较高、售价较高时更应突出强调产品的价值。在实践中可采用“三明治”报价法。

3. 正确使用让价方法

在客户购买汽车的过程中，一定会出现讨价还价的环节，而在讨价还价中，让步是一种必然的、普遍的现象。如果买卖双方都坚守各自的边界，互不让步，那么协议将永远无法达成，双方追求的经济利益也就无从实现。只有在价格磋商中，伴随着双方的让步，进行多轮讨价和还价，直至互相靠拢，才能最终实现交易目标。

在讨价还价中的具体让步方式是多种多样的，下面我们通过一个卖方让步的实例来加以说明。

某卖方，初始报价 160 元，理想价格为 100 元，该卖方为达到预期目标做出的让步即为 60 元。假定双方共经历四轮让步，常见的让步方式可归结为八种，如表 2-7-2 所示。

表 2-7-2　常见的让步方式

序号	第一轮让步	第二轮让步	第三轮让步	第四轮让步	让步方式
1	0	0	0	60	冒险型
2	15	15	15	15	刺激型
3	8	13	17	22	诱发型
4	22	17	13	8	希望型
5	40	12	6	2	妥协型
6	59	0	0	1	危险型
7	50	10	−1	1	虚伪型
8	60	0	0	0	低劣型

第一种让步方式：这是一种较坚定的让步方式。它的特点是在价格谈判的前期和中期，无论买方做何表示，卖方始终坚持初始报价，不愿做出丝毫的退让，而到了谈判后期才迫不得已做出大的退让。这种让步方式容易使谈判形成僵局，甚至可能导致谈判的中断。我们把这种方式称为“冒险型”。

第二种让步方式：这是一种以相等或近似相等的幅度逐轮让步的方式。这种方式的特点是使买方每次的要求和努力都能得到满意的结果，但也会因此刺激买方坚持不懈的努力，以取得卖方的继续让步。而一旦停止让步就很难说服买方，并有可能造成谈判的终止或破裂。我们把这种让步方式称为“刺激型”。

第三种让步方式：这是一种让步幅度逐轮增大的方式。在实际价格谈判中，应尽量避免采取这种让步方式。因为这样会使买方的期望值越来越大，并会认为卖方软弱可欺，从而助长买方的谈判气势，很可能使卖方遭受重大损失。这种让步方式可以称为“诱发型”。

第四种让步方式：这是一种让步幅度逐轮递减的方式。这种让步方式的特点在于，一方面表现出卖方的立场越来越强硬，另一方面又会使买方感到卖方仍留有余地，从而始终抱有继续讨价还价的希望。因此，我们把这种让步方式称为“希望型”。

第五种让步方式：这是一种开始先做出一次大的退让，然后让步幅度逐轮急剧减小的方式。这种让步方式的特点是它既向买方显示出卖方的谈判诚意和妥协意愿，同时又巧妙地暗示出卖方已做出了巨大的牺牲和尽了最大的努力，进一步的退让已近乎不可能。这种让步方式称为“妥协型”。

第六种让步方式：这是一种开始让步幅度极大，接下来则坚守立场毫不退让，最后一轮又做出了小小的让步的方式。这种让步方式充分表明了卖方的成交愿望，也表明进一步的讨价还价是徒劳的；但开始的巨大让步也会大幅度地提高买方的期望，虽然之后卖方态度转为强硬会很快消除这一期望，可是买方很高的期望一旦立即化为泡影往往又会难以承受，从而将影响谈判的顺利进行。另外，开始就做出巨大让步，可能会使卖方丧失在较高价位成交的机会。我们把这种让步方式称为“危险型”。

第七种让步方式：这是一种开始做出大的让步，接下来又做出让步，之后安排小小的回升，最后又被迫做出一点让步的方式。这是一种较为奇特和巧妙的让步方法，往往能操纵买方心理。它既可表明卖方的交易诚意和让步已达到极限，又可通过“一升一降”使买方得到一种心理上的满足。我们把这种让步方式称为“虚伪型”。

第八种让步方式：首先，这是一种开始便把自己所能做出的全部让步和盘托出的方式。这种让步方式，不仅会在谈判初期大大提高买方的期望值，而且也没有给卖方留出丝毫的余地。而后几轮完全拒绝让步，既缺乏灵活性，又容易使谈判陷入僵局。其次，开始即做出全部让步，也会使卖方可能损失不该损失的利益。这种让步方式称为“低劣型”。

从以上八种让步方式可以看出：不同的让步方式传递着不同的信息，对对方形成不同的心理作用，也对谈判进程和结果具有不同的影响。在实际的价格谈判中，较为普遍采用的让步方式是上面第四种“希望型”和第五种“妥协型”的让步方式。它们的特点是，让步的幅度是逐轮递减的，以此向对方暗示正在逼近让步的极限值，同时，为顺利达到或接近双方的成交价格铺平了道路。

最后需要说明，由于交易的内容和性质不同，双方的利益需求和谈判实力不同，以及其他各方面因素的差异，在价格谈判中的让步方式不存在固定的模式，而通常表现为几种让步方式的组合。并且，这种组合还要在谈判中根据具体的实际情况不断地调整。然后，无论具体情况如何，让步策略的运用都要注意遵循一些基本的原则。这些原则大体如下：

（1）注意选择让步的时机。

（2）在重要的关键性问题上要力争使对方先做出让步。

（3）不要让对手轻易从我们手中获得让步的许诺。

（4）不要承诺做出与对方同等幅度的让步。

（5）让步要有明确的导向性和暗示性。

（6）要注意使己方的让步同步于对方的让步。

（7）一次让步的幅度不宜过大，让步的节奏也不宜过快。

（8）让步之后如觉得不妥，可以寻找合理的借口推倒重来。

五、报价与达成交易程序

报价与达成交易程序如图 2-7-2 所示。

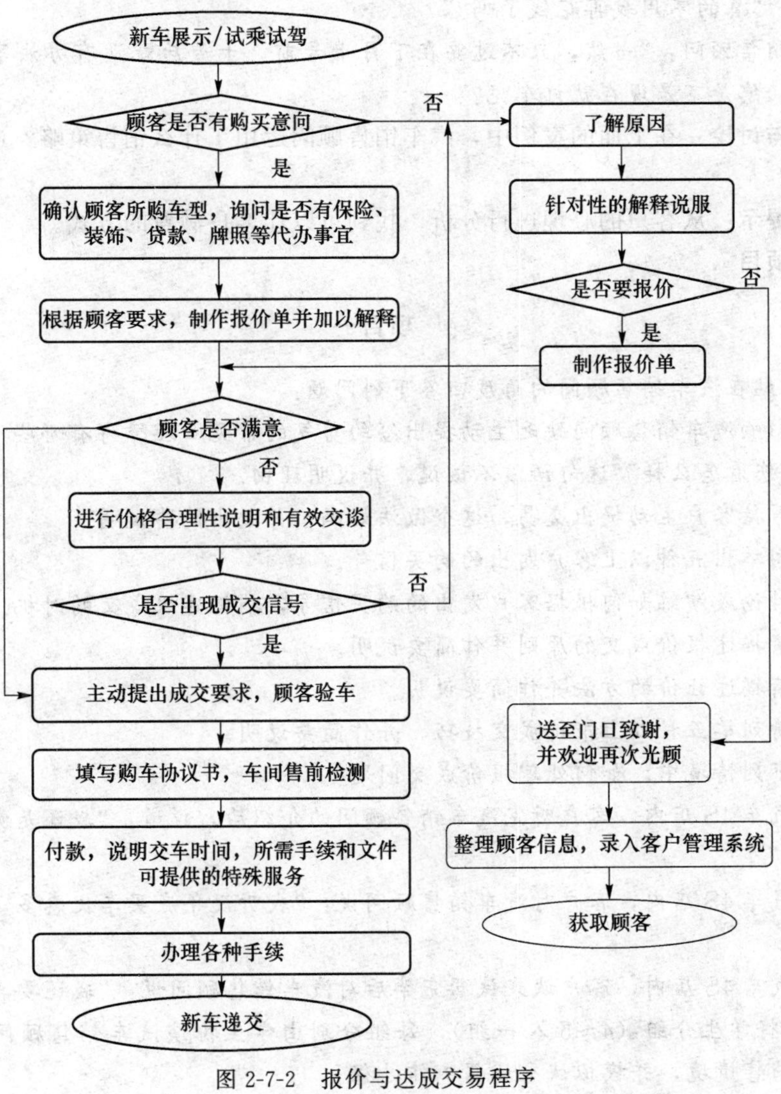

图 2-7-2　报价与达成交易程序

【能力拓展】

案例分析

充分利用客户的心理，立即成交

客户："这两款车有什么不同?"

汽车销售顾问："您现在看到的这款车，装备了四门电动车窗、双安全气囊，还有电动后视镜和防炫目后视镜。"

客户："那款车呢?"

汽车销售顾问：(把客户带到另一款车前)"这款车比刚才您看到的那款车增加了高级真皮座椅，所以价格也增加了3000多元。但是如果您在下月十号前购买的话，我们可以免费将单碟CD换成六碟CD。"

客户："真的不用我再花钱了吗?"

汽车销售顾问："当然，只不过要在下月十号前，十号后就没有办法享受这样的特殊政策了。您是不是现在就订车呢?"

思考与讨论：在上面的案例中，汽车销售顾问运用了什么销售策略？迎合了哪些客户的心理?

分析提示：从客户的心理进行分析，找到可以让客户满意的方式。

实训项目

项目一

(一) 站在汽车销售顾问的角度回答下列问题：

(1) 影响汽车销售顾问缺乏主动提出签约勇气的常见心理障碍有哪些?

(2) "您看怎么样"这句话该不该说，并说明理由。

(3) 等待客户主动提出交易，这个做法好吗？并做出简要说明。

(4) 列举出五种以上客户发出的购买信号。

(5) 讨论或演练如何根据客户发出的购买信号，捕捉建议成交的时机。

(6) 请描述报价成交的原则并作简要说明。

(7) 请描述让价的方法并作简要说明。

(8) 请列举五种以上报价成交技巧，并作简要说明。

(9) 下列情境中，如何处理报价成交问题?

①在汽车4S店内，客户听完汽车销售顾问的介绍后，说道："我还是觉得隔壁店的车好一些。"

②在汽车4S店内，客户对汽车销售顾问说："我听说年底买车优惠多，我想年底再买。"

③在汽车4S店内，客户试乘试驾完毕后对汽车销售顾问说："我还要再考虑考虑。"

(10) 将学生分组(4～5人一组)，每组分别由学生扮演汽车销售顾问及顾客，请学生设计销售情境，并模拟试乘试驾工作过程。

（二）据上述资料，以小组为单位，对上述问题回答情况进行成果展示与反思，在成果展示过程中进行小组间互评和教师点评（表 2-7-3）。

表 2-7-3 评价标准

评估指标 \ 评价指标 \ 评估等级	好	一般	差
实训准备（10 分）	能够通过各种渠道对汽车销售中报价成交的相关内容进行精心准备	能够事先对汽车销售中报价成交的内容进行准备，但是不够充分	无准备
学习参与度（20 分）	小组成员积极主动参与活动，学习热情高涨	小组成员积极主动参与活动情况一般，学习热情一般	小组成员缺乏积极主动性，学习热情较差
接待礼仪（10 分）	能够按照汽车 4S 店服务要求礼貌待客，取得顾客的好感	基本能够按照汽车 4S 店服务要求礼貌待客，但有所欠缺	不符合汽车 4S 店服务要求，缺乏热情
知识运用（40 分）	能够发现客户购买信号，捕捉建议成交时机，懂得迎合客户的心理策略；了解报价常见问题，掌握报价成交的内容、报价成交的技巧；知识运用较为合理。回答问题正确率在 60%以上	基本能够发现客户购买信号，捕捉建议成交时机，懂得迎合客户的心理策略；了解报价常见问题，掌握报价成交的内容、报价成交的技巧；知识运用较为合理。回答问题正确率在 60%以上	不能发现客户购买信号，不能捕捉建议成交时机，不懂得迎合客户的心理策略；不能了解报价常见问题，不能掌握报价成交的内容、报价成交的技巧；不能掌握执行技巧；技巧运用不合理。回答问题正确率在 60%以下
表达分析能力（20 分）	表情诚恳，逻辑关系清晰，行为举止自然规范，语言表达能力强，知识面宽	表情诚恳，逻辑关系较清晰，行为举止比较自然规范，语言表达能力较强，知识面较宽	表情不诚恳，逻辑关系不清晰，行为举止不自然规范，语言表达能力较弱，知识面较窄

（三）阅读相应的学习参考，做出正确的选择或判断。

1. 利用现有的机会诱导客户，给客户一种“机不可失，时不再来”的感觉，帮助客户下决心，这种方法是（　　）。

A. 利益总结法　　B. 诱导法　　C. 假设法　　D. 小恩小惠促进法

2. 成交前客户发出的原因信号有（　　）。

A. 开始认真地杀价

B. 谈及具体的支付条件、赠送品、车身颜色、交车期

C. 提出有关保修、售后、各种费用、保险等问题

D. 销售人员拿出订购合同客户也不说什么

3. 成交前客户发出的行为信号有（　　）。

A. 拿手上的汽车样本资料做笔记，拿出计算器计算，并开始热烈讨论

B. 询问第三者意见

C. 客户主动问话

D. 对决定权以外的人表现出友好的态度

4. 整体报价中的价格包括（　）。

A. 车辆的购买价格

B. 汽车使用中的维修成本

C. 车辆形象和公司服务的附加效益

D. 车辆使用费用

5. 价格谈判中较为普遍采用的让步方式是（　　）。

A. 希望型　　B. 虚伪型　　C. 妥协型　　D. 诱发型

6. 三明治报价法处于中间层次位置的是（　　）。

A. 利益好处　　B. 附加价值　　C. 产品使用费用　　D. 价格

7. 汽车销售顾问应具有主动提出成交的勇气。（　　）

8. 让客户感觉到这种车型很少，货源比较紧张，如果今天不订，则需要等上一段时间才会有，有一种“机不可失，时不再来”的感觉，在这种情况下客户怕一时失去才会下订单，这就叫馈赠术。（　　）

9. 报价成交时应制作“报价单”。（　　）

10. 当客户对现有车型很感兴趣，并且没有提出什么异议时，应采用二选一法促使其成交。（　　）

11. 冒险型让步方式容易使谈判形成僵局，甚至可能导致谈判中断。（　　）

实训项目

项目二

一、项目名称

熟悉报价成交的时机及技巧

二、项目要求

学生在教师的指导下，根据下列情景模拟演练报价成交工作的过程：

（1）请你与假设的客户做一次交谈，注意他发出的购买信号。

（2）请你运用适当的策略迎合客户心理，促进成交。

（3）请你按照三明治报价法的要求，对客户做一次汽车报价。

（4）请你与假设的客户做一次价格谈判，试着做一些价格让步，体会各种让步方式的效果。

（5）请你在汽车销售展厅内，解决下面的问题；

在某汽车4S店内，顾客提出：“这款车的报价为什么比网上多出3000元？”

三、项目目的

（1）练习运用报价成交的时机。

（2）准确运用报价成交的技巧。

（3）培养学生解决实际问题的能力。

四、项目准备

理论学习教室或实训室、相关的案例资料或视频资料。

五、项目实施

(1) 教师事先做好相关案例或视频准备。

(2) 学生每2～4人为一组，分别扮演汽车销售顾问及客户。

(3) 每个小组成员进行角色轮换，以保证全方位的训练。

(4) 教师指导，并做出分析评价。

六、项目要求

学生应遵守纪律，积极参与实践活动，注意发扬团队协作精神，依照要求完成训练任务，熟练掌握相关技能后一定要用于实际工作中。

七、项目评价

(1) 通过实践训练能否争取运用相关知识解决相关问题?

(2) 通过参与实训发现自己和别人有哪些长处与不足?

【阅读材料】

《汽车销售管理办法》

发布单位：中华人民共和国商务部

发布文号：令2017年第1号

实施日期：2017—07—01

《汽车销售管理办法》已经2017年2月20日商务部第92次部务会议审议通过，现予公布，自2017年7月1日起施行。经发展和改革委、工商总局同意，《汽车品牌销售管理实施办法》(商务部、发展改革委、工商总局令2005年第10号) 同时废止。

第一章　总则

第一条　为促进汽车市场健康发展，维护公平公正的市场秩序，保护消费者合法权益，根据国家有关法律、行政法规，制定本办法。

第二条　在中华人民共和国境内从事汽车销售及其相关服务活动，适用本办法。

从事汽车销售及其相关服务活动应当遵循合法、自愿、公平、诚信的原则。

第三条　本办法所称汽车，是指《汽车和挂车类型的术语和定义》(GB/T 3730.1) 定义的汽车，且在境内未办理注册登记的新车。

第四条　国家鼓励发展共享型、节约型、社会化的汽车销售和售后服务网络，加快城乡一体的汽车销售和售后服务网络建设，加强新能源汽车销售和售后服务网络建设，推动汽车流通模式创新。

第五条　在境内销售汽车的供应商、经销商，应当建立完善汽车销售和售后服务体系，保证相应的配件供应，提供及时、有效的售后服务，严格遵守家用汽车产品“三包”、召回等规定，确保消费者合法权益。

第六条　本办法所称供应商，是指为经销商提供汽车资源的境内生产企业或接受境内生产企业转让销售环节权益并进行分销的经营者以及从境外进口汽车的经营者。

本办法所称经销商，是指获得汽车资源并进行销售的经营者。

本办法所称售后服务商，是指汽车销售后提供汽车维护、修理等服务活动的经营者。

第七条　国务院商务主管部门负责制定全国汽车销售及其相关服务活动的政策规章，对地方商务主管部门的监督管理工作进行指导、协调和监督。

县级以上地方商务主管部门依据本办法对本行政区域内汽车销售及其相关服务活动进行监督管理。

第八条　汽车行业协会、商会应当制定行业规范，提供信息咨询、宣传培训等服务，开展行业监测和预警分析，加强行业自律。

第二章　销售行为规范

第九条　供应商、经销商销售汽车、配件及其他相关产品应当符合国家有关规定和标准，不得销售国家法律、法规禁止交易的产品。

第十条　经销商应当在经营场所以适当形式明示销售汽车、配件及其他相关产品的价格和各项服务收费标准，不得在标价之外加价销售或收取额外费用。

第十一条　经销商应当在经营场所明示所出售的汽车产品质量保证、保修服务及消费者需知悉的其他售后服务政策，出售家用汽车产品的经销商还应当在经营场所明示家用汽车产品的“三包”信息。

第十二条　经销商出售未经供应商授权销售的汽车，或者未经境外汽车生产企业授权销售的进口汽车，应当以书面形式向消费者做出提醒和说明，并书面告知向消费者承担相关责任的主体。

未经供应商授权或者授权终止的，经销商不得以供应商授权销售汽车的名义从事经营活动。

第十三条　售后服务商应当向消费者明示售后服务的技术、质量和服务规范。

第十四条　供应商、经销商不得限定消费者户籍所在地，不得对消费者限定汽车配件、用品、金融、保险、救援等产品的提供商和售后服务商，但家用汽车产品“三包”服务、召回等由供应商承担费用时使用的配件和服务除外。

经销商销售汽车时不得强制消费者购买保险或者强制为其提供代办车辆注册登记等服务。

第十五条　经销商向消费者销售汽车时，应当核实登记消费者的有效身份证明，签订销售合同，并如实开具销售发票。

第十六条　供应商、经销商应当在交付汽车的同时交付以下随车凭证和文件，并保证车辆配置表述与实物配置相一致：

（一）国产汽车的机动车整车出厂合格证；

（二）使用国产底盘改装汽车的机动车底盘出厂合格证；

（三）进口汽车的货物进口证明和进口机动车检验证明等材料；

（四）车辆一致性证书，或者进口汽车产品特殊认证模式检验报告；

（五）产品中文使用说明书；

（六）产品保修、维修保养手册；

（七）家用汽车产品“三包”凭证。

第十七条　经销商、售后服务商销售或者提供配件应当如实标明原厂配件、质量相当配件、再制造件、回用件等，明示生产商（进口产品为进口商）、生产日期、适配车型等信息，向消费者销售或者提供原厂配件以外的其他配件时，应当予以提醒和说明。

列入国家强制性产品认证目录的配件，应当取得国家强制性产品认证并加施认证标志后方可销售或者在售后服务经营活动中使用，依据国家有关规定允许办理免于国家强制性产品认证的除外。

本办法所称原厂配件，是指汽车生产商提供或认可的，使用汽车生产商品牌或其认可品牌，按照车辆组装零部件规格和产品标准制造的零部件。

本办法所称质量相当配件，是指未经汽车生产商认可的，由配件生产商生产的，且性能和质量达到原厂配件相关技术标准要求的零部件。

本办法所称再制造件，是指旧汽车零部件经过再制造技术、工艺生产后，性能和质量达到原型新品要求的零部件。

本办法所称回用件，是指从报废汽车上拆解或维修车辆上替换的能够继续使用的零部件。

第十八条　供应商、经销商应当建立健全消费者投诉制度，明确受理消费者投诉的具体部门和人员，并向消费者明示投诉渠道。投诉的受理、转交以及处理情况应当自收到投诉之日起 7 个工作日内通知投诉的消费者。

第三章　销售市场秩序

第十九条　供应商采取向经销商授权方式销售汽车的，授权期限（不含店铺建设期）一般每次不低于 3 年，首次授权期限一般不低于 5 年。双方协商一致的，可以提前解除授权合同。

第二十条　供应商应当向经销商提供相应的营销、宣传、售后服务、技术服务等业务培训及技术支持。

供应商、经销商应当在本企业网站或经营场所公示与其合作的售后服务商名单。

第二十一条　供应商不得限制配件生产商（进口产品为进口商）的销售对象，不得限制经销商、售后服务商转售配件，有关法律法规规章及其配套的规范性文件另有规定的除外。

供应商应当及时向社会公布停产或者停止销售的车型，并保证其后至少 10 年的配件供应以及相应的售后服务。

第二十二条　未违反合同约定被供应商解除授权的，经销商有权要求供应商按不低于双方认可的第三方评估机构的评估价格收购其销售、检测和维修等设施设备，并回购相关库存车辆和配件。

第二十三条　供应商发生变更时，应当妥善处理相关事宜，确保经销商和消费者的合法权益。

经销商不再经营供应商产品的，应当将客户、车辆资料和维修历史记录在授权合同终止后 30 日内移交给供应商，不得实施有损于供应商品牌形象的行为；家用汽车产品经销商不再经营供应商产品时，应当及时通知消费者，在供应商的配合下变更承担“三包”责任的经销商。供应商、承担“三包”责任的经销商应当保证为消费者继续提供相应的售后服务。

第二十四条　供应商可以要求经销商为本企业品牌汽车设立单独展区，满足经营需要和维护品牌形象的基本功能，但不得对经销商实施下列行为：

（一）要求同时具备销售、售后服务等功能；

（二）规定整车、配件库存品种或数量，或者规定汽车销售数量，但双方在签署授权合同或合同延期时就上述内容书面达成一致的除外；

（三）限制经营其他供应商商品；

（四）限制为其他供应商的汽车提供配件及其他售后服务；

（五）要求承担以汽车供应商名义实施的广告、车展等宣传推广费用，或者限定广告宣传方式和媒体；

（六）限定不合理的经营场地面积、建筑物结构以及有偿设计单位、建筑单位、建筑材料、通用设备以及办公设施的品牌或者供应商；

（七）搭售未订购的汽车、配件及其他商品；

（八）干涉经销商人力资源和财务管理以及其他属于经销商自主经营范围内的活动；

（九）限制本企业汽车产品经销商之间相互转售。

第二十五条　供应商制定或实施营销奖励等商务政策应当遵循公平、公正、透明的原则。

供应商应当向经销商明确商务政策的主要内容，对于临时性商务政策，应当提前以双方约定的方式告知；对于被解除授权的经销商，应当维护经销商在授权期间应有的权益，不得拒绝或延迟支付销售返利。

第二十六条　除双方合同另有约定外，供应商在经销商获得授权销售区域内不得向消费者直接销售汽车。

第四章　监督管理

第二十七条　供应商、经销商应当自取得营业执照之日起 90 日内通过国务院商务主管部门全国汽车流通信息管理系统备案基本信息。供应商、经销商备案的基本信息发生变更的，应当自信息变更之日起 30 日内完成信息更新。

本办法实施以前已设立的供应商、经销商应当自本办法实施之日起 90 日内按前款规定备案基本信息。

供应商、经销商应当按照国务院商务主管部门的要求，及时通过全国汽车流通信息管理系统报送汽车销售数量、种类等信息。

第二十八条　经销商应当建立销售汽车、用户等信息档案，准确、及时地反映本区域销售动态、用户要求和其他相关信息。汽车销售、用户等信息档案保存期不得少于 10 年。

第二十九条　县级以上地方商务主管部门应当依据职责，采取“双随机”办法对汽车销售及其相关服务活动实施日常监督检查。

监督检查可以采取下列措施：

（一）进入供应商、经销商从事经营活动的场所进行现场检查；

（二）询问与监督检查事项有关的单位和个人，要求其说明情况；

（三）查阅、复制有关文件、资料，检查相关数据信息系统及复制相关信息数据；

（四）依据国家有关规定采取的其他措施。

第三十条　县级以上地方商务主管部门应当会同有关部门建立企业信用记录，纳入全国统一的信用信息共享交换平台。对供应商、经销商有关违法违规行为依法做出处理决定的，应当录入信用档案，并及时向社会公布。

第三十一条　供应商、经销商应当配合政府有关部门开展走私、盗抢、非法拼装等嫌疑车辆调查，提供车辆相关信息。

第五章　法律责任

第三十二条　违反本办法第十条、第十二条、第十四条、第十七条第一款、第二十一条、第二十三条第二款、第二十四条、第二十五条、第二十六条有关规定的，由县级以上地方商务主管部门责令改正，并可给予警告或 3 万元以下罚款。

第三十三条　违反本办法第十一条、第十五条、第十八条、第二十条第二款、第二十七条、第二十八条有关规定的，由县级以上地方商务主管部门责令改正，并可给予警告或 1 万元以下罚款。

第三十四条　县级以上商务主管部门的工作人员在汽车销售及其相关服务活动监督管理工作中滥用职权、玩忽职守、徇私舞弊的，依法给予处分；构成犯罪的，依法追究刑事责任。

第六章　附　则

第三十五条　省级商务主管部门可结合本地区实际情况制定本办法的实施细则，并报国务院商务主管部门备案。

第三十六条　供应商通过平行进口方式进口汽车按照平行进口相关规定办理。

第三十七条　本办法自 2017 年 7 月 1 日起施行。

（资料来源：http：//www.mofcom.gov.cn/article/b/c/201704/20170402557616.shtml）

任务八 交车服务

【学习目标】

知识目标

1. 了解交车前的准备内容。
2. 熟悉交车前检查的基本要求。
3. 掌握新车交付的流程。
4. 重点掌握交车前的检查项目。

技能目标

1. 能够熟练进行新车交付仪式。
2. 能够完成车辆的验收与操作，以便使客户满意。
3. 能够将客户准确地介绍给售后服务部。

【情境导入】

经过种种努力，汽车销售顾问刘芳宇终于卖出了第一辆新车。在为她高兴之余，老陈提醒她："新车交付是汽车整车销售的高潮阶段，是汽车销售顾问和客户在汽车销售过程中的'蜜月期'。它既是一个销售过程的结束，又是一个新的销售过程的开始。一个好的新车交付过程，既能满足客户即时的心理满足感，看到销售人员为客户着想的诚意，又能够为汽车销售企业带来潜在的服务利润和更多的潜在客户，所以你还要做好这方面的工作。从交车前的检查、交车准备工作、联系客户到交车仪式的内容程序，你都要仔细准备，不能掉以轻心。"刘芳宇把老陈的叮嘱牢牢地记在心里。

分析：

在将车辆卖出后，有些态度消极的销售人员会惯性地认为客户已经付款，并办理手续，自己的工作已经完成，所以并不太看重交车环节。在上述案例中，为什么老陈要重点提醒刘芳宇注意新车交付这个环节？新车交付为什么要引起销售顾问的重视？

单元1 交车前的准备事项

新车交付的时候是很令人兴奋的时刻，客户和销售顾问都实现了自己的心愿。在这个激动人心的时刻，销售顾问要将每个环节都做得尽善尽美，不出任何差错，为整个销售工作锦上添花。

要做好交车工作，应先做好交车前的准备。只有进行充分的准备，才能保证在交车过程中不出现差错。

一、交车前的检查

所谓交车前的检查，也称为 PDI（Pre Delivery Inspectiorn），PDI 检测是一项售前检测证明，是新车在交车前必须通过的检查。PDI 是交车体系的一部分，该体系包括一系列在新车交货前需要完成的工作，其中大部分项目是由服务部门来完成的。服务部门的责任是以正确迅速的方法执行 PDI，以便使车辆完美无缺地交到用户手中。保质保量地交一辆完美无缺的车辆是使用户满意的首要条件。

（一）为什么要进行交车前的检查

新车交车前检查的目的就是在新车投入正常使用前及时发现问题，并按新车出厂技术标准进行修复。同时再次确认各部件技术状况是否良好，各种润滑油、冷却液是否符合技术要求，以保证客户所购汽车正常运行。

新车出厂要求经过一定的运输方式（或自行行驶）到销售部门，通过销售商才能到用户手中，其间的运输（或行驶）要花费一定的里程或者花费较长的时间。在运行中由于种种原因难免发生一些意外。在工厂与特约店之间有很多地方或因素能使汽车遭到损坏。从制造厂家到特约店的时间可能是几个星期，也可能需要几个月。在这段时间内车辆可能遇到极端恶劣的情况：在保管过程中的高温、在运输过程中的碰撞、飞石、严寒、风雨等。尽管在生产过程中及产品制成后的质量管理是持续进行的，但是不能保证汽车完好无损地运到特约店，因此检查新车在运输过程中是否受到损伤是一项非常重要的工作。

为了向顾客保证新车的安全性和原厂性能，PDI 检查必不可少。越是高档车辆，其电子自动化程度越高，PDI 项目的检查也就越多。例如，未做 PDI 的新车，会始终在运输模式运行。这种模式只能简单行驶，很多系统没有被激活。强行使用会导致功能不全，甚至会严重损害车辆，给车辆及驾驶员的安全造成极大的危害。在正常情况下，各种车辆在使用过程中都要进行正规的维护保养。PDI 检查项目范围很广，其中一些细微的检查也许车主连想都没有想过，如电池是否充放电正常、钥匙记忆功能是否匹配、舒适系统是否激活、仪表灯光功能是否设置到原厂要求等。技术人员所做的一切，为的是向顾客确保车辆的安全性和驾驶的舒适性。在很多情况下，新车是在库存状态。但是如果库存不当，新车也将不可避免地出现一些问题，如果不进行仔细地检查也会给顾客带来不良印象，给今后的销售带来麻烦。

在交车前的检查（PDI）时，我们可能会发现一些新车库存中的问题，例如，蓄电池会过度放电等，发现这些问题，并防止这些问题将会为服务部门省去不少麻烦。检查新车在库存的过程中，是否因保管不当而造成损坏。如果必要的话，新车应加以整备，以恢复出厂时应有的品质。

此外，新车出厂时虽有厂检的技术质量标准，各种装备也按一定的要求配齐，但也难免一时的疏忽，生产线上人为错误导致的差错和损坏，也要一并加以检查，及时反馈给生产厂家，这给整车厂家提高管理质量带来了许多宝贵意见。

总之，新车交给顾客之前的检查是新车在投入运行前的一个重要环节，涉及制造厂、供应商和用户三方的关系，是对汽车制造厂汽车质量的再一次认可，是消除质量事故隐患的必要措施，也是对购车客户承诺及系列优质服务的开始。

（二）交车前检查的基本要求

汽车销售企业对交车前检查的服务、技术咨询的基本要求如下：

（1）供方在将汽车交给顾客前，应保证汽车完好。

（2）供方应仔细检查汽车的外观，确保外观无划伤及外部装备齐全。

（3）供方应仔细检查汽车内饰及装备，确保内饰清洁和装备完好。

（4）供方应对汽车性能进行测试，确保汽车的安全性和动力性良好。

（5）供方应保证汽车的辅助设备功能齐全。

（6）供方应向顾客介绍汽车的使用常识。

（7）供方有责任向顾客介绍汽车的装备、使用常识、保养常识、保修规定、保险常识、出险后的处理程序和注意事项。

（8）供方应向顾客提供 24 小时服务热线及救援电话。

（9）供方应随时解答顾客在使用中遇到的问题。

（三）交车前的检查项目

由于新车从生产到销售过程中存在中间环节，所以新车交车前的检查可分为整车厂对经销商或运输商交车前的检查和经销商对顾客交车前的检查两种情况。经销商对顾客交车前的检查项目如表 2-8-1 所示。

表 2-8-1　某品牌新车交车前检查（PDI）工作单

销售商代码＿＿＿＿＿＿	车型代码＿＿＿＿＿＿	车 架 号 码＿＿＿＿＿＿
生 产 日 期＿＿＿＿＿＿	外观颜色＿＿＿＿＿＿	发动机号码＿＿＿＿＿＿
检 查 日 期＿＿＿＿＿＿	钥匙号码＿＿＿＿＿＿	变速箱号码＿＿＿＿＿＿
对各项检查结果作如下标记：“√”＝合格　“×”＝异常		
外观与内部检查： （1）□内部与外观缺陷 （2）□油漆、电镀部件和车内装饰 （3）□随车物品、工具、备胎、千斤顶使用说明书、随车钥匙 （4）拆下车轮防波动和车身保护膜 发动机部分检查： （5）□发动机盖锁扣及铰链 （6）□电瓶电极 （7）□电解液高度 （8）□主地线 （9）□主保险及备用件	（10）□发动机油位 （11）□冷却液位及水质 （12）□助力转向液位 （13）□A/T 油位 （14）□玻璃清洗液位 （15）□传动皮带的松紧状况（助力转向、发电机、压缩机） （16）□油门控制拉线（A/T 控制拉线）关闭发动机盖 操作与控制检查： （17）□离合器踏板高度与自由行程 （18）□制动器踏板高度与自由行程	（19）□油门踏板 （20）□检查室内保险及备用件 把点火开关转至位置Ⅰ检查： （21）□收音机调整 （22）□收音机/录音机/CD 机与天线 把点火开关转至位置Ⅱ检查： （23）□所有警报灯的检查、发电机、手刹、油压、制动故障、A/T 挡位显示器、ABS、SRS

续表

(24) □AT启动保护器 起动发电机检查： (25) □电瓶和起动机的工作及各警告灯显示情况 (26) □怠速 (27) □前部清洗器工作 (28) □前雨刮器的工作 (29) □方向指示灯与自动解除 (30) □侧灯和牌照灯 (31) □大灯及远光（远光指示灯） (32) □雾灯开关 (33) □制动灯和倒车灯 (34) □仪表灯和调光灯 (35) □喇叭 (36) □点烟器 (37) □天窗的操作 (38) □后窗除雾器与指示灯 (39) □各种挡位下空调系统性能(制冷、送风量) (40) □循环开关 (41) □电动后视镜 (42) □时钟的设定及检查 关闭发动机检查： (43) □"未关灯"警告灯 关闭各种灯的检查： (44) □方向盘自锁功能	(45) □手刹调节 (46) □方向盘角度调整 (47) □遮阳板 (48) □中央门锁及遥控装置（警报） (49) □室内照明灯 (50) □阅读照明灯 (51) □前后座椅安全带 (52) □座椅靠背角度、座椅调整 (53) □开启 (54) □行李厢灯 (55) □加油盖的开启及燃油牌号 (56) □行李厢盖（后车门）的关闭及锁定 打开所有的车门检查： (57) □手动车窗 (58) □后门儿童锁 (59) □给锁/铰链加注润滑油 (60) □关闭车门检查安装情况 支起汽车检查： (61) □底部、发动机、制动器与燃油管路是否磨损或破损 (62) □悬架的固定与螺栓 (63) □M/T 油位 降下汽车检查： (64) □确认所有车轮螺母扭矩 (65) □轮胎压力标签	(66) □轮胎压力（包括备胎） (67) □工具与千斤顶 行驶试验检查： (68) □驾驶性能 (69) □从内部、悬架及制动器发出的噪声 (70) □制动器及手刹 (71) □方向盘自动回正 (72) □方向盘振动与位置 (73) □A/T 挡位变化（升挡、降挡） (74) □里程表行程读数及取消 最终检查： (75) □冷却风扇 (76) □怠速/排放 (77) □燃油、发动机油、冷却液及废气的渗漏 (78) □热起动性能 (79) □用ABS检测仪检查ABS性能 最终准备： (80) □清洗车辆内外部 (81) □检查车内包括行李厢是否有水漏入

PDI 对以上项目的正确安装、调试及操作已做过检查。 特此证明 （盖章） 检查员签字： 日期：	销售 该车辆已完成了所有车辆检查项目，可以满意交付用户使用。车上的所有必要附件已配备齐全，所有证明文件已正确填写完毕。 特此证明。 （盖章） 销售员签字： 日期：

注：本"PDI检查单"所列的部分项目也许是客户所检查的特定车型所没有的，为此请结合实际车型进行检查。

二、交车前的准备

（一）确认交车时间

汽车销售顾问要按预期与客户确认新车交付时间并发出邀请，同时注意下列事项：

（1）交定金后预告交付期可能出现的延误原因，并得到客户认同。

（2）尊重客户对交付时间的选择，承诺兑现。

（3）确保至少 45 分钟的交付时间。

（4）如果同时交付两辆以上，要妥善安排时间和地点。

（二）销售顾问在交车前一天的工作

（1）确定客户来店提车的具体时间，并暗示客户遵守约定的时间。

（2）确认客户的付款方式。

（3）告知客户交车的主要内容及所需时间，以便客户提前做好时间安排。

（4）告知客户交车所需携带的资料、文件和证件。

（三）销售顾问交车当天的准备工作

（1）销售顾问必须保证交车区的明亮、整洁、清新，最好备有桌椅、饮料、点心。

（2）销售顾问准备好交车的资料和物品，包括随车资料、合格证、交接单、订单等，以及交车仪式中要用到的照相机、礼物、鲜花、礼炮等。

（3）通知销售经理、服务人员以及相关人员，告知参加交车仪式的时间以及客户的信息。

（四）车辆准备

车辆必须经过实际的操作，确认所有的功能都处于正常状态。

（1）车辆清洁。包括清洗车辆及车体内、外，然后再检查车辆的内、外观，这样比较容易发现问题。但是要注意避免清洗时划伤漆面。

（2）看有无漆面划伤、剥落、凹痕、锈点；饰条内、外观有无划伤或缝隙的大小和均匀度是否符合规定等；车内电线束是否扎紧，吊挂是否牢靠；车窗和车厢、引擎盖及行李厢等是否有不洁点；是否遗留没用的标签或留有会扎人的物品；汽油箱内是否按规定加有规定数量汽油（不可用汽车票替代）。

（3）每月经办人员整理“PDI”检查表，按新车汇总表的顺序归档，以备查验。“PDI”检查表至少应该保留三年期限。

（4）预先将交车事项通知专营店相关员工，做好交车前的各项准备工作。

（5）交车前要和客户确认是否要撕掉保护膜等。

（6）交车前装配好约定的选用配件。安装选用配件，必须按照作业标准进行作业。

（7）确认一条龙服务已完成，车头披挂“交车彩带”。

（五）票据证件准备

交车前要对涉及车辆的相关文件进行仔细全面的检查，确认无误后，装入文件袋，以便交给客户。这些文件包括：商业单据（发票、合同等）；临时性车牌照；使用说明手册、保修手册、产品合格证等；完税证明、保险凭证等；名片（销售人员、服务部经理/服务代表）；交车确认表、“PDI”检查表等。

（六）人员及场地准备

人员及场地准备包括如下内容：

（1）新车交付场地的布置协调（场地清洁、立牌等）。

（2）新车交付时所需要的展厅设备（相机、鲜花、小礼品等）。

（3）相关人员的通知（总经理、销售经理、服务经理、服务顾问）。

【案例链接】

4S 店忽视 PDI 小心被罚“退一赔三”

近两年，各地法院接到消费者关于买到新车后，发现车辆之前做过修复，因而起诉经销商欺诈，要求“退一赔三”的案件持续增加，其中在不少案件中，法院都支持了消费者的主张。

实际上，并非所有被判决“退一赔三”的经销商都有“欺诈的故意”，比如车辆在售前运输过程中或库存过程中出现问题，由第三方进行了修复，而没有告知经销商，经销商确实对车辆曾经修复不知情。此时，如果经销商能认真做好 PDI 检测（PreDelivery Inspection 售前检测），也许就能避免扯皮问题的发生。

据了解，不少厂家都对车辆到店后和交付客户前的检测制定了相关的流程和制度，有些厂家甚至成立了产品交付及产品调查部。但是不少经销商对 PDI 检测还未引起重视，常常敷衍了事，甚至完全忽略。

经销商对新车进行销售前检查，是国际上通行的做法，也是汽车行业独特的服务，其目的是为了给消费者提供符合安全的、质量合格的车。

为规范各品牌售前检查工作，推动汽车流通行业规范健康发展，根据司法机关的建议和行业各界的诉求，中国汽车流通协会组织行业专家编制了《汽车新车售前检查服务指引（草案）》，明确新车售前检查项目、流程，区分新车售前检查与一般检查、维修的不同；规范检查中的修补、校正、更换等行为，确保新车质量；清晰告知新车售前检查的相关信息，保护消费者合法权益。

中国汽车流通协会召集厂家、经销商、法官、律师、行业专家对草案进行了多次讨论，广泛收集行业意见。与会的法律工作者认为，PDI 检测不容忽视，汽车生产企业和流通企业不应把它当作约束，而应当把它当作是一种保护。因为目前在法院判决中，只能遵循以往案例作为指导，如果有类似的行业意见出台，更加利于判定主体责任，所以条款越细致越好，而且其中可以列举哪些情况属于豁免条款。同时，行业和媒体也应该加大宣传力度，让消费者知道经PDI检测曾经修复的车辆，并不等于事故车或者二手车。这样才能既保护消费者利益，又保护厂家和经销商利益。

其实，首先PDI检测确有必要。往小了说，是为了让买车的消费者心里更踏实，提升了服务体验；往大了说，是让管理部门和社会各界知道，汽车行业正在逐步规范，正在朝着健康的方向发展。

（资料来源：http：//shuoke. autohome. com. cn/article/560828. html）

单元2 新车交付

交车仪式力求简短、隆重、热烈，通过交车仪式让客户拥有一段难忘的经历，留下深刻的印象。举行交车仪式应该注意以下几点：

首先，总经理或销售经理应亲自参加交车仪式，到场向客户表示祝贺和感谢，并赠送鲜花和礼物。

其次，经销店有空闲的工作人员都列席交车仪式，鼓掌以示祝贺，营造一个热烈、温馨的交车氛围。

最后，还应与客户合影留念，并将照片冲洗出来后寄给客户。交车仪式一方面是为了提高客户的满意度，另一方面也是通过这样一种方式来影响在经销店看车或修车的客户。

一、新车交付流程

（一）热情接待

交车前汽车销售顾问要陪同客户赏车，赞美客户的选择，关心客户的感受，同时应注意以下内容：

（1）交付前30分钟电话确认客户到店时间。

（2）销售顾问提前3分钟到展厅门口迎接，满怀热情，充满喜悦。

（3）恭喜客户，感谢客户购买并赞美。

（4）热情款待，倒茶送水，准备好礼品。

（5）向全体访客说明交车流程及时间。

（二）介绍售后服务

因为客户买了车后，是肯定要和维修部门打交道的，通过对售后服务部门的介绍能增强客户对经销店的信心。

交车时最关键的内容就是必须将车辆的使用方法明明白白地告知客户，让客户能正确地使用车辆，同时了解车辆在使用过程中的注意事项，减少问题的发生，即使出现问题也能够知道如何处理，解决客户用车的后顾之忧。因此，交车过程中的说明是十分必要的环节，务求认真细致，切不可因赶时间而一带而过。

介绍售后服务包括如下内容：

（1）介绍售后服务接待区地点。

（2）介绍售后服务顾问。

（3）参观售后维修客户休息区。

（4）说明保修手册的保修内容和范围。

（5）介绍售后维修预约流程及 24 小时救援服务。

（6）简述用户手册章节说明与使用方法。

请客户共同检验车况，具体如下：

1. 车内部分

包括座椅、地毯等是否干净整洁。

2. 车辆外部

包括车辆外部是否干净整洁，灯、保险杠、门把手等有没有损坏，漆面是否有划痕等。

3. 附件部分

原厂的附件、销售人员答应赠送的物品和客户要求的配置是否齐全。尤其要向客户确认有些需自行购买的附属品是车辆应当配备的，如千斤顶、工具包、三脚架（故障警示架）等。

（三）文件交付说明

（1）销售顾问利用车款、保险、精品、上牌等费用说明购车各项费用开支，多退少补，逐项打钩，请客户签字。

（2）清点并移交车辆文件及全部车钥匙。

（3）操作说明。

（4）安全注意事项的说明。

（5）上牌程序的说明。

（6）磨合期注意事项的说明。

（7）保修条件和保修范围的说明。

（8）售后服务和满意度调查的说明。

（9）精品加装的确认。

（四）车辆验收与操作

销售顾问使用“新车交付表”带领客户逐项检查新车各项功能，请客户共同检验车况，尤其是车内部分座椅、地毯等是否干净整洁；车辆外部灯、保险杠、门把手等有没有损坏，漆面是否有划痕等。

（1）销售顾问应保证客户了解车辆各个功能，并确保可独立操作。

（2）清点车辆各项内容、配置、精品、备件。原厂的附件、销售人员答应赠送的物品和客户要求的配置是否齐全。尤其要向客户确认有些需自行购买的附属品是车辆应当具备的，如千斤顶、工具包、三脚架（故障警示架）等。

(3) 告知免费赠送的汽油和最近的加油站的位置。

(4) 清点完毕后，确认无误，请客户在《新车交车前检查工作单》上签字确认。

(五) 新车交付流程

新车交付流程如图 2-8-1 所示。

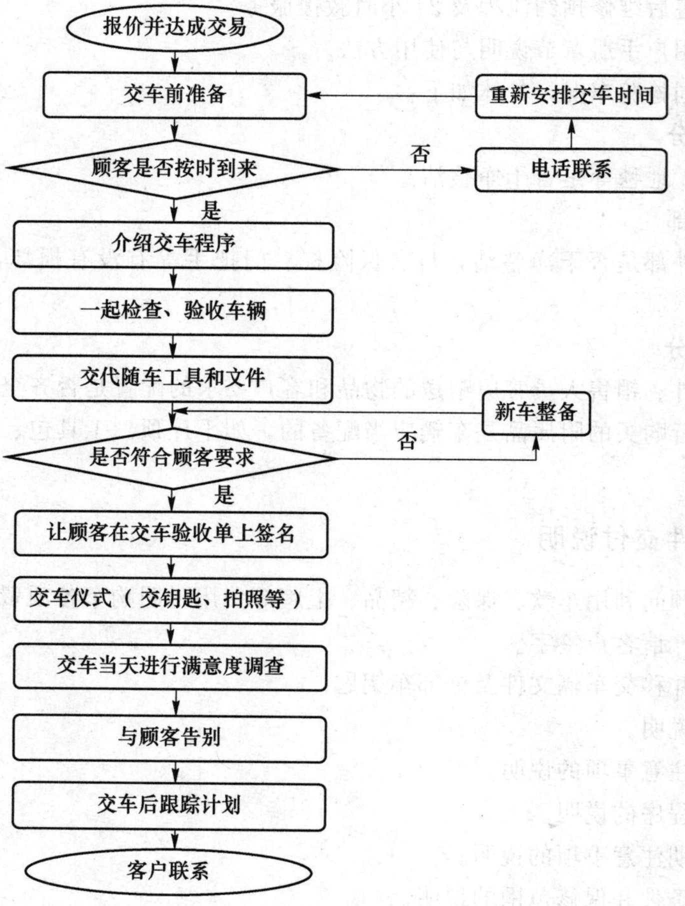

图 2-8-1　新车交付流程

二、新车交付仪式

(1) 介绍总经理（销售经理、任何可参与的人员）或服务经理（服务顾问）与客户认识。

(2) 在场职位最高的领导向车主交付新车钥匙模型。

(3) 再次热情恭贺并衷心感谢客户。

(4) 感谢客户的惠顾并拍照合影纪念。

(5) 赠予客户礼品。

(6) 确定客户对后续跟踪服务方式的选择，如联系方式、联系地点以及联系时间。

(7) 向客户说明专营店的后续跟踪服务程序和专营店自身提供的增值服务项目，如一年数次免费保养的项目、加入车友俱乐部等。

(8) 将客户的详细信息，记录到客户管理卡，并转交售后服务部。

(9) 让客户在得到满足感之余，趁势请客户帮自己介绍新的客户。

(10) 陪送客户直至路口，并进行适当的交通指导。

【案例链接】

客户马先生在某东风日产 4S 店订购了一辆东风日产天籁 2.0XL 舒适版，约好某天上午 10 点来店提车，作为销售顾问小刘应如何为他提供交车服务呢？

按照上述交车流程知识，销售顾问小刘要为客户马先生提供完善的交车服务，需遵循下述步骤。

1. 做好交车前的基本准备工作

如检查操作规范作业、文件资料准备等。

2. 打电话给马先生

具体电话内容如下：

小刘："您好，请问是马先生吗？我是××东风日产 4S 店的销售顾问小刘。"（提前一天给客户电话）

马先生："是的。"

小刘："上次我们约好明天上午 10 点来我们店提车，我的准备工作都已经做好，就等您的大驾光临。"

马先生："好的，我明天就到。"

3. 店内接待

销售顾问小刘在店门口迎接客户，见到客户后应说："您好，马先生，今天真是恭喜您，终于可以拿到爱车了，请到我们展厅休息一下，我把有关的文件交给您。"所有的销售顾问都应祝贺："马先生，恭喜您今天来取爱车啊！"

4. 文件交接

小刘："马先生，您好，这是您的保险卡、合格证、保修手册、使用说明书、完税证明、车价发票，还有其他一些费用的发票（保险单据、上牌费、车船使用税、车辆购置税），请妥善保管，以后在车辆的使用过程中，这些证件非常重要。还请马先生核对一下，没有什么问题的话请在交接单上签字，好吗？如果对这些费用有什么疑问的话，随时可以问我。"（要向客户详细解释说明各项费用，且要和商谈前符合，如果有不符合的地方，要向顾客说明原因并出示交车确认表，依各项目请客户逐项打钩。）

马先生："好的，没问题。"

小刘："好的。没什么问题的话，我们去看看您的爱车吧！"

5. 车辆操作

小刘："马先生，我给您演示一下车辆各项功能的操作吧。如果您在今后使用的过程中不会操作的话可以打电话给我，也可以查看我们随车的操作手册。"

作为销售顾问为客户演示车辆各项操作功能时，需介绍的主要内容包括以下各项。

第一项：座椅、方向盘调整（包含当方向盘锁住时，如何转动钥匙，启动发动机等）。

第二项：后视镜调整、电动窗操作。

第三项：儿童安全锁。

第四项：空调及除雾。

第五项：音响（含设定频道，要参看使用说明书，操作给客户看）。

第六项：灯光、仪表、电子钟。

第七项：特有配备的技能及设备介绍。

第八项：其他任何客户可能不熟悉的事项。

第九项：指出其他服务，诸如加满油箱等（如可行的话）。

6. 车辆检验及认可

小刘："马先生，我们一起来检查一下车况吧！"

销售顾问带领顾客进行车辆检验时，所涉及的主要项目包括以下几个方面。

车内部分：座椅、地毯等的整洁。

车辆外部：灯、保险杠、门把等的整洁，有没有损坏漆面等。

附件齐全：标准附件、专营店答应赠送的物品、千斤顶、工具包、故障警示架、备胎及胎压、点烟器等。

车辆检验完毕后，销售顾问应示意客户对检车结果是否满意。销售顾问小刘应对客户说："马先生，您感觉怎么样，还满意吗？如果没有什么问题的话我们一起签署交车确认表吧！然后给您介绍一下我们的售后服务，您买车之后，售后维修是非常重要的。"

7. 售后服务

小刘："您的爱车在今后的使用过程中，有任何问题可拨打我们的 800 免费服务电话或 24 小时求助电话。您可以查看使用说明书及保修手册。"

销售顾问在交车时应给客户提供全国服务网点一览表并对安心服务承诺进行说明，并口头详细说明下列事项。

第一项：首保之前，车辆磨合期使用注意事项。

第二项：1000 km、5000 km 免费保养内容说明。

第三项：保修时间、保修里程数（两者其中之一，不管何者出现，都表示保修期已到）。

第四项：保修项目、非保修项目（如易磨损部件和维护材料等）。

第五项：确定首保的日期并记入《保有客户管理卡》。

第六项：详细介绍服务站及维修人员，以增加客户入厂的可能性。

第七项：营业时间、地点说明。

第八项：服务进场、作业流程说明。

最后，销售顾问还要为客户介绍本店的服务经理及指定服务顾问。

小刘："这是我们店售后服务部的刘经理和服务顾问小李，这是他们的名片，您以后有车辆维修方面的问题可直接与他们联系。"

8. 送别客户

小刘："马先生，我们公司对您会提供后续跟踪服务以便及时了解您的车况，一周后向您发首保通知，请问我们什么时候和您联系比较方便呢?"

马先生："节假日的时候都可以吧。"

小刘："衷心感谢您的惠顾，我们与您的爱车拍个照留念吧，我们4S店还特意为您准备了鲜花，预祝您行车愉快，祝您一切顺利!"

待客户上车后，销售顾问要陪送客户直至路口，并进行合适的交通指导。

销售顾问应将客户对对方后续跟踪服务的选择及其他信息记入《保有客户管理卡》，将该客户档案转交服务部。

【能力拓展】

案例分析

客户："交车时间很快吗，你们的车是好车吗?"

汽车销售顾问："当然，已经进行了新车交付前的检查。"

思考与讨论： 在上面的案例中，汽车销售顾问的交车时间应如何具体回答？新车交车前的检查都有哪几项?

分析： 在这个阶段，需要用事实来证明，以便消除客户的疑虑，达成交易。

实训项目

项目一

（一）站在汽车销售顾问的角度完成下列任务：

(1) 为什么要进行新车交付前的检查?

(2) 说出新车交付准备的内容。

(3) 说出新车交付行动的内容。

(4) 模拟完成一次简单的新车交付工作过程。

（二）学习过程评价

根据上述资料，以小组为单位，对上述任务的完成情况进行成果展示与反思，在成果展示的过程中进行小组间互评和教师点评，如表2-8-2所示。

表2-8-2 评价标准

评估等级 / 评价指标 / 评估指标	好	一般	差
工作准备（20分）	能够通过各种渠道对新车交付环节的意义及一般流程的相关内容进行精心准备	能够事先对新车交付环节的意义及一般流程的相关内容进行准备，但是不够充分	无准备

续 表

评估等级 / 评价指标 / 评估指标	好	一般	差
学习参与度（20分）	小组成员积极主动参与活动，学习热情高涨	小组成员积极主动参与活动情况一般，学习热情一般	小组成员缺乏积极主动性，学习热情较差
知识运用（40分）	能够正确运用相关知识完成上述四个任务，有自己的观点及认识，能够用事实和数据说话。回答问题正确率在80%以上	基本能够正确运用相关知识完成上述四个任务，有自己的观点及认识，能够用事实和数据说话。回答问题正确率在60%以上	不能正确运用相关知识完成上述四个任务，没有自己的观点及认识，不能用事实和数据说话。回答问题正确率在60%以下
表达分析能力（20分）	表情诚恳，逻辑关系清晰，行为举止自然规范，语言表达能力强，知识面宽	表情诚恳，逻辑关系较清晰，行为举止比较自然规范，语言表达能力较强，知识面较宽	表情不诚恳，逻辑关系不清晰，行为举止不自然规范，语言表达能力较弱，知识面较窄

（三）阅读相应的学习参考，做出正确的选择或判断。

1. 属于车辆交付行动内容的有（　　）。

A. 热情接待　　B. 介绍售后服务　　C. 文件交付说明　　D. 车辆验收与操作

2. 新车交付确保至少（　　）的交付时间。

A. 30 分钟　　B. 45 分钟　　C. 55 分钟　　D. 60 分钟

3. 新车交付时由（　　）。

A. 汽车销售顾问向车主交付新车钥匙模型

B. 销售部经理向车主交付新车钥匙模型

C. 维修部经理向车主交付新车钥匙模型

D. 在场职位最高的领导向车主交付新车钥匙模型

4. 新车交付前 60 分钟电话确认客户到店时间。（　　）

5. PDI 是交车体系的一部分，该体系包括一系列在新车交货前需要完成的工作。其中大部分项目是由服务部门完成的。（　　）

6. 在新车交付时，汽车维修顾问和维修部经理应该在场。（　　）

项目二

一、项目名称

熟悉交车服务的内容及技巧

学生在教师的指导下，根据下列要求模拟演练交车服务工作的过程：

(1) 请你为某客户的新车交付做一次交车前准备。

(2) 请你为某客户安排一次新车交付仪式。

二、项目目标

(1) 练习运用交车服务的内容。

(2) 准确运用交车服务的技巧。

(3) 培养学生解决实际问题的能力。

三、项目准备

理论学习教室或实训室、相关的案例资料或视频资料。

四、项目实施

(1) 教师事先做好相关案例或视频准备。

(2) 学生每2～4人为一组，分别扮演汽车销售顾问的客户。

(3) 每个小组成员进行角色轮换，以保证全方位的训练。

(4) 教师指导，并做出分析评价。

五、项目要求

学生应遵守纪律，积极参与实践活动，注意发扬团队协作精神，依照要求完成训练任务，熟练掌握相关技能后一定要用于实际工作中。

六、项目评价

1. 通过实践训练，你能否争取运用相关知识解决相关问题？

2. 通过参与实训你发现自己和别人相比有哪些长处与不足？

任务九　售后服务

【学习目标】

知识目标

1. 了解售后服务的意义。
2. 熟悉客户跟踪的技巧。
3. 掌握售后服务的内容和客户跟踪的内容。
4. 重点掌握客户投诉处理的方法。

技能目标

1. 能够掌握售后服务的内容，进行售后服务工作，服务车主。
2. 能够熟悉处理客户投诉的技巧，妥善处理与客户的关系。
3. 能够达到较高的客户满意度。

【情境导入】

看着客户开走了自己卖出的第一辆车，汽车销售顾问刘芳宇并没有完全放松下来。她知道，销售人员提升业绩的关键方法有三个：一是大量开发新客户；二是让相同数量客户购买的金额比别人更多；三是赢得更多的忠诚客户。要赢得更多的忠诚客户，销售人员只有做好售后的追踪和服务，才能真正满足客户的需求，赢得客户的信赖和满意。于是她向老陈咨询了进行客户跟踪服务的内容、项目和执行技巧，第一时间与客户取得了联系，在向客户表示祝贺、感谢的同时，向客户讲解了关于售后服务的问题。听到客户满意的声音后，她感受到了成功的快乐。

分析：

运用售后服务和售后跟踪的内容与技巧，分析能够达到客户信赖和满意的方法，从而赢得更多的客户，获得成功。

单元1　售后服务的意义和内容

一、售后服务的意义

对于一位购买了新车的客户来说，第一次维修服务是这位客户亲身体验4S店“服务流程”的一次亲密接触机会。

一个满意的客户往往会带来更多的新客户，在国内的汽车销售行业中，有一项非常重要的指标，那就是客户的回头率。

售后服务是成交后销售人员继续与顾客交往，并完成与成交相关的一系列售后跟踪服务，从而更好地实现销售目标的行为过程。

现代企业的竞争已经由产品的竞争转为对市场的竞争，而市场竞争的关键是对顾客的争夺。汽车技术迅速进步和车型的更新换代越来越快，汽车产品本身的技术优势越来越脆弱，现在的商业价值将以经销商和顾客的关系来进行衡量。如果汽车能比竞争对手更胜一筹地与顾客建立良好的双向互动关系，顾客在这里获得了高度的满足，他们就能放心地从这里购买商品而不会被任何竞争对手“挖走”，使企业在竞争中获胜。销售人员需要发展与顾客的关系，售后服务就成为整个销售过程中一项重要的工作，具有重大的意义，具体表现如下：

（一）提升企业销售利润

在汽车销售行业，售后服务工作的重要性已经得到越来越多的企业的重视。目前，汽车 4S 店整车销售的利润在不断地下降，在市场竞争日益激烈的情况下，强化售后服务是提高顾客对企业的忠诚度，使顾客在车辆使用期间重复惠顾（或转介绍新客户），接受保养、维修、保险、精品加装、美容等后续服务的重要途径。做好顾客的售后服务工作，就能使顾客在车辆的使用期内持续地接受公司提供的服务和产品，从而给公司带来源源不断的业务和利润。

（二）增强企业的核心竞争力

良好的顾客关系可以为企业赢得良好的口碑，增强企业的核心竞争力。资料表明，与新顾客相比，一个老顾客可以为企业多带来 20%以上的利润。业绩优异的汽车经销店，40%以上的老顾客是通过推荐赢得的。与初次登门相比，多次光顾的顾客可以为企业多带来 20%～35%的利润。固定顾客数目每增加 5%，企业的利润增加 25%。而公司减少了 5%的顾客流失率，所带来的利润增长将超过 25%。

（三）降低营销成本

一般来说，开发一个新顾客的费用是保持现有顾客的 6 倍。新顾客不仅开发费用高，而且成交机会也少，因此企业必须采取措施尽最大努力服务顾客。防止顾客流失，是企业获取市场信息的重要途径。

“你忘记顾客，顾客也会忘记你”，这是成功销售员的格言。在成交之后，持续不断地关心顾客，了解他们对产品的满意程度，虚心听取他们的意见，对车辆使用过程中存在的问题采取积极的弥补措施，就能更好地服务顾客、留住顾客。同时，了解顾客，时刻关注顾客的需求变化，获取顾客对产品数量、质量、颜色、车型、价格等方面需求的信息。企业对市场信息迅速及时地反馈，还能挖掘顾客的潜在需求，开发出顾客乐于接受的新产品或新的服务项目。

二、售后服务的内容

（一）整理客户资料，建立顾客档案

顾客的信息是动态的，销售人员在与顾客初次接触之后，就要开始收集顾客的信息，每一次接触都会有新的信息补充进来。在向顾客交车后，还要将顾客车辆的信息收录其中，形成完整的顾客档案，并在今后的售后服务中不断地丰富和修改档案中的信息。

顾客档案一般包含的信息有：顾客的姓名、性别、年龄、生日、工作单位、地址、E-mail、兴趣爱好、家庭成员情况、联系电话、身份证号码、购买的车型、颜色、规格、车架号、发动机号、精品加装项目、交车时间、维修保养记录、事故记录、理赔记录、投诉记录、投诉处理结果等。售后顾问应将销售人员在汽车销售过程中获得的信息进行整理、检查、挑选，建立顾客档案，并经常同顾客保持联系，如果有变动，应及时修改和更新。

（二）采取多种方式提供服务

汽车销售要求对顾客持续的关怀与跟进。很多经销商辛辛苦苦建立起来的顾客群，由于长时间不去关怀和跟进，顾客的忠诚度就开始下降，这都是没有建立持续的售后服务的结果。其实，对客户的售后服务并不需要花很多的时间，关键是让顾客感到经销商没有忘记他们。有时，一张小小的卡片、一个祝福的电话、一个联络的邮件，都可帮助销售人员维护客户关系，使自己的顾客成为永续的资源。

1. 用电话方式同客户进行联络

满足和挖掘客户的新需求，如通知客户按期保养，通知客户参与本公司的联谊活动，告知本公司的优惠活动，通知客户进行维修或免费检测等。

2. 走访客户

可以找一个合适的时机，如客户生日、购车周年、工作顺道等去看望客户，了解车辆使用情况，介绍公司最新的活动以及其他相关的信息。最后将走访结果记录到调查表里。

3. 组织会员活动

每一个顾客都应该成为公司所经营品牌车辆的“车友会”成员，公司可以选择节假日或其他时机，组织客户互动和参与活动，如举行汽车文化讲座，组织一些有共同兴趣的顾客进行自驾游、健身或体育项目比赛、客户联谊会等。通过组织这些活动，既可以增进客户对公司的感情，也为顾客之间提供了交流的机会。

4. 经常性的关怀

遇到天气冷热等突发事件时向客户致电或发送短信，体现对顾客的关怀；档案资料里如果反映出客户的生日或顾客家人生日的，应及时发出祝贺；顾客的购车周年纪念日也不要忘记适时地给予祝贺。

(三) 相关的技术咨询和服务

售后服务本身也属于技术服务的范畴。由于汽车产品的高度技术密集、知识密集，汽车产品的售后服务工作必然包含着对用户的技术指导、技术咨询、技术示范。通常的做法是，告知客户必要的车辆知识、车辆使用的注意事项，为客户提供车辆使用的技术咨询等。另外还应包括收集对本公司提供服务的意见和建议等。

【案例链接】

链接一

汽车消费投诉：售后服务和质量问题关注较高

每年伴随“3·15”国际消费者权益日的到来，各类商品质量的话题都会达到一个高峰，日益普及的汽车更是受到消费者的重点关注。多项调查显示，2016 年，我国汽车质量尤其是新车的质量有所提升，但在售后服务、合同履行等方面，仍存在较多问题，需要相关各方进一步予以关注和解决。

从总体上看，自 2016 年以来，消费者对汽车的投诉数量有所下降，从侧面表明消费者对汽车产品的整体满意度有所上升。根据中国消费者协会近日发布的分析报告，2016 年全国消协组织共录入受理汽车产品投诉 15247 件，其中，售后服务问题、合同争议和产品质量是引发投诉的主要原因，超过投诉总量的 70%。而在 2015 年，全国消协组织共录入受理汽车产品投诉为 18863 件。

目前行业内使用通用质量评价体系——百车故障数（PPH）来表示汽车质量，PPH 得分值越低，代表车的质量越好。国内知名汽车互联网平台——汽车之家“3·15”前夕发布的国内汽车新车口碑质量报告显示，当前消费者遇到产品质量问题最多的地方是行驶过程，其次是车身外观及内饰，而遇到问题最少的则是座椅方面。

这份有效样本为 54483 个的口碑报告显示，新车质量评价整体 PPH 得分为 289 分，与 2015 年的整体得分相比略有降低，这说明行业整体新车质量有小幅提升。报告显示，行驶过程的 PPH 得分达到 69 分，是接受调查的车主们反馈质量问题最多的部分。其中，刹车有噪声、刹车力不够大和轮胎噪声过大 3 个问题位居前三位。此外，车身外观、内饰暴露出的质量问题占比同样较高。

从这份报告看，微型车 PPH 得分达到 508 分，出现质量问题最多，其次是 MPV 及小型 SUV。对比 2015 年的数据，中大型车平均 PPH 得分明显降低。

除了质量之外，售后服务是当前汽车市场存在较多问题的领域。根据中消协的统计，2016 年涉及汽车产品的所有投诉中，类型居前的包括售后服务投诉 4164 件，合同投诉 3748 件，质量投诉 3670 件。

售后服务投诉主要集中在同一质量问题多次维修、不履行“三包”义务等方面。具体投诉问题主要有三个：一是维修水平不高，二是无法落实售后承诺，三是维修保养价格不明示、不透明、乱收费。

从不同车系投诉来看，根据中消协的统计，2016 年自主品牌汽车的投诉量为 2332

件，占全年投诉总量的14.89%；德系品牌汽车投诉1754件，占全年投诉总量的11.20%；美系品牌汽车投诉1558件，占全年投诉总量的9.95%。

虽然自主品牌汽车的投诉量仍较高，但其新车质量在持续进步。汽车之家的口碑报告显示，自主品牌汽车的PPH得分仍排在前列，表明其质量问题仍较多，不过与2015年PPH得分相比，新车PPH均值由411分下降到393分，部分品牌用户反馈问题数量有所减少。汽车之家相关负责人表示，上述数据表明，自主品牌新车质量有所进步，但综合实力仍需提升。

综合来看，国内汽车尤其是新车行业整体质量在不断提升，越来越多的厂商品牌将质量放在最重要的地位严格把控。不过，自主品牌汽车质量相较于世界一流厂商的产品仍有很大上升空间。同时有研究显示，今年国内汽车销量增速将放缓，对于众多汽车厂商和经销商来说，进一步提高售后服务水平，推进服务透明化，将是今后获得市场和用户的关键。

（资料来源：http：//finance.sina.com.cn/roll/2017-03-14/doc-ifychihc6548158.shtml）

链接二

汽车消费投诉逐渐增多，环顾海外此类纠纷如何维权

城市的发展、收入水平的提高让驾车出行成为越来越多国人的选择。据商务部市场运行司数据，2016年我国汽车消费实现了快速增长，全年汽车销售超过2800万辆，成为消费市场最大亮点。

不过，在销售量迅速增长的同时，消费投诉也在逐步增长。最近，南京市消费者协会披露，2016年度南京各级消协组织共受理汽车类消费投诉多达2897件，其中涉及品牌汽车消费1584件。

在所有投诉原因中，4S店未能兑现购车前承诺占比最多，其次是汽车质量和强制消费等问题。按车系划分，德系品牌、国产自主品牌、美系品牌分列投诉量前三名。以奔驰、宝马、奥迪、大众为代表的德系车投诉占比27%，国产车占23%，美系车投诉占20%。从汽车品牌来看，美国通用旗下的别克汽车投诉数量最多。

在实际经营活动中，近年来汽车4S店却成为消费纠纷的“重灾区”。小到捆绑消费、证照办理不利的“堵心事儿”，大到汽车反垄断调查曝光的种种价格内幕，“店大欺客”的行径，让不少品牌4S店的声誉一落千丈。国外消费者购买汽车是否把4S店当作第一选择？一旦发生消费纠纷又该如何维权？

有人说随着中国汽车销量的增长，中国正在成为“车轮上的国家”。不过，提起“车轮上的国家”这个称号，更多人首先想到的恐怕是美国。有一种说法是，一个典型的美国家庭一般拥有两辆汽车，人们购买汽车的方式比国内更加方便快捷。

据华尔街多媒体记者介绍，消费者在美国购买新车主要渠道是4S店，买家买新车时，首先需要确定自己想要的品牌和车型以及该车在官网上的公开报价，查询到售卖该车的4S店位置后再实地提车，如果买家没有去当地4S店找到自己理想的车型，或需要更多个性化的私人订制则可以通过互联网平台来实现私人订制和下单，最后指定4S店提车。汽车厂商的定价和相关配件信息都是公开透明的，但由于消费税率和市场预期差

异原因的存在，相对于某款车的官网报价，不同地方4S店给出的价格会略有浮动，给予消费者考虑和竞价的余地，总之在买车等大头支出方面“货比三家”这个原理一定是适用于全世界的。

不过，在刚提到的南京各级消协受理的汽车类消费投诉中，被投诉品牌位居榜首的是一个美国品牌——通用旗下的别克。在美国本土，别克汽车的销售环节是否更加透明？

据记者介绍，美国本土汽车巨头通用旗下的别克一直深受美国消费者的欢迎，但是这并不代表其没有遭遇过性能滑铁卢和信用危机。在这种情况发生时，消费者往往积极诉求于法律来进行维权。在2016年，加利福尼亚州某居民就别克虚报里程耗油量而将通用汽车告上法庭，消费者的积极维权促使通用公司公开致歉，并且在2016年5月成立了补偿项目，用于补偿在2016年内购买了以上3款车型的车主，补偿包括车主可以选择接受相应的赔款或6万里程的保养服务。

再来说德国。在南京消协公布的投诉“榜单”中，德系汽车“名列前茅”。众所周知，德国的汽车产业十分发达，在德国本土的汽车销售环节，也会发生类似的纠纷吗？

据全球华语广播网德国观察员介绍，德国人习惯于“按合同办事”，车行的销售和办理证照流程相对完善。德国人买车主要是去车行，德国的车行一般分为品牌专营和混合车行，前者顾名思义只经营某一品牌的汽车，后者则是销售多种品牌的汽车。德国车行除了销售汽车外，还提供各种与汽车相关的服务，如检修、保养、配件更换等，甚至可以为客户提供年检服务。德国新车三年年检之后必须每两年做一次年检，主要看汽车的尾气排放、制动、安全性能等是否达标。德国没有强制的汽车报废里程和年限，只要能通过年检就能继续在路上跑两年。在德国购车非常方便，顾客可以去车行选车也可以定车（如颜色配制），车行可以根据顾客的意愿向厂家定制车辆。顾客需要提供驾照，由车行复印、签订购车合同，然后带着车行开具的购车信息资料去保险公司办理车险。在德国车险是强制性的，剩下的事情包括挂牌都由车行完成。

德国没有临时牌照，所有车辆必须挂牌才允许上路，车行大都与当地车管所的牌照数据联网，顾客可以按照先字母后数字的格式为自己编一个车牌号，车行销售人员只需要上网查一下，如果没有被占用这个车牌号就属于该顾客，假如不是定制车辆，一般一周左右所有手续都可以办理完毕。车行收到购车款之后顾客可以直接把已经挂好牌照的车开走，也可以带着车行开具的购车资料自己去车管所登记，并在附近的牌照店里压好车牌然后去车行将车牌装好把车开走。在德国无论新车、旧车都有最低保修期，期间出现质量问题或非人为损坏等，顾客可以直接与车行联系，由车行负责无偿修理。对于其他消费纠纷，则要按照合同内容来解决，如果合同中写明的承诺车行必须无条件兑现。通常来说出现购车后消费者纠纷的情况不多，在德国无论是消费者还是商家都会按照合同来处理相关的事情，商家不会乱许诺，消费者不会提出不切实际的要求。

和美系、德系车比起来，日系汽车在国内的销售纠纷似乎相对较少。全球华语广播网日本观察员指出，在日本本土，新车销售领域的销售纠纷也并不常见。日本车企是如何管理他们的销售流程的？

据观察员介绍，在日本购买新车到品牌代理店，除了裸车价格以外，店家会明确表明税金、保险、登记、车检、车库证明、报废处理费等必须支付的费用以及自选内装等项目的费用。购买新车后，店家会代办申请车牌，在购车时店家虽然会推荐客户安装更好的设备，但不会有捆绑销售的情况。日本有一部《商业交易法》，除了禁止过度推销以外，规定在销售方法上存在问题时消费者可以要求返还已支付费用，对于过度推销或提供不实商品信息的商家会处以行政处分，如果商家无视行政处分，负责人将会被判处两年以下徒刑或300万日元以下的罚款。另外无论是新车还是二手车，购买后都有一定年限的保险，修理日本本土品牌车的时候很多人会选择4S店，而修理国外品牌的汽车因为价格和零部件比较贵，也有不少人选择普通的修车店修理，在对汽车销售店的调查中显示，营业额最高的是售后服务与零部件汽车用品的销售，占总业绩的一半以上。

（资料来源：http：//finance. sina. com. cn/roll/2017-03-16/doc-ifycnpvh4649696. shtml）

单元2　客户跟踪与客户投诉

一、客户跟踪的内容与技巧

（一）客户跟踪的方法

1. 电话跟踪

当车辆卖出去以后，销售人员还要继续给客户打电话，以关心、关切的态度去询问客户车辆的使用情况以及进行必要的保养提醒等。要积极引导话题："您的车开得怎么样啊？行吗？""发动机提速很快吧？""有很多朋友羡慕您吧？""开着车出去旅游了吗？到哪个地方了？好玩吗？"等，不一定要聊车，也可以希望客户转介绍。

2. 亲自访问

除了继续打电话给客户之外，销售人员亲自访问的作用也无可替代。在销售完成之后，销售人员应该选择合适的时间亲自拜访客户。俗话说，"见面三分亲"。销售人员与客户见面会很好地增进与客户之间的感情，会比较容易地听到客户的真实想法和意见。

（二）客户跟踪的项目

客户跟踪的项目包括以下几个方面：

1. 写感谢信和打感谢电话

销售员交车后要致电客户进行电话回访或亲访，邮寄"感谢信"和照片给客户。

2. 进行首保预约

对于一位购买了新车的客户来说，第一次维修服务是这位客户亲身体验专卖店"服务流程"的一次亲密接触机会。销售流程的后续跟踪步骤的要点是在客户购买新车之后与"首次保养"之间如何继续促进和发展双方的关系，以保证客户返回专营店进行"首保”。并通过定期跟踪，巩固与客户之间良好的关系，再通过这种关系的延长，不断地获得新的潜在意向客户。

3. 吸引客户来店

通过不断的跟踪工作，为客户创造优质的用车环境，构筑客户对网点的信赖，吸引客户再次来店，鼓励客户推介新客户。

4. 后续关怀

后续关怀包括生日关怀、节日关怀、居家关怀、出险慰问、产品资讯等。

（三）客户跟踪的执行技巧

1. 发出第一封感谢信的时间

第一封感谢信应在客户交车的24小时内发出。这封感谢信使别人不光知道了新客户购车的消息，别人会恭喜他，更重要的是向别人传递了这家汽车销售公司或者专营店做事规范、令人满意、值得信赖的良好信息。而这个重要信息，说不定就能影响这群人当中的某一个人成为新的潜在购车客户，及时地扩大了企业的知名度，从而“锦上添花”。

2. 打出第一个电话和第二个电话的时间

在交车的24小时内由汽车销售公司或专营店的销售经理负责打出第一个电话。电话所讲的内容，一是感谢客户选择了自己所在的专营店并购买了汽车；二是询问客户对新车的感受，有无不明白、不会用的地方；三是询问客户对专营店和销售人员的服务感受，以便发现问题，加以改进；四是及时处理客户的不满意和投诉；五是询问新车上牌情况是否需要帮助。最后将回访结果记录到调查表里，以便跟踪。

在交车后7天内售车的销售顾问打出第二个电话，内容包括：询问顾客对新车的感受、新车首次保养的提醒、新车上牌情况、有无投诉等。

3. 不要忘了亲自访问客户

销售顾问可以找一个合适的时机，如客户生日、购车周年、工作顺道等去看望客户，了解车辆的使用情况，介绍公司最新的活动以及其他的相关信息。最后将访问情况记录到调查表里。

4. 每两个月安排与客户联络一次

其主要内容包括：保养提醒，客户使用情况了解，投其所好，选择适当的时机与客户互动，如一起打球、钓鱼等。通过这些活动，增进友谊，变商业客户为真实朋友，协助解决客户的疑难问题等。最后将结果记录到调查表里，以便跟踪。

5. 不要忽略平常的关怀

专营店经常举办免费保养活动、汽车文化讲座和相关的活动；新车、新品上市的及时通知；天气冷热等突变发生时间的短信关怀；客户的生日或客户家人的生日及时发出祝贺，客户的爱车周年也不要忘记有创意地给予祝贺；遇到好玩的“短句”和“笑话”，用E-mail或手机短信发送给客户与客户分享；年终的客户联谊会邀请客户一起热闹一番等。

二、客户投诉处理

（一）汽车4S店客户投诉处理的技巧和注意事项

1. 基本的做法

（1）接待员去接待有意见的车主。

（2）接待员的态度要诚挚。

（3）接触之前要了解本次维修详细过程和车主的情况。

（4）让车主倾诉他的意见，这样才能使其恢复情绪，平静地说话。

2. 处理原则

（1）对4S店的过失，要详尽了解，向车主道歉。

（2）让车主觉得自己是个重要的客户。

（3）对车主的误会，应有礼貌地指出，让车主心服口服。

（4）解释的时候不能委曲求全。

（5）谢谢客户让我们知道他的意见。

3. 注意的问题

（1）注意心理换位，把自己置身于车主的处境来考虑问题。

（2）让车主倾诉自己的怨言。

（3）时间不能拖，要及时处理，否则问题会越变越严重。

4. 具体处理方法

（1）车主打电话或来店投诉时，用平静的声音告诉客户。

（2）仔细倾听客户的抱怨。

（3）确实属于我们的问题，除向客户诚挚地道歉以外，马上根据客户的时间安排返修，并承担相关的费用。

（4）不属于我方造成的问题，耐心向客户做出解释，解释时注意不要伤害车主的感情；建议对车辆存在的问题进行免费检查，并在征得客户同意的前提下，进行检修；收费问题可以适当优惠或对工时费予以减免。

（5）再次对客户的投诉表示感谢。

（二）汽车4S店客户投诉处理流程

1. 客户投诉处理流程

任何人在接到客户的投诉后，第一时间向客户道歉，并记录投诉内容以及相关内容，比如时间、地点、人员、事情经过、其结果如何等问题，了解投诉事件的基本信息，并初步判断客户的投诉性质，在1小时内上报客户经理或客户服务中心，由客户经理或客户服务中心立即填写《客户信息反馈处理单》。

客户服务中心立即给该《客户信息反馈处理单》进行编号并简单记录基本信息，如车牌号、填单人姓名、内容概要。

2. 对于明显能确定责任的质量问题、服务态度、文明生产、工期延误的投诉

(1) 客户经理在24小时内协同被反馈部门完成责任认定并对责任人完成处理意见后，完成与客户的沟通（如有必要）并将《客户信息反馈处理单》转给管理部。

(2) 管理部在接到《客户信息反馈处理单》后，在4小时内根据公司文件对处理意见进行复核，在4小时内将处理结果上报主管总经理，同时将主管总经理的处理意见反馈给客户经理和相关部门执行。

(3) 管理部在8小时内根据最终处理意见实施责任追究，进行过失沟通，完成最终的《客户信息反馈处理单》并于当日转客户服务中心。

3. 对于当时无法确定责任的质量问题、配件延时、客户不在场、客户没有时间的投诉

(1) 客户经理通知客户在客户方便时直接找客户经理解决，报主管总经理认可后，按未了事宜进行处理。

(2) 如客户属于重大投诉，客户经理应请示主管总经理后上门拜访客户。

(3) 未了事宜由客户经理和客户服务中心分别在各自的《未了事宜台账》上进行记录，并在维修接待计算机系统中明确标注。

(4) 客户经理每月4日完成上个月未了事宜的客户沟通和提醒，及时回厂处理并及时掌握未了事宜的变化情况。

客户服务中心对处理完毕的《客户信息反馈处理单》，并由客户经理明确标明需要回访的客户，在24小时内进行回访；对正在处理中的《客户信息反馈处理单》暂停回访，直至处理完毕后再进行回访。

【案例链接】

链接一

尹女士在某品牌4S店购买一辆新车，她的销售顾问小吕在该客户离店后应该做哪些事情？

小吕可以利用电话对尹女士进行跟踪回访，进而继续维系与客户的良好关系。

1. 交车后第一天

汽车的价值不在于买的时候值多少钱，而在于后期使用的时候能不能正常发挥应有的作用。这种属性决定了一锤子买卖的做法完全不能适应客户的需求，所以销售顾问要尽可能地本着责任心和主人翁的意识为客户提供最好的服务。因为心理期望越高，一旦期望不能达成，客户的失望、不满、愤怒就越强烈，销售顾问和商家的处境就越被动。所以，从达成交易的那一刻起，在保证服务质量的前提下，销售顾问要采取措施尽力降低客户的心理期望值，这样即使出现问题，销售顾问也有回旋余地。电话回访情况如下：

小吕："尹女士，您好，我是××4S店的销售顾问小吕，您昨天在我们这里购买一辆××轿车。"

尹女士："是啊，怎么了？"

小吕："尹女士，您昨天把车开走后想必也感受了车的良好性能，我打电话是想问问您对车是否还满意，看您有没有什么需要帮忙的。”

尹女士：“挺好的，谢谢你，我朋友都说车挺漂亮的。”

小吕：“您满意就好。由于是新车，这样既可以保护您的爱车，也可以保证您的安全，您说是吗？”

尹女士：“那是那是，我会注意的。”

小吕：“好的，您以后要是有什么问题找我也可以，找售后部的××也可以。如果您有什么宝贵意见和建议，也欢迎您给我们提出来。最后祝您事业顺利、用车愉快。”

2. 交车后一个月

销售顾问小吕应在交车后一个月打电话给客户尹女士，再次详细询问一下车辆的使用情况，并且提醒客户来店进行首次车辆保养。

3. 交车后三个月

无论怎样的产品，好与不好不在于商家怎么说，而在于客户怎么评价。在提车后的几个月里，客户与新车正处于不断磨合的过程中，很容易出现这样那样的问题，客户与售后人员之间也因为接触时间有限可能面临一些障碍。这时销售顾问的继续服务就显得至关重要，与客户保持密切的关系，销售员可以有效地获知客户对汽车的满意度及其他一些情况，这样销售顾问和商家才能不断地完善自己的工作和产品，为产品赢得良好的声誉。征询客户的意见时，有些客户提车的一些问题。对此，销售顾问不要急于处理问题，而要先弄清楚为什么会出现问题和问题的具体情况，否则由于不了解问题的实质很容易让客户提出更多的问题。根据上述特点，销售顾问小吕可在客户尹女士提车后的第三个月进行如下电话回访：

小吕：“尹女士，您好，我是××4S店的销售顾问小吕，这三个月来，您对车还满意吗？”

尹女士：“挺好的，朋友都说很好看。有一次我开车和朋友们出去郊游，朋友一定要和我换车开，说是要体验一下高档车。”

小吕：“呵呵呵，您喜欢就好。”

尹女士：“哦，对了，小吕啊，有个问题，我怎么觉得车身有点飘啊，是不是车轮有什么问题啊？”

小吕：“尹女士，您是什么时候发现这个问题的呀？”

尹女士：“大概上周吧，我开车去外地出差，有段路路况很好，开得快了，结果就发现这个问题。”

小吕：“那么后来您开慢一点以后是不是就没有这问题了？”

尹女士：“是啊。”

小吕：“尹女士，关于这个问题是这样的，由于空气动力学的因素，车速过快的时候，气流从车底产生向上的托力，车胎抓地力降低，再加上您选择的是低油耗的车，这样车身就不可能太重，开起来就会产生发飘的现象。如果我没猜错的话，您当时的速度一定超过了 130 km，是吗？”

尹女士：“确实是这样。”

小吕："尹女士，我很理解您想要体验极速的心理。不过，开车的时候安全最重要，别的都是次要的，您以后开车一定要注意这个问题，您认为呢？"

尹女士："嗯，好的。"

小吕："尹女士还有别的什么问题吗？"

尹女士："没有了，谢谢你，这么长时间了还记得我。"

小吕："这都是我们应该做的。尹女士，有件事情想提醒您，出于为客户安全考虑的原因。凡是买车的客户我们都会在第三个月的时候建议客户进行动平衡等检测，您方便的时候可以把车开过来。"

4. 特殊时间跟进

销售顾问小吕可以利用如客户的生日、购车周年日、节假日等拜访或通过短信、邮件等方式联系客户尹女士，通过这些方式自然而然地问候客户、关心客户，与客户继续保持良好关系。

5. 交车后两年

交车后两年有的客户的需求也发生了变化，在这时候跟踪客户很容易获得订单。

链接二

宋先生怒气冲冲地来到某品牌4S店，进店便质问卖给他车的销售顾问小吴，说该品牌根本没有售后服务，认为自己被欺骗了，要求退车。此时，小吴该如何应对呢？

当今时代，汽车购买仍属于一种贵重商品交易，在购买汽车的时候，客户支付了一大笔钱和巨大的精力，自然对产品抱有极大的期望，一旦发现产品与自己的期望之间有差距，客户就很容易产生失望、愤怒的情绪，甚至极端行为。在这样的情况下，只要客户的情绪不能平复下来，客户心中的怨气不能发泄出来，销售员任何急于解决问题的做法都是于事无补的。其实，很多时候客户之所以抱怨和投诉，只是希望获得身为客户所应该得到的服务和对待。所以，要想用一种双方都能满意的方式顺利地解决问题，化解客户的不满和抱怨，首先需要做的就是与客户建立起良好的关系，表达自己的歉意，安抚客户的情绪，待其态度缓和以后再去解决问题。如果是因为客户的原因造成的问题，也要真诚、负责任地向客户说明问题。如果客户本人的影响很大，为了不波及其他客户，在必要的时候商家还要做好"吃小亏换大利"的准备，适当地进行让步。

1. 不指责，不抱怨，不发脾气

对愤怒的宋先生的指责、抱怨，打断对方的话只会让他更加愤怒，让自己更被动，最终引起更大的冲突和对抗。所以，无论如何，销售员都不要指责对方，也不要半途插话，更不要辩解或对客户发脾气。

2. 面带微笑

正所谓"伸手不打笑脸人"，销售顾问小吴如果能够对客户保持真诚的微笑，可以有助于宋先生的情绪稳定下来，而若是表现出冷冰冰的神情只能更加激怒宋先生。

3. 对客户表示理解

要让一个人的情绪平复下来，最简单的办法就是利用同情心，让他知道销售人员和他是站在同一条战线上的，销售人员理解他、懂得他，处理客户的抱怨和投诉也是同样的道理。销售人员小吴在询问宋先生事实的真相或采取解决措施之前，要先明确对他的遭遇表示自己的理解，尽量让他平静下来，鼓励他把心事说出来，迅速发现他面临的问题，并了解他的期望，及时给予安抚和平息。

4. 认真倾听

销售顾问小吴不但要说好自己应该说的话，还要引导宋先生多说，弄清楚客户的愤怒、看法、意见、不安，才能真正洞悉客户的真实意图，才能让激动的宋先生平静下来，更为客观地看待产品。销售顾问小吴不但要克制自己的情绪，而且还要冷静下来做一个最好的倾听者，必要的时候给予适当的回应，不时点头等，及时表达自己对客户的同情和关注，以缓解宋先生激动、愤怒的情绪。当他说到重要的地方的时候，小吴还可以重述客户的话以示重视，这样小吴才能争取更多的主动。

5. 把客户的不满记录下来

销售顾问小吴在听取宋先生抱怨、征求其意见的时候，应随身携带笔记本，将客户感到不满的原因以及希望的解决方式记录下来，然后对客户的意见表示感谢，并告知自己的解决方式，即使当时没有妥善的解决方法，也要告知客户自己一定会解决，以给客户信心。在解决问题之后，还要及时将最终结果反馈给客户。

6. 与客户一起协商解决问题的方法

如果销售顾问小吴能够自行解决宋先生的问题，确定解决方法后应及时告诉客户，征求其意见，向客户解释他不明白、不理解的地方。但如果超出了自己的权限范围，就要及时请示上级，不要擅自做主。

例如：

宋先生："你们店怎么回事，售后服务到底有没有？你们是不是在骗人？我要退车。"

小吴："先生，您请坐，请问您是遇到什么麻烦了吗？"

宋先生："我买车的时候，你给我说得好听，如果遇到什么问题直接找你们售后部门就可以解决，可是现在，我打预约电话从来没有打通过电话，我自己找维修点，人家又说不维修我这种车。你当时是怎么跟我说的？为什么现在这样？服务差不说，我从买车到现在才三个月，车就已经送去维修三次了，质量也太差了，跟你当时和我说的完全是两回事。我要退车，你今天必须给我一个说法，这事儿不能就这么算了。"

小吴："先生，真是抱歉，我很理解您的愤怒，这事摊到谁头上都会很生气，给您添麻烦了，我们一个个解决您遇到的问题好吗？我听您的意思是说，您拨打售后服务电话打不通吗？"

宋先生："是，我打了三次都没打通过。你们也太过分了，早知道这样我就不买你们的车了。"

小吴："先生，谢谢您能告诉我们这个问题。您能告诉我您什么时候打的电话吗？这样我也好弄清楚问题所在。"

宋先生："今天上午，9：00～11：00之间。"

小吴："哦，先生，我想是这样的，公司销售现在进入旺季，售后也忙起来了，经常会出现很忙的情况，您打电话的时候是不是也是占线呢？"

宋先生："也许吧，反正里面说是线路忙。那我的车为什么老是坏？该不会是你当时卖给我的是试驾车吧？"

小吴："先生，我理解您的疑虑，不过您放心，我们卖给您的绝对是新车，您提车时也看了，不管发动机的型号还是其他方面都和您当初看的车是一样的。只是前三个月车还处于磨合期，对车不熟悉等都可能使车出问题，也有可能是我们的工作没有做好，您看这样好吗，我们先对车进行一个全面检查，看看问题出在哪里。"

宋先生："好吧，我要不是看你挺好的，我一定退车，买个车这么麻烦。"

小吴："谢谢您对我们的支持，也感谢您对我的信任。您放心，我们一定会给您一个满意的处理。"

【能力拓展】

案例分析

在销售成交之后，销售人员应该选择合适的时间亲自拜访客户，销售人员与客户见面会很好地增进与客户之间的感情，会比较容易地听到客户的真实想法与意见。例如，某销售人员正在寻求保有客户的推荐，销售人员说："张先生，您好，今天我路过这里，正好来看看您。您对那部汽车使用得是否还满意？还有什么问题没有？"客户答："哦，请坐，车子没问题，我很满意。"销售人员说："听您这么说我很高兴。另外，通过这次购车经历，您可以给我提一些意见吗？"客户答："不错不错，我对你的工作还是比较满意的。昨天，我还向我的一位朋友谈起过你，他也正好想买一台车。这样吧，明天下午他到我这里来，你也过来吧，我把他介绍给你。"销售人员说："谢谢您，有您的帮助，我真的是感激不尽。"客户答："我们之间就别客气啦。"

思考与讨论： 在上面的案例中，汽车销售顾问分别利用哪些相关知识对客户进行解答？

分析提示： 客户买车之后遇到哪些问题需要和谁联系，具体有哪些内容，销售顾问的拜访都会对自己的工作具有哪些推进作用，事先如何制订计划。

实训项目

项目一

一、站在汽车销售顾问的角度完成下列任务

(1) 如何理解"一个满意的客户往往会带来更多的客户"这句话。

(2) 说出售后服务的内容。

(3) 模拟完成一次售后跟踪工作过程。

二、学习过程评价

根据上述资料，以小组为单位，对上述任务完成情况进行成果展示与反思，在成果展示过程中进行小组间互评和教师点评（表 2-9-1）。

表 2-9-1　评价标准

评估指标＼评价指标＼评估等级	好	一般	差
工作准备（20分）	能够通过各种渠道对售后跟踪于售后服务的相关内容进行精心准备	能够事先对售后跟踪与售后服务的相关内容进行准备，但是不够充分	无准备
学习参与度（20分）	小组成员积极主动参与活动，学习热情高涨	小组成员积极主动参与活动情况一般，学习热情一般	小组成员缺乏积极主动性，学习热情较差
知识运用（40分）	能够正确运用相关知识解答上述三个任务，有自己的观点及认识，能够用事实和数据说话。回答问题正确率在80%以上	基本能够正确运用相关知识完成上述三个任务，有自己的观点及认识，能够用事实和数据说话。回答问题正确率在60%以上	不能正确运用相关知识完成上述三个任务，没有自己的观点及认识，不能用事实和数据说话。回答问题正确率在60%以下
表达分析能力（20分）	表情诚恳，逻辑关系清晰，行为举止自然规范，语言表达能力强，知识面宽	表情诚恳，逻辑关系较清晰，行为举止比较自然规范，语言表达能力较强，知识面较宽	表情不诚恳，逻辑关系不清晰，行为举止不自然规范，语言表达能力较弱，知识面较窄

新车交付后，打出第一个跟踪服务电话是在（　　）。

A. 24 小时内　　B. 48 小时内　　C. 一周内　　D. 两周内

2. 一个老顾客可以为企业多带来（　　）以上的利润。

A. 50%　　B. 40%　　C. 30%　　D. 20%

3. 预约首保不属于售后服务的范围。（　　）

4. 在交车后 7 天内售车的销售顾问打出第二个电话，内容包括询问顾客对新车的感受、新车首次保养的提醒、新车上牌情况、有无投诉等。（　　）

项目二

一、项目名称

熟悉售后服务的内容及技巧

学生在教师的指导下，根据下列要求模拟演练跟踪与售后服务工作的过程：

（1）请你为某客户安排一次售后跟踪的过程。

（2）请你为某客户安排一次售后服务的过程。

二、项目目标

（1）练习运用售后服务的内容。

（2）准确运用售后服务的技巧。

（3）培养学生解决实际问题的能力。

三、项目实施

理论学习教室或实训室、相关的案例资料或视频资料。

四、项目准备

(1) 教师事先做好相关案例或视频准备。

(2) 学生每2～4人为一组，分别扮演汽车销售顾问的客户。

(3) 每个小组成员进行角色轮换，以保证全方位的训练。

(4) 教师指导，并做出分析评价。

五、项目要求

学生应遵守纪律，积极参与实践活动，注意发扬团队协作精神，依照要求完成训练任务，熟练掌握相关技能后一定要用于实际工作中。

六、项目评价

(1) 通过实践训练，你能否争取运用相关知识解决相关问题？

(2) 通过参与实训你发现自己和别人相比有哪些长处与不足？

【阅读材料】

世界电动汽车产业前景可期，未来发展取决于中国的表现

最近，美国电动车及能源公司特斯拉的股价大幅度攀升，从2016年12月每股180多美元上涨到现在的300美元以上，累积涨幅达67%。特斯拉因此一跃成为美国市值最大的汽车制造商。特斯拉可谓是世界电动汽车业的龙头，该公司的快速成长在一定程度上预示着世界电动汽车产业前景可期。

2017年4月3日，特斯拉股价大涨7.2%，每股收于298.52美元，总市值达到486.3亿美元，一举超过了美国汽车“百年老店”福特454.7亿美元的身价。紧接着特斯拉股价再上一层楼，一度达到每股303美元以上，市值攀升至530亿美元，超过美国第一大汽车制造商通用汽车。这一现象不仅令特斯拉欢呼雀跃，也让世界电动汽车行业颇为振奋，对未来充满了信心。

1. 市场对电动汽车行业未来前景有信心

特斯拉在新能源、自动驾驶、智能化等方面都有独特的建树，然而，从2014年到2016年，特斯拉连续3年净利润亏损。据统计，2016年特斯拉全年营收为70亿美元，销量76285辆；福特营收为1518亿美元，销量665万辆；通用汽车营收为1664亿美元，销量1000万辆。市场分析认为，特斯拉尚处于“烧钱”阶段，但其股价飙升显示，市场对电动汽车的发展前景投了信任票。

具体来看，特斯拉股价飙升主要得益于三个方面的因素：一是特斯拉2017年第一季度交出了一份亮丽的成绩单。根据该公司最近公布的数据，2017年第一季度共交付2.5万辆Model S和Model X，创造了有史以来的最好成绩，超出了业内分析师的预期。二是特斯拉推出的新款车Model 3目前进展顺利，市场充满期待。最近关于Model 3量产车型的消息接连不断，特斯拉首席执行官埃隆·马斯克更是巧妙地利用社交媒体吊足大

众胃口。根据特斯拉披露的2016年财报，Model 3的进展符合预期，计划2017年7月进行小批量生产，9月开始逐步扩大生产规模。特斯拉计划在2018年生产汽车50万辆。现在看来，如果一切顺利，特斯拉实现这一目标很有希望。三是中国企业悄然成为特斯拉的股东之一。2017年3月底，中国的信息产业巨头腾讯以18亿美元大量买入特斯拉股票，成为特斯拉第五大股东。此举不仅显示出业界看好特斯拉的未来，更重要的是还激发了资本市场对特斯拉的信心。

2. 价格、续航能力等因素决定电动汽车成败

随着社会的进步，人们对环保需求的增强，电动汽车这几年风生水起，引起了全世界的关注。除了特斯拉，美国的通用、福特，德国的宝马、大众，日本的丰田、日产，以及中国的比亚迪、上汽和北汽等，都在下大力气加速研发、推出新一代电动汽车。

自从2008年推出第一款两门运动型跑车以来，特斯拉在一定程度上引领着全球电动汽车风潮。2012年特斯拉推出四门纯电动豪华轿跑车Model S，2015年推出豪华纯电动SUV的Model X，2016年又推出Model 3，并于2017年下半年开始交付。目前最受瞩目的就是这款新型的Model 3，该车型起步价为3.5万美元，比以前的车型差不多便宜一半。基本款Model 3在6秒内就可以从零加速到每小时100千米，每次充电的最大行程为344千米。Model 3是一款大众型轿车，接受订购的国家也增加了不少，包括中国、韩国、英国、爱尔兰、新西兰及新加坡等。

目前，雪佛兰、大众、福特的一些电动汽车品牌，无论是价格、续航能力还是市场竞争力，都显示出同特斯拉汽车抗衡的潜力。然而，电动汽车能否普及，一是靠技术，二是看需求，三是看服务。不管任何产品，只有依赖过人的技术，经过市场的洗礼，被广大用户接受，才能成为时代的宠儿。早在20年前，通用汽车就曾推出EV1，记者2000年曾经在通用的试车厂驾驶过EV1，从启动、速度以及运行状况来看，EV1与普通汽车没有什么两样。但是由于天气、续航、充电时间等诸多问题难以解决，2002年通用结束了EV1的寿命。

3. “电动汽车的未来发展取决于中国的表现”

自2015年起，中国超过美国成为世界最大的新能源汽车市场，中国的电动汽车厂商更是摩拳擦掌，力争在未来的电动汽车行业占有一席之地。目前中国的新能源汽车由电动汽车、插电式混合动力汽车、燃料电池汽车组成。根据中国汽车制造协会的数据，2015年中国本土汽车制造商销售超过了33.1万辆新能源汽车。中国的目标是在2025年累计销售300万辆新能源汽车。

根据麦肯锡公司的研究报告，自2016年起，中国上路行驶的电动汽车（分为插电式混合动力车和纯电动车）数量在65万辆以上，成为拥有电动汽车数量最多的国家。2016年全球电动汽车登记数量约为74.3万辆，中国占了近半数（35.2万辆）。目前全球电动汽车产量为87万辆，中国电动汽车产量的占比为43%，位居第一。而德国和美国的产量占比分别为23%、17%。麦肯锡高级合伙人尼古拉·穆勒评价说：“电动汽车的未来发展取决于中国的表现。”

值得注意的是，在中国电动汽车市场不断扩大的同时，电动汽车创业公司也如雨后春笋般地涌现。目前电动汽车公司在中国冒出了200多家，由中国投资者主导的比较有名的电动汽车品牌有法拉第未来、Lucid Motors、卡玛汽车以及蔚来汽车等。业内专家认为，随着国家技术标准的提高，相关企业必须拥有核心技术建立自己的品牌，这样才能在未来市场中占有一席之地。

（资料来源：http：//finance. sina. com. cn/chanjing/cyxw/2017-04-10/doc-ifyeayzu7330749. shtml）

汽车整车销售案例集

【情景描述】

客户张先生是一位成功的商务人士，35岁，是一家软件公司的总经理。目前使用的车型是一汽大众速腾，随着业务的增长和自身的需要，想要购买一款档次高一点的车型。他分别看过思伯睿和锐志，因为一直使用一汽大众的车型，对大众的产品还是比较信任的，所以打电话了解一下迈腾和CC这两款车。

◆ 获取客户——电话接待

销售顾问：早上好，感谢您致电一汽大众合众经销店，我是销售顾问李文强。请问有什么可以帮到您？

客户张先生：是这样的，我在网站上看到了一汽大众迈腾和CC两款车型，有几个问题想要咨询一下。

销售顾问：请问我该怎么称呼您呢？

客户张先生：免贵姓张。

销售顾问：哦，张先生。这个号码是您的手机号码吗？

客户张先生：是的！

销售顾问：好的，张先生！请问您想要咨询什么问题呢？

客户张先生：我想了解一下迈腾和CC的区别。

销售顾问：好的，张先生！全新迈腾是大众B级车的第七代车型，大量吸取辉腾的设计元素。被公众认为是大众品牌的准旗舰产品。而CC同为B级车，优雅动感的外观和无比畅快的驾驶乐趣还不足以描述它，先进智能辅助驾驶系统和高端配置更让人体会到高端轿车特有的优越感。张先生，您本次购车是家用还是商用呢？

客户张先生：商用和家用都要兼顾吧。

销售顾问：您方便说一下您的购车预算吗？

客户张先生：预算嘛，25万～30万元吧。

销售顾问：张先生，初步来看，您所提到的这两款车基本上符合您的需求。不过迈腾和CC无论是从产品定位还是功能、外观都存在一定差别。张先生，您什么时候有时间我们邀请您来店体验，我们也可以帮您参谋一下看看哪款车更适合您。

客户张先生：这样吧。我周日有空，就周日上午去看看吧。

销售顾问：好的，我们也欢迎您带上家人或者朋友一同前来体验。张先生，我们也将为您和您的亲友安排试乘试驾，请您记得带上驾照。

客户张先生：好的。

销售顾问：张先生，如果您的计划有变，您可以打电话给我，我们重新为您安排。5分钟之内我会给您发一条短信，告知我店的地址、网址和电话。您也可以登录我们公司的网站，那里有我们详细的车型介绍。非常感谢您的来电，张先生，我们星期天上午见。

客户张先生：好，再见！

思考与讨论：

在获取客户环节中销售顾问应该获取哪些客户信息呢？

◆ 到店接待

引导员：您好，先生、女士！欢迎光临一汽大众经销店。您是来看车还是维护保养？

客户张先生：我来看车。

引导员：好的，请您这边进店，祝您看车愉快！

有一位先生和一位女士，驾驶一辆银色速腾来店看车，请注意接待。

（引导员通知店里销售顾问客户来访，准备接待）

销售顾问：您好，欢迎光临！二位里面请。二位您好，欢迎光临一汽大众合众经销店，我是这里的销售顾问，我叫何森。您叫我小何就可以了，这是我的名片。请问二位是第一次来我们这里吗？

客户张先生：嗯，是的！

销售顾问：请问二位是否预约了销售顾问呢？

客户张先生：我预约了李文强。

销售顾问：请问先生您贵姓？

客户张先生：免贵姓张。

销售顾问：这位女士如何称呼呢？

客户张先生：这是我太太。

销售顾问：再次欢迎张先生、张太太来我店看车。非常抱歉，由于李文强正在接待其他顾客，请二位到休息区休息片刻，稍后我会通知李文强二位已经到达。

（引领顾客至休息区）

销售顾问：二位请坐，二位要喝点什么吗？我们这里有茶、橙汁和咖啡。

客户张先生：给我们来两杯咖啡吧。

销售顾问：嗯好，请稍等！

销售顾问：二位请慢用，李文强马上就到，请稍等！

客户张先生：好的！

销售顾问：张先生、张太太你们好！欢迎光临，我是一汽大众合众经销店的销售顾问李文强，这是我的名片。

客户张先生：谢谢！

销售顾问：张先生、张太太，由于我刚才临时接待一位老客户，很抱歉让您二位久等了，需要我给二位加点咖啡吗？

客户张先生：不用了，我们想先看看车，你说的那几款车在什么地方？

销售顾问：这边是CC的展示区，那边是迈腾。需要我为二位讲解一下吗？

客户张先生：谢谢，我们先随便看看，然后再叫你。

销售顾问：行！您二位请随意，如果有什么需要的话，我愿意随时为二位服务，那这边请。(客户自行看车，站在客户能看得见的地方)

思考与讨论：

该案例中客户提到有预约的销售顾问，那么最先接待的销售顾问需要注意哪些礼仪礼节呢？

◆ 需求分析

客户张先生：小李，过来一下！迈腾和CC这两款车现在都多少钱？

销售顾问：张先生，是这样的，配置不同，价格也不同。要不咱们去休息区坐着谈吧？

客户张先生：好的！

销售顾问：这边请，二位请坐。二位需不需要再续点饮品？

客户张先生：帮我太太再倒点咖啡吧。

销售顾问：好的，二位稍等一下。

客户张先生：好的，谢谢！

销售顾问：张太太，您的咖啡！

客户张太太：好的，谢谢！

销售顾问：张先生，您来的时候我看您开了一辆速腾是吧？

客户张先生：哦，那是2012年的时候买的。

销售顾问：您觉得这辆车的状况怎么样呢？

客户张先生：还好吧，开了4年多，开着还不错。

销售顾问：张先生，这次购车主要是谁来使用呢？

客户张先生：主要还是我，我太太偶尔也会用一下。

销售顾问：那您对新车有什么样的要求呢？

客户张先生：其实原来的车基本上就可以满足我平常生活和工作的需要，主要是想在速腾的基础上升级一下，希望新车动力性，操控性要好一些，外观时尚一些。

销售顾问：那么二位是打算换购还是增购？

客户张太太：换购、增购是什么意思呢？

销售顾问：张太太，我给您解释一下，增购就是在原有的基础上再添置一辆车，换购就是把您原来的车作价出售，然后把您购新车的差价补上就可以了。

客户张先生：这个我们还没想好，回头再说吧。

销售顾问：好的，我们这里有最专业的评估师，可以免费为二位的车进行评估，到时候二位可以根据估价再做决定。

客户张先生：好的，我们考虑一下再说。

销售顾问：张先生、张太太，你们之前还看过其他品牌的车吗？

客户张先生：嗯，我们之前也看过思伯睿和锐志，还可以吧，还在考虑呢。

销售顾问：张先生、张太太，这两款车型我有所了解，都还不错。不过您应该知道，高科技、高品质、高性价比一直是一汽大众的特点和优势，您开过速腾，相信您对一汽大众的产品的感受是最直接、最真实的。现在，我来简要概括一下二位对新车的要求，新车主要还是在城市工况下运行。以工作出行为主，希望新车应该具备良好的操控性和动力性能，能够确保最大程度的驾驶感受，同时外观大气、时尚。我理解的是不是准确，您还有其他要求吗？

客户张太太：再有就是安全性要有保证。

销售顾问：张太太说得对，安全至关重要。张先生，我记得上次您在电话里提到过预算大概是25万～30万元，并且您也问到过迈腾和CC，其实您的定位挺准的。根据您的期望，我觉得全新迈腾和CC都能满足二位的需要。

客户张先生：嗯，你给我们介绍一下吧。

销售顾问：张先生、张太太，这两款车都是B级车，在功能和配置上有很多相似之处，主要的区别还是在造型风格上。您看，全新迈腾造型庄重、大气，商务气质更浓一些，而CC整体呈流线型，更时尚、更个性，造型更为动感、拉风。这是CC和迈腾的资料，二位看一下。

客户张太太：从外观上看，我们都觉得CC更好看一些。

销售顾问：确实是这样的！张太太，根据你们的年龄、气质和喜好，我也觉得CC可能更贴近你们的要求，我向二位推荐CC2.0T。而且，CC同样很受女士的青睐，有很多女性车主选择CC。在这个排量上，我们有尊贵型、豪华型和至尊型可供选择，张先生、张太太，我们到CC的展区看一下吧。

客户张先生：好！

思考与讨论：

该案例中销售顾问在对客户做需求分析的过程中应遵循哪些原则？

◆ 产品介绍

销售顾问：张先生、张太太，我现在就为您二位详细介绍一下CC。

客户张先生：好的。

销售顾问：CC凭借卓越的设计，一举夺得被誉为工业设计界"奥斯卡"大奖红点奖的最高奖项——红点奖最佳设计品质奖。因此，CC被誉为"大众最美车型"。我们先看它的前部设计，"丹凤眼"造型智能前大灯、宽阔的转向灯雾灯区和大开口下进气格栅，使CC更显大气。同时保险杠线条粗犷硬朗，大方的鸥翼造型，四道凌厉的前机盖棱线，又赋予整车前部雕塑般的美感。

销售顾问：请二位到车内感受一下。

客户张先生：车内空间不是很大。

客户张太太：嗯，是不太宽敞。

销售顾问：张先生、张太太，其实CC拥有同级车最舒适的驾乘空间，比第八代雅阁还宽。此外，加长后座椅提供更加充裕的后排膝部空间。说到座椅，您可以看一下，CC的座椅能够实现12项电动调节，同时还带有驾驶席座椅和后视镜记忆功能。当您和家人交替用车时，可以通过调出事先的存储设定，迅速实现座椅和后视镜位置的个性化自动调节，非常便捷。

客户张太太：我个人感觉内饰不如锐志的内饰时尚。

销售顾问：张太太，锐志的内饰的确不错，但CC的内饰给人的感觉是很优雅，很多人对CC都是越看越爱。

客户张太太：嗯，你说的也有一定道理，CC确实更耐看一点。

销售顾问：不光如此，一汽大众沿袭了德系车的一贯作风，就是把工夫用到所有细节。比如质感、手感和材料的环保性能。张先生、张太太，我可以坐在副驾驶的位置为您二位讲解吗？

客户张先生：没问题，请坐！

销售顾问：张先生、张太太，CC不仅有着体现动感与优雅的完美设计，它在带来无穷的驾驶乐趣的同时，也会为您带来驾驶高级轿车的优越感。下面我来给您介绍一下。CC配备了世界顶级的丹拿音响，它是公认的世界上最好的汽车音响系统，提供最完美的听觉享受。

客户张先生：嗯，CC感觉确实不错，小陈，现在提车的话是什么价位？

销售顾问：张先生，根据配置的不同，CC的价格从251800元到349800元不等。这个价格差主要体现在以下几个方面，我给您简单说一下。您刚才提到会不定期的自驾出游，CC的自适应巡航系统、车道保持系统在这种情况下非常有用。CC是首次装备ACC自适应巡航的国产车型，当您在高速公路上开启自适应巡航系统后，车辆就会在保持设置车速的同时，根据雷达探测信息及实际车速和预设的车距，自动调整车速，保持和前车的安全距离，可以有效地减轻长时间驾驶的疲劳度，提高舒适度，又可以降低追尾的危险，在保证安全的同时还能降低油耗，提高经济性。可见CC的自适应巡航系统是非常实用的。而车道保持系统可以监测车辆在道路中的位置，当您长时间驾驶注意力下降时，可能会发生车辆偏离车道的情况，在驾驶者未及时做出反应的情况下，系统会根据偏移度自动修正，从而确保您在高速公路上的安全。

客户张先生：嗯，不错！我前一阵子试驾过思铂睿，它的那个多功能显示屏按钮很多，功能也很全，相比CC的功能好像比较简单。

销售顾问：张先生，思铂睿的显示屏确实按钮很多，但是功能是否强大并不取决于按钮的多少。CC的多功能显示器采用的是跑车化的外观设计，集成行车电脑，功能强大，从车门的开启方式到驾驶辅助系统参数设置、导航显示，都体现出人性化的设计。

另外，从安全角度出发，我觉得易于操作的系统对您非常重要，而且一汽大众产品的内饰设计有着强烈的家族特征，您只要驾驶过其中一款，对其他车型就会非常容易上手。

客户张先生：确实是这样，我再看看车的外观吧。

销售顾问：可以！

客户张先生：这款车总体性能什么的都还不错，外形上也很漂亮，不过对于我的年龄而言，CC是不是有点过于前卫了？

销售顾问：张先生，CC被誉为“有史以来最美的大众汽车”，这个评价是基于广大消费者的审美共性发展而来的，它并不限于某一特定的年龄或人群。实际上，CC的使用者遍布各个年龄层次。刚才张太太提到了对于安全性能的关注，要知道，安全一直是一汽大众产品的优势所在。CC的主动安全高达50项，被动安全装置为24项，能为用户提供最大程度的安全呵护。比如，在主动安全方面，CC配备最高形式的ESP，采用第三代AFS多功能灯光技术的智能双氙气前大灯，还有胎压监测、刹车盘除水等多种先进装置。而说到被动安全，CC采用先进的激光焊接和热成型钢板，拥有四气囊与头部气帘和防颈部扭伤头枕等，能够最大限度地降低事故带来的损害。另外，CC的智能泊车辅助系统可轻松搞定复杂的平行停车，非常惬意。您只需按一下这个按钮，再把挡位置入倒挡，车辆就会自动泊车入位，非常智能和方便。这个功能也非常受女士的欢迎。张先生，您看这样好不好，我们这就给你们安排试乘试驾，二位可以仔细地体验一下CC的各项功能。

客户张先生：好的！

思考与讨论：

该案例中销售顾问采用了哪些车辆介绍法呢？

◆ 试乘试驾

（销售顾问向试驾专员说明客户试驾的车型，以及重点体验的性能和配置。试驾专员检查车辆、调节音响和温度，一切准备就绪，销售顾问为客户介绍试驾专员，并由专员带领客户进行试乘试驾的体验）

销售顾问：张先生、张太太，我跟您二位讲解一下试乘试驾的整个过程。我们首先要复印一下您的驾照。另外，您需要在试乘试驾协议上签字，然后咱们开始试乘试驾。试乘试驾分两个部分，首先进行试乘体验，然后在中途安全点交换位置后，再由您亲自试驾。为了提高我们的服务水平，试乘试驾结束后，我们还要麻烦您填写一份《试乘试驾意见反馈表》，您先看一下好吗？

客户张先生：好的，没问题！

销售顾问：好了，张先生，这是我们的试驾专员李明。接下来就由我们的试驾专员跟咱们一起进行试乘试驾。

试驾专员：张先生、张太太你们好！我是本次试乘试驾的专员李明，很高兴能和二位一起体验CC。那么，下面请首先允许我先介绍一下今天的试驾路线。在这里，我们可以看到三条路线，分别是路线1、路线2、路线3。其中，路线2是路程最长的，路况设置也是最为丰富的。在这条试驾线路中我们共设置了11处体验点。你们所关注的动力性、操控性、安全性以及各项智能装备都可以得到完美体验。这条路线大概用时30分钟，如果时间允许的话，我建议二位选择这条路线。

客户张先生：时间没问题，就选这条路线吧。

（试乘试驾第一部分——试乘）

试驾专员：张先生、张太太，非常高兴能和二位一同来分享这次试乘试驾。首先，由我来驾车，您二位可以熟悉一下车辆。同时，感受一下它的性能如何。这台CC车所采用的是12键多功能方向盘，非常高档，手感也好。同时，它的座椅12项电动调节功能也非常舒适和方便。此外，它的音响系统为世界顶级的丹拿音响，能够为您提供音乐会般的完美视听效果。好的，请您二位系好安全带，我们准备出发了。

客户张先生：好的。

试驾专员：我想您二位一定知道，CC在动力性、舒适性和安全性方面都具有很强大的技术优势。比如，它所采用的是世界顶级的TSI＋DSG动力组合，加速平顺、响应迅速、推背明显、操控性能极佳。在今天的试乘试驾当中，像直线加速、道路转弯、紧急制动和坏路通过等项目，我们都会逐一体验一下。那么首先我们来体验一下它的加速性能如何，张先生，您也可以拿出手表帮我计一下CC车的百公里加速时间。请您二位坐稳……

试驾专员：好的，张先生、张太太，刚刚已经感受过它的加速了，而且百公里加速仅用了不到7秒，不知道您二位觉得如何呢？

客户张先生：很好。

试驾专员：那么在刚才的加速过程中我们明显地感受到CC的推背感，感觉不到的是换挡的感觉，可以说非常的平顺，与此同时，我们能够感受到它的座椅具有非常良好的包裹性，所以非常舒适。

客户张先生：嗯，座椅的包裹性和加速都不错。

试驾专员：张先生、张太太，前方就是道路转弯了。下面咱们一起来看看它在转弯过程中表现如何……

试驾专员：好的，张先生、张太太，刚刚已经感受过它的转弯了，您二位觉得如何呢？

客户张先生：很好啊。

试驾专员：CC的四轮独立悬架有非常良好的操控稳定性，所以在转弯的过程当中没有明显的侧倾。同时，CC的座椅包裹性也让我们感受不到太大的身体晃动，可以说非常平顺与舒适。此外，在连续转弯的过程当中，CC也没有侧滑的现象出现。这是由于ESP和EPS共同作用的结果。这在同级别的其他车当中是没有办法做到这一点的。好的，张先生、张太太，前方让我们一起来感受一下它在紧急制动下的表现如何吧。

客户张先生：好的。

试驾专员：张先生、张太太，刚刚体验过它的紧急制动功能了，您二位觉得如何呢？

客户张先生：很好！

（试乘试驾第二部分——试驾）

试驾专员：下面进入到今天的试驾环节了，张先生，由您自己来亲自驾驶感受一下。

客户张先生：好的！

试驾专员：张先生，请将座椅、方向盘还有后视镜调整到您满意的位置。CC这台车可以迅速、方便和舒适地调节座椅，左边这个按键可以调整您后视镜的舒适位置，这是车钥匙。

客户张先生：谢谢！

试驾专员：今天我们试驾的路线是2号路线，如果没有问题的话，我们就可以出发了。请您系好安全带，张太太，也请您系好安全带。

客户张先生：好的！

试驾专员：张先生，此处可以进行加速体验，请您务必注意安全。

客户张先生：好的！

试驾专员：张先生，此处可以进行变道体验，请您注意前后方车辆。前方路口有红绿灯，请您减速慢行……

（试驾结束后，试驾专员应及时告知销售顾问顾客在试驾过程中对车辆的感受及其他需求）

销售顾问：二位对这次试乘试驾的结果还满意吗？

客户张先生：很好啊，CC的加速表现很好，制动性能也很优秀，动力性和智能性都很不错，整体来说很满意。

销售顾问：的确，我也觉得CC很符合二位的品位。张先生，您帮我填一下这个反馈表好吗？

客户张先生：好的，没问题！

思考与讨论：

该案例中销售顾问哪些地方做得比较好呢？

◆ 提供方案

销售顾问：张先生、张太太，刚才通过试乘试驾，相信二位对CC的功能特点已经有所了解。您看，咱们是不是可以根据您二位的需要详细地谈一谈配置和选装件这样的细节问题呢？客户张先生：好的！销售顾问：张先生，通过刚才对二位购车需求的了解，我觉得2.0TSI豪华型和尊贵型都比较符合您需要。但是考虑到您夫人也会经常开，豪华型的模拟可视泊车影像可能更方便女性驾驶。还有您刚才关注过的智能泊车辅助系统和keyssy智能钥匙，一键启动系统也是豪华版所具有的，既时尚又方便。因此我觉得豪华型可能更加适合你们，您看呢？

（为顾客讲解可选的排量和型号，指出这些配置如何符合顾客的需求，并根据库存以及顾客其品位和个性来选择推荐的配置）

客户张先生：恩，我也觉得豪华型比较适合。

销售顾问：好的，那么二位对车身颜色有什么要求呢？

客户张太太：展区的那辆CC是什么颜色？我觉得还不错。

销售顾问：张太太，那款是开罗金，开罗金贵气而成熟，您的眼光不错，不过个人觉得张先生作为商务人士，可能更需要给人一种稳重的感觉，你们不妨可以考虑一下反射银，反射银低调、内敛、沉稳。这个就是反射银的色彩样板，您看一下。

（对顾客的选择给予肯定，但避免一味地迎合。根据库存情况引导顾客选择）

客户张先生：这个也很漂亮啊。

销售顾问：一会儿我带您去看一下实车，眼见为实才更有感觉。

客户张先生：好的！

销售顾问：张先生、张太太，除了车身的色彩，您二位对内饰有什么要求呢？

客户张先生：嗯，我喜欢纯黑的内饰，尤其喜欢黑色皮毛一体的座椅。

销售顾问：张先生，这款内饰的颜色的确很漂亮，不过您也可以考虑一下棕色内饰，因为棕色是2.0T CC的主打内饰颜色，时尚而极具个性。

（结合库存情况以及顾客的品位和个性对顾客的选择提出建议，在建议之前首先询问顾客的偏好，讲解搭配得当的利益，并称赞顾客的选择）

客户张先生：你说的这款颜色的车有现车吗？

销售顾问：2.0T豪华型反射银，目前有一台现车。另外，张先生，我们目前可以提供二手车置换，如果您打算换购的话，我也可以为您介绍一下二手车置换的情况。

客户张先生：我这款车开了4年多，各方面都还不错。再开几年应该不会有什么问题吧？

销售顾问：确实如此，不过张先生，无论从使用频率、使用年限和里程、后续维修费用，还是相对应的估价对比，我觉得您都可以考虑一下进行二手车的置换。我可以为您介绍我们最专业的二手车业务经理为您做最详细的介绍。

客户张先生：嗯，关于这个问题回头再说吧。这个车的价格还有没有商讨空间呢？

销售顾问：张先生，我理解您的想法。二位也知道，一汽大众的产品一向以价格恒定、价值超值著称。在高性价比的产品之外，专业的服务也是我们的优势。同时，一汽大众系列的产品，是同级产品在二手车市场上表现最突出的。正是这些因素，保证了我们产品价值的稳定，您二位可以放心，没有人能以比这个更低的价格买走这辆车。

客户张先生：好的，我考虑一下。

销售顾问：张先生，我再给您介绍一下车险。我们提供了几大公司的机动车辆保险，包括交强险、第三者责任险和车辆损失险。附加险包括车辆行驶损失险、自燃损失险、新增设备损失险、不计免赔特约险以及其他险种等。您的情况我建议您保……

销售顾问：张先生，您打算贷款购车还是全款购车呢？

客户张先生：我想一次性付款。

销售顾问：张先生，我知道对于您这样成功的商务人士来说，购车的款项一般都不会有什么压力。但实际上贷款购车并不只限于此。选择贷款购车，等于用部分车款进行合理化投资。这个收益率要比全款收益要高，个人觉得这是一种理性的消费观念。而且我们提供了多种贷款方案，我可以为您介绍一下。我们这里的衍生经理也会为您提供最专业的贷款保险方面的介绍。

（寻找交叉销售的机会，主动推荐二手车业务以及保险、贷款等衍生服务，向顾客说明好处，交代相关的业务政策，为顾客提供合理建议）

客户张先生：这样吧，你给我做两种报价。一种全款的，另一种贷款的，我看一下。

销售顾问：报价单我已经做好了，二位看一下。这其中包括车价、贷款、车险、选装件价格，还有购置税和上牌费用，我为您二位详细说明一下。

客户张先生：这样吧，我们回去商量一下。

（尽可能运用话术实现当天成交。但如果顾客明确表示当天不想做出购买决定，不要给顾客施加压力。事后总结顾客当天未成交的原因，在后续跟进时加以改进）

销售顾问：张先生、张太太，汽车属于大宗消费品。入手之前肯定要经过全面的衡量，我理解你们的顾虑。如果今天能够订购的话，我可以向领导申请额外附件精品的赠送。而且这款车型车源也比较紧张，你们不妨考虑一下。

客户张先生：小李，感谢你的介绍，但是今天我还是想回去考虑一下，以后再说。

销售顾问：好的，张先生！请问对于CC您还有什么需要了解的吗？

客户张先生：暂时没有，今天就先到这里吧。如果有了决定我会跟你联系。

销售顾问：非常感谢您二位今天的光临。张先生、张太太，如果有什么问题的话，请随时给我打电话，关于CC的购买，你们可以全面衡量一下。我明天下午再跟您联系，您看可以吗？

客户张先生：好的！

销售顾问：期待您的再次光临，张先生、张太太再见！

客户：再见！

（询问顾客还需要提供哪些服务，然后向顾客说明接下来的步骤，包括自己不久会联系顾客。在告别前要跟顾客确认联系的时间和方式。送走客户以后，要给客户发一条感谢短信，增加客户满意度）

思考与讨论：

该案例中销售顾问都提到了哪些衍生服务？

◆ 后续跟进

（客户来店一天后）

销售顾问：张先生，下午好！我是一汽大众合众经销店的销售顾问李文强。您现在方便接听电话吗？

客户张先生：方便，请讲！

销售顾问：周日的时候您和您的太太在我们展厅看了CC车型，请问您现在还需要了解其他的信息吗？

客户张先生：对于CC的功能和品质我还是很满意的。不过考虑到油耗问题，这方面可能日系车做得更好一些。

销售顾问：我明白您的想法，张先生！汽车入手以后需要长期的燃油消耗，这是一个很实际的问题，日系车在这方面做得确实不错。不过CC在这方面也毫不逊色，我可以就您比较感兴趣的思铂睿做一个简单对比。根据工信部发布的市区工况油耗对比，CC2.0T的百千米平均油耗10.9升，而思铂睿2.4的油耗为12.2升。综合来看CC在油耗方面的表现还是占上风的。

客户张先生：还有一点，CC的保养费用比日系车要贵一些吧？

销售顾问：张先生，同级别日系车型，保养周期在5000公里，CC首保5000公里，之后每隔1万公里保养一次，您说哪个更便宜一点呢？

客户张先生：嗯，有道理！其实我也更倾向于CC。毕竟速腾用了这么长时间，对一汽大众的车还是很了解的。

销售顾问：是的，张先生！CC无论是外形、动力性和操控性还是舒适性在同级别当中都是出类拔萃的。通过昨天给您的车型介绍以及试乘试驾，我想您一定对CC也有了充分的了解和感受。同时CC我个人感觉也非常符合您和您太太的需求和品位。

客户张先生：确实不错，昨天回家后我太太对CC非常满意。我也与之前看过的其他品牌车型对比了一下，也还是倾向于CC的。

客户张先生：现在我想知道在价格方面能有什么优惠呢？

销售顾问：张先生，之前也跟您说过，如果您可以确定购买的话，我可以向领导额外申请附件精品的赠送。另外上次也跟您提到过，这款车只有一台现车，而且目前CC很受关注，很多客户都考虑之中。张先生，如果您近期有空，可以在这两天到店，咱们再详谈一下。您看什么时间方便到店呢？

客户张先生：这样吧，我后天下午过去。

销售顾问：好的张先生，期待您的光临，后天下午见！

思考与讨论：

该案例中解决客户异议的时候应该注意哪些问题？

◆ 洽谈成交

（客户独自一人再次来店洽谈）

客户张先生：我现在关心的还是价格问题。那么，在价格上还能有什么优惠呢？

销售顾问：张先生，您之前也看过其他品牌的车，一定对汽车行情非常了解，而且您也亲身体验了我们的CC，我想您一定深深地感受到CC相比于其他品牌，无论是外形还是性能都无一不体现出它独有的卓越品质和优势。因此，如果您选择CC，一定物超所值！

客户张先生：对CC我还真比较中意，如果我今天能够定下来的话，你是不是能在价格上再优惠一些？

销售顾问：张先生，您一定也了解，一汽大众产品在二手车市场上表现最为突出，由于一汽大众产品价格是全国统一的，基本没有浮动空间。不过，如果您今天可以确定下来，我可以为您申请一张 VIP 卡，在后续维修保养时累计积分，可以兑换相应礼品或保养工时费用。

客户张先生：好吧，就按你说的定下来吧。我和家人商量过了，就选择两年期贷款购车吧。同时，选择你之前给我介绍的交强险、第三者责任险、车辆损失险以及不计免赔特约险这几种险种吧。

销售顾问：好的，张先生。我们这里也提供了 CC 专用的精品附件需要我为您介绍一下吗？这是您的报价单，您看一下！

客户张先生：那我什么时候能提到车呢？

销售顾问：张先生，贷款的审批有固定的流程和周期，您这种情况估计会很快，预计在 5 天左右吧。

客户张先生：嗯，那今天有哪些手续要办？

销售顾问：张先生，您今天只需交付定金就可以了。我们会为您出具定金的收据，回头交车的时候，您再付清首付款，同时进行相关手续的签署。

客户张先生：那我这就去交定金吧。

销售顾问：好的，我陪您一起去收银处。

……

销售顾问：张先生，这是您的收据，提车的时候也需要您将收据带来。对了，您的太太怎么没跟您一起来呢？

客户张先生：她有点感冒。

销售顾问：最近天气变化大，确实应该多注意身体，代我向您的太太表示问候。

客户张先生：谢谢！

销售顾问：另外，我这边会一直跟进，一旦贷款审批通过，我马上给您安排提车。

客户张先生：好的，那我等你电话。

销售顾问：好的，张先生，您慢走！

思考与讨论：

在洽谈成交环节中，你还能想到哪些有效的洽谈方法？

◆ 新车交付

销售顾问：张先生，您好！我是一汽大众合众经销店的销售顾问李文强，请问您现在方便接听电话吗？

客户张先生：方便，你说吧！

销售顾问：是这样的，您的贷款审批通过了，您看明天为您安排交车可以吗？

客户张先生：没问题，就明天吧。

销售顾问：您看明天什么时间方便过来？我们提前准备一下。

客户张先生：上午 9 点左右吧。

销售顾问：好的，张先生！明天我会和服务顾问向您介绍新车使用和养护的注意事项。同时也会为您专门安排一个交车仪式，整个交车过程大概1个小时，请您提前安排好时间。

客户张先生：好的，我知道了！

销售顾问：张先生，明天我们将恭候您的到来，请记得带上您的身份证件、驾驶执照，以及订金收据。

（新车交付前，经销店要确保车辆准备就绪，确保清洁，无故障，用户手册以及手续文件准备就绪；预定交车区，检查交车区各项设施无故障，提前为新车加够9升油，准备好交车礼品）

（第二天上午）

销售顾问：张先生、张太太，很高兴您来参加今天的新车交付，张太太您的感冒好些了吗？

客户张太太：小李，谢谢你的关心，都好了。

销售顾问：张先生、张太太这边请（引领至洽谈区）！张先生、张太太，我们已经将新车准备妥当，等下咱们先签署相关文件、付款，然后我们会跟您二位详细讲解车辆功能，介绍一下新车保养的注意事项，最后是交车仪式，整个过程大概需要1个小时。

客户张先生：嗯，好！

销售顾问：张先生、张太太，我们已经为您准备好了相关手续，这是购车合同，里面有一些细节需要再跟您核对一下。如果没有什么问题的话，麻烦您在上面签个字。

（向顾客详细讲解销售合同内容，并对顾客的异议提出合理的解答）

客户张先生：嗯，好！

销售顾问：张先生、张太太，在付款之前，我再给您二位说明一下购车款的费用构成，您看，这是车的基础价格，这是您加装的精品价格。

客户张先生：没问题，我去交款。

销售顾问：好，我带您去。

（客户交完款后，提醒客户拿好发票）

销售顾问：张先生、张太太，您的新车已经在这里了，在交车之前，我们已经按照流程标准对车身内部、外部、底部、随车附件和发动机舱进行了全面检查。这是新车交车单和PDI检查单，这个检查单是为了帮助您确认交给您的新车是完好无故障的，保障您的合法权益，您先看一下，如果没问题，请您签名确认！

客户张先生：好的，没问题！

销售顾问：这是您新车的所有手续，还有您的车钥匙，您拿好！

客户张先生：好的，谢谢！

销售顾问：下面我给您二位介绍一下关于新车使用的要点事项。

（销售顾问向顾客介绍新车，在介绍基本功能的同时，重点介绍顾客感兴趣的配置，介绍完新车再为客户介绍服务顾问，服务顾问需要为客户提供名片，简要介绍CC车的维修保养周期，介绍售后服务预约流程、24小时救援服务和热线电话并安排首次保养预约）

（为客户举办交车仪式）

销售顾问：张先生、张太太，这是我们的展厅经理——刘伟。

展厅经理：张先生、张太太恭喜你们喜提爱车！

客户张先生：谢谢！

销售顾问：张先生、张太太，我们合个影吧！

（在交车仪式环节中，照片打印后及时交给顾客，给顾客留下美好的瞬间，并带来更多惊喜）

销售顾问：张先生，再次恭喜您成为CC车主，我们还要麻烦您填写一份《客户满意度调查》！

客户张先生：好的，所有的手续都办完了吗？

销售顾问：是的，张先生！还要提醒您一下，新车所带的燃油不多，您离开之后别忘了加油，您的车使用的是97号汽油！另外，我会在三天之内对您进行电话回访，了解新车的使用情况，您看什么时候回访您比较方便？

客户张先生：随时都可以，没问题！

销售顾问：张先生、张太太，我谨代表一汽大众、我们店以及我个人感谢您选购CC，如果在今后车辆使用过程中有任何疑问，都可以打电话给我，我将给您解答，最后，祝您一路平安！

客户张先生：好，谢谢，再见！

（顾客离店后2～3小时发送致谢短信，关心顾客首次驾车的感受，并告知愿意在顾客需要时随时提供帮助）

思考与讨论：

讨论如何在新车交付环节提升客户满意度？

◆ 顾客维系

（销售顾问交车三天后进行电话回访）

销售顾问：张先生，您好！我是一汽大众合众经销店的销售顾问李文强。请问您现在方便接听电话吗？

客户张先生：方便，小李！

销售顾问：今天打电话来主要是想了解一下您这几天的用车情况。一切都还顺利吧？

客户张先生：没问题，一切正常。但是有些功能我还得慢慢熟悉熟悉。

销售顾问：张先生，相信随着了解越来越多，您对CC这款车也会越来越喜欢。不过还得提醒您，新车在前2000公里不要急刹车或者急加速。偶尔跑高速也最好控制在时速100公里以下。

客户张先生：这个我会注意的。

销售顾问：张先生，您太太对车也还满意吗？

客户张先生：她也非常喜欢。

销售顾问：张先生，再次感谢您对一汽大众的信任。假如您有朋友对我们的产品有兴趣的话，希望您能为我们推荐。我们公司也会不定期举办一些车主活动，我会及时邀请您参加。张先生，如果您有任何问题，也欢迎您随时给我打电话。

客户张先生：谢谢小李了。

销售顾问：不客气，张先生。感谢您让我有机会为您服务，最后祝您用车愉快！

客户张先生：好，再见！

销售顾问：再见！

思考与讨论：

该案例给了你哪些启示？

参考文献

[1] 陈永革，徐雯霞，何瑛，等．汽车市场营销［M］．北京：高等教育出版社，2012.

[2] 陈永革，柯凤琴．汽车营销策划［M］．北京：北京出版社，2014.

[3] 陈永革．汽车营销基础与实务［M］．北京：北京出版社，2014.

[4] 陈永革，徐雯霞．汽车营销原理与应用［M］．北京：机械工业出版社，2015.

[5] 孙东亮．汽车营销策划［M］．北京：中国传媒大学出版社，2010.

[6] 李刚．汽车营销基础与实务［M］．北京：北京理工大学出版社，2008.

[7] 韦骎勇，廖建国．汽车营销实务［M］．北京：机械工业出版社，2015.

[8] 孙锂婷，王彦梅，张晓龙．汽车营销实务［M］．上海：上海交通大学出版社，2014.

[9] 汽车百科全书编纂委员会．汽车百科全书［M］．北京：中国大百科全书出版社，2010.

[10] 付慧敏，罗双，郭玲．汽车营销实务［M］．哈尔滨：哈尔滨工业大学出版社，2013.

[11] 付慧敏，欧阳娜，李向平．汽车市场营销［M］．北京：人民交通出版社，2015.

[12] 付慧敏，欧阳娜．汽车市场营销［M］．北京：人民交通出版社，2017.

[13] 付慧敏，罗双，郭玲．汽车营销实务［M］．北京：教育科学出版社，2014.

[14] 付慧敏，罗双，郭玲．汽车营销实务［M］．北京：高等教育出版社，2015.

[15] 王泽生，高腾玲．汽车销售实务［M］．北京：北京理工大学出版社，2011.

[16] 常兴华，王梅．汽车营销实务［M］．北京：北京理工大学出版社，2012.